Digital

本书系国家社科基金青年项目（项目编号：13CSH026）的结项成果

Ma

数字
边际人

The Usage of Mobile Phones and
Social Identification of
the New Generation Migrant Workers

新生代农民工的
手机使用和社会认同

袁潇 著

ginal Men

社会科学文献出版社
SOCIAL SCIENCES ACADEMIC PRESS (CHINA)

目 录

|第一章|
信息时代中的新生代农民工

一年冬天，外面下着漫天的鹅毛大雪，笔者和几位建筑工一起到建筑工地附近的一家小饭馆吃饭。之前笔者也去他们住宿区约过几次，均未能成行。因为当日天降大雪，工程被迫停工，所以他们有充足的时间可以接受笔者的访谈。到饭店坐定，落席后，大家的关注点不是先看菜谱，准备点菜，而是纷纷拿出手机开始连 Wi-Fi。当被告知饭店并没有提供免费的 Wi-Fi 时，建筑工小凤就点开一个叫作"万能钥匙"的手机应用，搜索附近可用的 Wi-Fi。小凤告诉笔者，只要打开这个手机应用，它就能自动搜索附近的所有 Wi-Fi，并开始破解密码，如果密码设置相对简单，就很容易被破解并自动连接。小凤非常自得地说，这个应用只有安卓手机才能安装，iPhone 是没法装的。他们住的宿舍附近，虽然也能搜索到工头在办公室的无线网络，但因为密码太复杂了，所以一直没能破解。

这件事首先让笔者亲身感受到了中国的农民工群体对于无线通信技术的渴求，Wi-Fi 成为他们日常生活中的必需品，乃至于片刻不可缺失。他们已然成了新兴信息技术应用的尝鲜者和创造者，甚至能够在破坏市场规则的情况下能动性地使用信息技术。围绕着手机新兴技术的应用已经成为他们日常生活实践中的常态。

第一节 新生代农民工的社会认同

20 世纪 90 年代以来，"认同"问题已经成为跨学科研究广泛关注的重要课题。"认同"之所以在学界被提升到如此重要的地位，是因为全球化背景下世界政治格局、经济体系、社会生态和媒体环境都发生着极速变迁，时空体系的转变促使人们重新认识与理解固有的认同框架。新媒体技术的发展改变了人类信息传播的特征，也使原有的认同问题变得日渐复杂。

人们在自己的社会生活中需要时刻追问我们是谁、从哪里来、到哪里去、隶属于哪个群体？这是个体与群体持续性地关注、追问与反思的动态变化的过程。身份/认同的问题在当代社会之所以如此重要，其根本原因在于"认同问题兼具了对社会面和政治面的关怀；而在学术论述中，认同已经被视为有其概念上的重要性——认同就像一种概念上的工具，可以用来了解人们如何意识到社会、文化、经济与政治上的变迁"。①

随着现代社会的发展进步，人们的认同问题也变得更为复杂，"认同性变得越来越脆弱与不稳定，认同主体也处于不断地分裂、破碎与游牧式的消散状态，许多崭新的身份和认同形式出现"。② 而在中国当代社会中，城乡间人员、物资、信息的快速流动，使得原有稳固的以乡土社会为依据的传统认同参照体系随着社会变迁与进步而正分崩离析。个体在社会结构调整的过程中，容易对自己既有的身份和认同产生摇摆与困惑，进而形成某种程度的焦虑状态与认同危机。

之前很多学者论证过现代传媒与认同之间的关联。"我们逐渐地将媒介转变为一种资源，用以建构我们的认同；电视、电影、杂志、广播、音乐等都提供给我们无数种不同的角色模型与生活风格的选择。"③ 伊尼斯曾有力论证了：在历史长河中，不同时代的主导媒体形态以及信息传播方式塑造了媒体的内容特征、决定了信息传播的路径，媒体技术成为社会发展的重要推进力。④ 如今，信息技术的革新与新兴媒体的出现使人们的认同建构被赋予新时代的独特印记。随着信息传播日益呈现碎片化、多元化与流动性等特征，个体的社会认同同样也变得复杂易变和难以控制。

---

① Kathryn Woodward：《身体认同：同一与差异》，林文琪译，台北：韦伯文化国际出版有限公司，2004，第 2 页。
② 道格拉斯·凯尔纳：《媒体文化——介于现代与后现代之间的文化研究、认同性与政治》，丁宁译，商务印书馆，2004，第 396～397 页。
③ Crispin Thurlow、Laura Lengel、Alice Tomic：《电脑中介传播：人际互动与国际网路》，谢光萍、吴怡萱译，台北：韦伯文化国际出版有限公司，2006，第 144 页。
④ 哈罗德·伊尼斯：《传播的偏向》，何道宽译，中国人民大学出版社，2003。

本研究立足于此，以传播技术的发展对社会变迁的影响为思路，对中国城乡二元化背景下新生代农民工的社会认同及其身份建构现象进行深入剖析。新生代农民工所处的时代背景和技术环境与老一代农民工相比已经有了天壤之别，这种全新的生命体验如何影响和塑造他们的外出动机、城市期待和社会认同的标准？新生代农民工的城市日常生活与社会认同如何受到随身相伴的手机媒体的影响，手机媒体在其职场适应、社会交往、自我认同和消费实践的过程中扮演何种角色？

新生代农民工在进入城市生活后，和传统农村社会相对照，其主体身份和认同的表现形态如何？出现了哪些新的行为特征？手机媒体如何介入新生代农民工认同建构的过程、如何影响并塑造新媒体语境下的认同？新生代农民工传统的乡土认同在城市环境中出现了何种新变化和新动态？在传统认同消解的过程中，手机媒体起到了何种作用？这些都是本研究要探讨的。

本研究还将探讨在媒介技术不断发展革新的过程中，新生代农民工的认同在社会沿袭中处于何种变动状态？在社会文化生态和媒体技术不断进步的过程中，手机媒体在社会认同形塑中扮演了什么角色？主体如何利用手机媒体来构造身份与认同？新生代农民工的认同有何动态性特征，出现了何种危机和变化，立足于传播的角度如何妥善应对？

第二节　信息时代与网络强国战略

一　建设"网络强国"的宏伟蓝图

信息技术革命被誉为人类社会发展的"第三次浪潮"，如今信息技术广泛渗透到人类生活的各个层面，信息技术推动经济形态数字化转型，为全球领域内的社会经济实体带来全新增长。以移动互联、云计算、物联网、区块链以及人工智能等技术为代表的第二轮信息化浪潮席卷全球，在全球范围内带来生产力发展与生产关系的全面革新。

十八届五中全会通过的《中共中央关于制定国民经济和社会发展第十三个五年规划的建议》，明确提出实施网络强国战略。习近平总书记在党的十九大报告中高屋建瓴地绘制了中国特色社会主义发展的宏伟蓝图，对建设网络强国做出一系列重要部署。2018 年 4 月，习近平总书记在全国网络安全和信息化工作会议上，进一步深入阐述了网络强国战略，指出信息化为中华民族带来了千载难逢的机遇，我们必须敏锐抓住信息化发展的历史机遇，要形成多主体参与、多手段结合的综合治网格局，明确网络安全对社会经济稳定运行的重要性，提出要实现信息领域核心技术的突破。

习近平强调，网信事业代表着新的生产力和新的发展方向，应该在践行新发展理念上先行一步，围绕建设现代化经济体系、实现高质量发展，加快信息化发展，整体带动和提升新型工业化、城镇化、农业现代化发展。要发展数字经济，加快推动数字产业化，依靠信息技术创新驱动，不断催生新产业、新业态、新模式，用新动能推动新发展。要推动产业数字化，利用互联网新技术新应用对传统产业进行全方位、全角度、全链条的改造，提高全要素生产率，释放数字对经济发展的放大、叠加、倍增作用。要推动互联网、大数据、人工智能和实体经济深度融合，加快制造业、农业、服务业数字化、网络化、智能化。网信事业发展必须贯彻以人民为中心的发展思想，把增进人民福祉作为信息化发展的出发点和落脚点，让人民群众在信息化发展中有更多获得感、幸福感、安全感。①

建设网络强国同样也是解决新时代我国社会主要矛盾的重要途径。中国特色社会主义进入新时代，我国社会主要矛盾已经发生转变。而建设网络强国，是解决发展不平衡不充分问题的重要途径。互联网如今已成为经济发展的动力引擎、人们生活集聚的动态空间。互联网内在的开放、共享、平等精神，有助于打破传统社会中的信息壁垒与发展鸿沟，推动信息资源的广泛传播与均衡发展，长此以往将推进个体的现代化进程与全面进步，进而推动社会的全面稳定发展。互联网为经济建设带来全新发展理念与发展机遇，对于推进国家现代化进程，对于满足人民日益增长的美好生活需要，均发挥着突出而不可取代的重要作用。

习近平高屋建瓴地指出，全球互联网发展治理应遵循"四项原则""五点主张"，以此构建网络空间人类命运共同体，为网络空间命运共同体

---

① 《习近平系统阐述网络强国战略思想》，http：//politics. people. com. cn/n1/2018/0423/c1024-29942146. html，最后访问日期：2019 年 9 月 2 日。

建设提供了中国智慧与中国方案。① 中国发展信息技术有助于国际整体网络空间的平等、稳定与安全，有助于建立公正合理的国际传播秩序与治理体系。互联网是扁平化的交往空间，更是展示与交流世界文明的广阔平台，是全世界人类共享的家园。建设网络强国，提升我国整体信息化水平，提高我国参与国际网络空间的治理能力，是中国在国际舞台上理应承担的历史使命。有关网络强国战略的重要论述是习近平新时代中国特色社会主义思想的重要组成部分，也是建设社会主义现代化强国的重要内容。信息技术和信息空间如今已经成为各个大国之间竞争和角力的重要场域，建设现代化强国必须以建设网络强国作为基础支撑。

二　信息技术的进步与革新

在全面建设中国特色社会主义现代化强国的伟大征程中，信息技术成为其中的推动因素与动力来源。中国在并未完全实现工业化的情况下，便开始经历信息技术革命的冲击，目前的中国呈现农业社会、工业社会、信息社会同时并存、共同发展的社会形态特征。和西方串联式的现代化机理不同，中国将是工业化、城镇化、农业现代化和信息化并联式的现代化，将深刻拓展发展中国家走向现代化的全新路径。如今，移动互联技术迅猛发展，通信基础设施广泛建立，实现了人类随时随地进行沟通的目标。而其中手机作为移动通信技术的集中性代表，在全球范围内迅速普及并推广开来，成为世界各国人民主导使用的全新媒介终端与信息传播手段。整个社会获取信息资讯和编织关系网络的方式都在经历着一场巨大变革，新媒介和信息技术广泛渗透进人类的日常生活。

移动通信技术的普及和通信基础设施的广泛建立，使人类基于随时随地性的多元通信方式得以实现。作为移动通信技术的代表与使用终端，手机在全球的扩散成为一种主流现象。全世界越来越多的人在任何时间、任何地点、任何场合都随身携带着手机。美国国际开发署（USAID）将手机称为继报纸、杂志、广播、固定电话、电视、网络之后的"第7种大众媒介"。手机的出现改变了全球人们消费和生产媒介的方式，并已成为人类

---

① 《习近平"四项原则""五点主张"成全球共识》，http://www.cac.gov.cn/2016-12/29/c_1120209665.htm，最后访问日期：2019年10月15日。

历史上使用最为广泛的信息交流技术。[①] 世界范围内各个地区的不同术语
体现了这一装置和空间的关系——或相对于信息与传播者的运动而言。在
日本，手机被称为 keitai（"可携带的东西"），日常生活中你可以随身携带
并贴身伴随的人工产品；在北美，它们被称为蜂窝式电话（cell phone），
即通过网格（grid）交换数据的终端，而网格在技术上被称为"蜂窝"；在
欧洲，它们被称为移动式电话（mobile phone），社会个体得以摆脱物理空
间的限制，通过手机保持联系。从人类整体的技术发展史来看，手机改变
了以往人们无法随时随地联系的缺憾。手机从诞生伊始仅仅是作为人际传
播的通信工具，摆脱了传统电话必须将人束缚在固定地点的局限。随着技
术不断革新变迁，如今的智能手机已经发展为集通话、文字、图形、视频
等于一体的强大技术终端，可以满足人们信息沟通、娱乐消费等多种功
能。手机媒介技术的独特之处在于，它们通过本地化和个体化的方式将多
元模式的传播整合进日常生活中。因此，手机传播中的"移动"与其说是
特殊装置、综合技术或个体使用者，不如说是上述三者共同发生作用的传
播语境。

20 世纪 90 年代，手机与固定电话主线数的比例由 1∶34（1991 年）提
升到 1∶8（1995 年）；至 2000 年时，该比例已经小于 1∶2；[②] 2002 年，手
机用户数达到了 11.62 亿个，人类历史中移动电话数首次超越了固定电话
用户数（10.63 亿个）。[③] 自此以后，移动电话即手机迅猛增长，而固定电
话的增幅非常平缓，甚至从 2009 年开始呈现缓慢下降的趋势。2007 年 12
月，国际电联（ITU）宣布，人类历史上第一次实现了平均每两人拥有一
部手提电话，这是一个划时代的里程碑事件，因为经过一个多世纪的发
展，固定电话的全球普及率还不到 20%，且主要集中在发达国家。这 50%
的数字对于发展中国家而言可谓意义深远。2010 年 2 月，国际电联又宣
布，全球手机总量达到 46 亿部，也就是平均每三人有两部手机。其中发展

①　USAID（The United States Agency for International Development），*Mobile Voice*；*The Use of Mo-
bile Phones in Citizen Media*：*An Exploration of Mobile Citizen Media Tools and Projects*［EB/
OL］，2008，http：//www.pactworld.org.

②　曼纽尔·卡斯特尔等：《移动通信与社会变迁：全球视野下的传播变革》，傅玉辉等译，
清华大学出版社，2014，第 8 页。

③　参见国际电联网站，http：//www.itu.int。

中国家手机普及率为 57%，比 2005 年的 23% 增加了几乎 1.5 倍。而截至 2018 年 6 月，全球手机数量达到 81.6 亿部，普及率已然达到了 107.0%，其中发展中国家为 102.8%。[①] 在全球很多国家，移动电话不再仅仅作为固定电话的替代产品而存在，而是在更大程度上扮演了传统电话系统的补充者，并进而成为最主要应用者的角色。

回顾中国通信市场的发展过程可以发现，党的十一届三中全会确定了改革开放的战略方针，经济发展催生了通信技术的蓬勃发展。但由于我国通信建设起步较晚，技术基础较为薄弱，成为当时制约我国经济社会发展的瓶颈。1978 年，中国的固定电话数量是 192 万户，移动电话数量是零，互联网上网人数也是零。随即，全国范围内通信系统展开了以"通信定位"为主题的思想解放大讨论。1979 年 4 月 1 日，第十七次全国邮电工作会议提出了"邮电通信是社会生产力"[②] 的观点，并且制定了一系列优先发展通信的政策、措施。国家高度重视电话网络通信和信息高速公路的建设，将电话网络通信视作国计民生重要的基础设施。1984 年寻呼机被市场采用，1987 年 11 月，广东省率先建成全国第一个 TACS 制式模拟移动电话系统。此时，固网电话的全国普及率只有每百人 0.75 部。[③] 移动电话问世最初几年由于受到技术条件等诸多方面的限制，发展比较缓慢，是商政精英群体才能使用的高端物品。20 世纪 90 年代初，最为明显的标志是当时手机被冠以"大哥大"的称谓，在中国内地流行的香港警匪片促成了这个称呼的广泛流传，手机在进入中国市场伊始就被赋予了一定的社会象征意义，体现为身份、地位和财富的象征。

1994 年，中国联通公司成立，打破了中国电信独家垄断通信服务市场的局面。1994 年对移动通信市场而言意义特别重大，有三个里程碑式的事件：一是移动电话全国用户总量达到 100 万户；二是邮电部（中国电信）旗下正式设立移动通信局；三是中国联通在广东率先推出使用全球通信系统（GSM）的移动电话服务。[④] 同年，还有一个重大事件，即中国全面接

---

① 参见国际电联网站，http://www.itu.int/en/ITU-D/Statistics/Pages/stat/default.aspx，最后访问日期：2019 年 9 月 2 日。

② 曹辉萍、杨姮：《中国通信产业发展历程分析》，《信息通信》2012 年第 4 期，第 255 页。

③ 曹辉萍、杨姮：《中国通信产业发展历程分析》，《信息通信》2012 年第 4 期，第 255 页。

④ 乐宁、乔楠、孙慧：《解密中国移动通信》，《通信世界》2006 年第 13 期，第 32～39 页。

入互联网，这为中国的传播环境和媒体格局带来了天翻地覆式的全面革新。而在整个20世纪90年代，移动电话市场保持高达141.8%的年均增长率。移动技术的扩散曲线在1998~1999年呈现陡峰增加态势，主要原因是移动通信局从中国电信分离出来，成为独立的中国移动公司。之后，虽然不时面临中国联通的挑战，后又经历数次分割合并，但中国移动依然长期占据国内市场最大份额。到世纪之交，无线通信终于扩展到社会中下阶层，这为整个行业带来巨大转变。2001年12月31日，中国的模拟移动电话网正式关闭，从此，中国移动通信进入全数字时代。

2001年7月，以信息产业部、国家信息化推进工作办公室为主导的政府机构共同提出了《国家信息化指标构成方案》，确立了全国统一的信息化指标，包括人均带宽拥有量、长途光缆长度、卫星站点数、每百人拥有电话主线数、每千人拥有有线电视台数、每百万人互联网用户数、每千人拥有计算机数、网络资源数据库总容量、电子商务交易额、企业信息技术类固定投资占同期固定资产投资的比重、信息产业增加值占GDP比重、信息产业对GDP增长的直接贡献率、信息产业研究与开发经费支出占全国研究与开发经费支出总额的比重、信息产业基础设施建设投资占全部基础设施建设投资的比重等。①

2002年底，中国的电话用户总数达到4.21亿户，跃居世界第一位，中国电信业成为全球第一大网。② 2003年10月，全国移动电话用户总数达到2.6亿户，首次超过固网电话用户数。2007年底，我国成为全世界移动电话用户数最多的国家，当时的数据达到了5.473亿户，其中还不包括小灵通。相比之下，美国2006年移动电话用户数为2.418亿户。③

如今，手机生产技术不断革新进步，生产成本逐年降低，机身愈加轻薄，价格也日渐亲民，这使手机迅速成为国际社会中每个成员日常生活中必不可少的媒体工具。随着手机4G技术的普及，利用手机上网成为中国人的日常生活常态。全球范围内手机型号、款式不断推陈出新，国内各大

---

① 《国家信息化指标构成方案出台的前前后后》，https：//tech. sina. com. cn/it/e/2001-07-31/78240. shtml，最后访问日期：2019年9月2日。
② 曹辉萍、杨姮：《中国通信产业发展历程分析》，《信息通信》2012年第4期，第255页。
③ 转引自邱林川《信息时代的世界工厂：新工人阶级的网络社会》，广西师范大学出版社，2013，第84页。

互联网厂商与传统家电行业也纷纷涉足手机生产市场，促使智能手机在性能不断提升的同时，价格也逐渐降低，手机用户的购买力得以增强，从而为手机大规模的接入无线互联网奠定了基础。政府加大通信基础设施的建设，提升网络覆盖率，运营商逐年降低手机流量资费，相应降低了手机用户利用手机上网的门槛。同时，在"互联网＋"时代的推动下，各类与工作、生活、娱乐情境紧密相关的新应用层出不穷，移动互联网丰富的应用场景激发了用户的参与意愿。

截至 2018 年 12 月，我国网民规模达 8.29 亿人，全年新增网民 5653 万人，互联网普及率为 59.6%，较 2017 年底提升 3.8 个百分点。截至 2018 年 12 月，我国 IPv6 地址数量为 41079 块/32，年增长率为 75.3%；域名总数为 3792.8 万个，其中".CN"域名总数为 2124.3 万个，占域名总数的 56.0%。我国手机网民规模达 8.17 亿人，网民通过手机接入互联网的比例高达 98.6%，全年新增手机网民 6433 万人。[①] 2018 年，我国在基础资源、5G、量子信息、人工智能、云计算、大数据、区块链、虚拟现实、物联网标识、超级计算等领域发展势头向好。在 5G 领域，核心技术研发取得突破性进展，政企合力推动产业稳步发展；在人工智能领域，科技创新能力不断增强，各地规划及政策相继出台，有效推动人工智能与经济社会发展深度融合；在云计算领域，我国政府高度重视以其为代表的新一代信息产业发展，企业积极推动战略布局，云计算服务已逐渐被国内市场认可和接受。[②] 移动终端大屏化以及用户体验的不断优化，促使网民开始更多地将手机作为主要上网途径。目前中国已成长为全球最大且最具活力的移动通信市场，在 5G 等下一代移动通信技术研究领域处于领跑地位。

正如保罗·莱文森在《手机》一书中所言，手机是一场超越电脑和网络的前所未有的革命；手机把我们送回大自然，使我们恢复同时说话和走路的天性。他注重手机媒体的人性化，因而认为手机的疯狂、神奇和温馨会对家庭、谈情说爱、商务甚至战争产生巨大的影响。[③] 汉斯·格斯尔将

---

① 《第 43 次中国互联网络发展状况统计报告》，http：//www.cnnic.net.cn/hlwfzyj/hlwxzbg/hl-wtjbg/201902/P020190318523029756345.pdf，最后访问日期：2019 年 2 月 28 日。

② 《第 43 次中国互联网络发展状况统计报告》，http：//www.cnnic.net.cn/hlwfzyj/hlwxzbg/hl-wtjbg/201902/P020190318523029756345.pdf，最后访问日期：2019 年 2 月 28 日。

③ 保罗·莱文森：《手机》，何道宽译，中国人民大学出版社，2004，第 4 页。

手机从技术工具的层面剥离出来，将其作为社会学研究的一个组成部分。[①]手机这项科技被赋予信息传递无远弗届、随时随地自由流动的形象。手机媒体发展和无线通信技术的革新，给人类社会中政治决策、经济生产、社会组织和个人生活等诸多领域带来创新性的影响。从"创新的扩散"等传播学模型可以看出，通常而言，青年都是新兴技术的最初采纳者与积极使用者，本身与手机媒体形态有着天然的契合度，探究新生代农民工的社会认同问题，必须将手机使用纳入我们研究的参照维度。

第三节　新生代农民工崛起和信息技术的使用

一　新生代农民工的崛起

中华人民共和国成立以来，中国社会长期处于城乡二元结构的模式。城乡二元结构指的是现代工业与传统农业并存、比较繁荣的城市与相对落后的农村并存的现象。它是在发展中国家中普遍存在的问题，但中国的独特之处在于其二元结构不仅反映在城乡差别和工农差别上，还体现在不平等的城乡制度安排上。《中华人民共和国户口登记条例》将中国人口划分成"农业户口"和"非农业户口"两种类型，标志着城乡二元户籍制度的正式确立。这一制度从整体上确立了中国社会结构的基本框架，也建构起一道个体身份的制度性藩篱。改革开放推进了家庭联产承包责任制在农村社会广泛实施，农村社会开始出现剩余劳动力，与此同时，城市社会出现了对劳动力的大量需求。政府致力于给予农民以从业自由，引导其合理有序流动，从而开创了当前乡城劳动力转移潮起云涌的局面。农村剩余劳动力转移其实也是一种"二元"转移，其转移过程还伴随着其他要素的流动，不只是要素从农村流向城市，还有相当多的要素会从城市流向农村。当劳动力在乡城之间流动，城市的资本、技术等先进生产要素会扩散到农村，带动农村发展，城市也会获得充裕的劳动力和广阔的产品、原料市场，使城市和农村形成一种互动双赢的局面。

---

① Geser, Hans, 2004, "Towards a Sociological Theory of the Mobile Phone." [EB/OL], http://socio. ch/mobile/t_ geser1. htm.

中国整体社会正处于现代化建设的结构化转型阶段，放眼全球，几乎所有国家在从农业国向工业国转变的过程中，必然经历一个产业结构和城乡结构的转换过程，都会遭遇农村剩余劳动力转移这一世界级难题。但是中国大规模的人口转移是在城乡隔离政策刚开始渐进性改革的背景下出现的，农民工这一特殊群体由此诞生。城镇化进程不仅是人口的迁移过程，也是农民工职业非农化、生活方式城市化和身份市民化的过程，流动于农村与城市间的农民工群体正深刻改变着中国的社会结构，原本固化的二元结构发生松动，逐渐转变为一个富有弹性的二元社会结构。据不完全统计，1982～1987 年，我国迁移人口的数量达 3053.3 万人，全国流动人口达 3000 万人。在逐步放宽的人口流动政策的推动下，迁移人口的规模在 20 世纪 90 年代初增至 3642.6 万人，全国流动人口则在 1995 年增至 8000 万人。①

目前，农民工的劳动力市场格局呈现为老一代农民工逐渐退出和新生代农民工陆续进入。新生代农民工群体的社会背景和成长环境较之老一代农民工发生较大改变。在全方位的社会分化背景下和农民工融入城市的进程中，"农民工群体内的多样性、复杂性和差异性特质不断增加，内部分化问题日益突显"。② 相比于城市市民和老一代农民工，新生代农民工在成长环境、学校教育、社会经历、工作体验等方面有其特殊性，有着不同的心理动态与行为特征，在日常生活、人际交往和工作方式中均体现出不同的群体特征。因此，必须将新生代农民工从农村整体流动人口中脱离出来予以重点考察。

"代"的划分和更替是一个客观存在的过程。"代"首先是一个人群的自然属性，是通过年龄区分的不同人群。然后，"代"的自然属性仅仅具有形式上的意义，其深层的划分标准应当是由于社会文化的不同而形成的具有不同价值观念、生活处境、思维方式乃至语言习惯的人群。按照"代"的属性，年龄（同时暗含着出生的时间）便成为划分"代"最为直接的依据，学术界对农民工代际划分的重要标准也是年龄。邓大才将 20 世纪 70 年代末 80 年代初分田到户的外出打工者称为第一代打工者，将 20 世

---

① 张玲：《改革开放以来中国国内人口迁移及其研究》，《地理研究》2001 年第 4 期，第 453～462 页。

② 龚文海：《国内农民工群体异质性问题研究述评》，《人口与发展》2012 年第 5 期。

纪 90 年代外出的打工者称为第二代打工者，将 2000 年以后外出的打工者称为第三代打工者。[①] 刘传江、徐建玲着重于改革开放前后不同时代背景成长起来的农民工并对其进行划分，指出："当代中国正处于一个快速变化的时代，不同的时代背景下出生和成长起来的农民工，个体的人格特征也有显著不同。改革开放以后出生的年纪轻的农民工和计划经济时代成长起来的年纪大的农民工，不论在成长的社会环境还是在家庭环境方面都发生了根本性的变化，这在很大程度上决定了这两部分亚群体在文化、观念和行为上，都有着明显的差别。基于这一考虑，我们把两部分农民工分别称为第一代农民工和第二代农民工。"[②] 他们将计划经济时代成长中的农民工称为第一代农民工，将改革开放以后出生的农民工称为第二代农民工。两代农民工的成长环境、时代背景和家庭条件都有着本质性的差别。因此，两类群体在文化、观念和行为上呈现明显的代际差异。[③] 王春光关于"新生代农民工"的定义则是一种动态划分。他将 20 世纪 80 年代初外出的农村流动人口算作第一代，把年龄在 25 岁以下、于 90 年代及以后外出务工经商的农村流动人口算作第二代，即"新生代农民工"。

2010 年 1 月 31 日，中共中央"一号文件"《中共中央 国务院关于加大统筹城乡发展力度进一步夯实农业农村发展基础的若干意见》正式出台，其中提到"采取有针对性的措施，着力解决新生代农民工问题"。[④] 至此，"新生代农民工"这一社会群体被官方首次正名，文件同时强调要采用多种措施解决新生代农民工问题。中央政府、地方政府、大众传媒、社会机构、学界都对这一特定群体给予密切关注与高度重视。作为我国农村流动人口中的精英及最有可能实现市民化的群体，新生代农民工已经成为我国农民工的主体。新生代农民工的主要特征为"三高一低一少"，具体

---

① 邓大才：《农民打工：动机与行为逻辑——劳动力社会化的动机—行为分析框架》，《社会科学战线》2008 年 9 月。

② 刘传江、徐建玲：《"民工潮"与"民工荒"——农民工劳动供给行为视角的经济学分析》，《财经问题研究》2016 年第 5 期。

③ 刘传江、徐建玲：《"民工潮"与"民工荒"——农民工劳动供给行为视角的经济学分析》，《财经问题研究》2016 年第 5 期。

④ 《中共中央 国务院关于加大统筹城乡发展力度进一步夯实农业农村发展基础的若干意见》http://www.gov.cn/gongbao/content/2010/content_1528900.htm，最后访问日期：2019 年 9 月 2 日。

表现为"受教育程度高，职业期望值高，物质和精神享受期望值高，工作耐力低，从事农业生产的经验少"等。[①] 新生代农民工身上呈现四大群体性特征，即"时代性、发展性、双重性和边缘性"。[②] 2019 年 4 月 29 日，国家统计局发布的《2018 年农民工监测调查报告》显示，2018 年农民工总量为 28836 万人，比上年增加 184 万人，增长 0.6%；农民工增量比上年减少 297 万人，总量增速明显，比上年回落 1.1 个百分点。其中，《2018 年农民工监测调查报告》中特别用小标题标识，"新生代农民工中超半数为'80 后'"。1980 年及以后出生的新生代农民工占全国农民工总量的 51.5%，比 2017 年提高 1.0 个百分点；老一代农民工占全国农民工总量的 48.5%。在新生代农民工中，"80 后"占 50.4%，"90 后"占 43.2%，"00 后"占 6.4%。[③] 大专及以上文化程度的农民工占比继续提高。在全部农民工中，未上过学的占 1.2%，小学文化程度的占 15.5%，初中文化程度的占 55.8%，高中文化程度的占 16.6%，大专及以上文化程度的占 10.9%。大专及以上文化程度的农民工所占比重比 2017 年提高 0.6 个百分点。在外出农民工中，大专及以上文化程度的占 13.8%，比 2017 年提高 0.3 个百分点；在本地农民工中，大专及以上文化程度的占 8.1%，比 2017 年提高 0.7 个百分点。[④] 从 2018 年起，新生代农民工在农民工总体中的占比已经超过半数，[⑤] 已经成为农民工群体中的中坚力量。

二 新生代农民工的群体特征

从生存的根基看，老一代农民工一般将进城打工视为暂时性的挣钱谋生的手段，绝大多数人依旧保持与土地的连接，将乡村和耕地作为退可谋

---

① 全国总工会新生代农民工问题课题组：《关于新生代农民工问题的研究报告》，《工人日报》2010 年 6 月 21 日。

② 全国总工会新生代农民工问题课题组：《关于新生代农民工问题的研究报告》，《工人日报》2010 年 6 月 21 日。

③ 国家统计局：《2018 年全国农民工监测调查报告》，http：//www. stats. gov. cn/tjsj/zxfb/2019 04/t20190429_1662268. html，最后访问日期：2019 年 9 月 2 日。

④ 国家统计局：《2018 年全国农民工监测调查报告》，http：//www. stats. gov. cn/tjsj/zxfb/2019 04/t20190429_1662268. html，最后访问日期：2019 年 9 月 2 日。

⑤ 国家统计局：《2017 年全国农民工监测调查报告》，http：//www. stats. gov. cn/tjsj/zxfb/2018 04/t20180427_1596389. html，最后访问日期：2019 年 9 月 2 日。

生的底线。当老一代农民工感觉在城市无法立足时，他们会选择退守到农村继续务农。而新生代农民工的城市认同感较高，拥有较为强烈的融入城市的愿望与预期。但社会偏见、经济收入、工作环境等原因导致他们融入城市生活有一定难度，在家乡或是城市他们都很难找到归属感，从而出现"内卷化"的认同倾向。

新生代农民工中绝大多数是走出校门后直接进入城市工作，从未有过任何务农经验，对土地的依赖程度较低。他们中甚至有不少人在幼年时代就跟随家人前来城市，在城市中完成了学业。在进城初期，新生代农民工处于青年社会化关键期，思想可塑性强，自我认知并未定型，反映到行为上就是其社会生活充满了巨大的不确定性，特别容易受到城市传播环境的影响，在各种形态的媒介助推下，他们获得职业机会并得以扮演职业角色。随着城市生活的深入，城市体验的逐渐丰富，新生代农民工对自身的认知也越来越深刻，他们也不仅仅是在城市信息传播的刺激下做出相应反应，而是在城市生活中已经开始萌发了一定的传播意识，进行了一系列具有传播意向的社会实践，实现了一定的自我赋权和职业自觉。

如果说老生代农民工进城打工的动机是以经济为主，工作仅仅是工作，最终的职业归属指向农民，那么新生代农民工则不同，由于自身务农经历有限，对农民不仅有一种身份上的回避，也有一种职业上的抗拒。城市里的工作对他们来说也有了更深远的意义，它不仅仅是谋生手段，也是融入城市的一种途径。和老一代农民工相比，新生代农民工进城务工的初衷已经发生改变，他们进城务工不是赚取一定经济收入再回归农村社会，而是积极投身城市中的职业生涯和生活体验，期待能够施展个人才能，追求更好的发展机遇和个体综合能力的提升。在求职的过程中，收入只是他们考虑的一个维度，他们也会考虑到自己职业规划的发展路径与提升空间。新生代农民工对于自己的工作条件和生活水准提出了更高要求，新生代农民工中从事服务业的比例最高，达到了41.4%，而老一代农民工中从事这一行业的只有16.9%；另外，新生代农民工从事建筑、社区服务和家政服务的比例要远低于第一代农民工。[①] 在与乡村社会的连接上，新生代

---

① 朱永安：《新生代农民工研究》，硕士学位论文，南京师范大学，2005。

农民工的工作范围以在城市打工为主，他们基本不会返回农村参与农活，返乡的频率要明显更低。他们对于未来有着更高的预期，自我发展愿望更强烈，一般不愿提早步入婚育阶段。

从生活方式上看，老一代农民工的城市生活仅仅停留于解决温饱和生存问题，他们很少有额外的消费，也很少参与城市社会中的精神文化活动。从文化观念来看，老一代农民工从总体上更像农民而非市民，他们自身的素质、劳动条件和生存环境使他们很难做到义无反顾地和家乡告别。而新生代农民工本身属于青年群体，他们更乐于接受新鲜潮流的事物，城市中丰富新奇的物事迎合了他们个性发展的期待。"他们喜欢新衣服，需要娱乐活动，更多地利用通信手段与人交流。"① 他们学习与模仿城市居民的生活方式和闲暇娱乐，积极投身城市中的消费实践，努力靠近城市中的生活状态。

习近平总书记指出，"城镇化是现代化的必由之路"。② 推进城镇化是解决农业、农村、农民问题的重要途径，是推动区域协调发展的有力支撑，是扩大内需和促进产业升级的重要抓手，对全面建成小康社会、加快推进社会主义现代化具有重大现实意义和深远历史意义。③ 要推进以人为核心的新型城镇化，就要推进农业转移人口市民化，促进有能力在城镇稳定就业和生活的农业转移人口举家进城落户，与城镇居民有同等权利和义务。④ 因此，推进新生代农民工的城镇化、市民化是一项紧密迫切的任务。

从社会认同的角度来看，新生代农民工相对于城市居民依然属于弱势群体，物质资源和文化资源占有程度都比较低；从个人认同的角度来看，他们仍然是"外来群体"，是生活在城市中的中低阶层。城市化不单纯是乡村人口地理空间上的迁移和流动，也是"农民职业非农化、生活方式城市化和身份市民化"⑤ 的过程。如果新生代农民工在城市社会中长期缺乏

---

① 清华大学社会学系课题组：《困境与行动——新生代农民工与"农民工生产机制"的碰撞》，载沈原主编《社会转型与新生代农民工》，社会科学文献出版社，2013，第77页。

② 《习近平关于全面建成小康社会论述摘编》，中央文献出版社，2016，第20页。

③ 中共中央宣传部：《习近平总书记系列重要讲话读本》，学习出版社、人民出版社，2016，第160页。

④ 中共中央宣传部：《习近平总书记系列重要讲话读本》，学习出版社、人民出版社，2016，第162页。

⑤ 杨悦：《城市化进程中农民工市民化问题的思考》，《天水行政学院学报》2010年第12期。

社会认同，市民化身份转变举步维艰，将会阻隔城乡劳动力的转移进程，不利于城市化目标达成和新时代社会主要矛盾的解决。一直以来，关于农民工的社会认同问题受到学界的广泛关注。无论是从外部因素出发予以考虑的城市环境、国家政策、社会阶层，还是从内部因素出发的新生代农民工的个体感受和内心情感，都应当予以足够重视与关怀。为此，增进新生代农民工的社会认同、推进农民工市民化是城乡和谐社会建设的重要而迫切的课题，是我国社会转型时期的一个重大现实问题。

三 信息技术在中下阶层的普及

手机作为一种跨越空间藩篱、方便人们同步沟通的无线科技，为使用者创造了一种"时空的同时性"感，这正是全球现代性的鲜明特征之一。[①] 作为信息技术构建的基础设施中重要的终端应用设备，手机提供了迪尔凯姆称为现代社会特性中日益增长的人际接触与交流的技术中介实例。手机打破了固化的时空藩篱，为人们提供了即时沟通的途径，并且为其使用者创造了独特的"时空同时性"。[②]

城市街头随处可见的光怪陆离的手机品牌广告、琳琅满目的通信电子商城，深刻体现出后现代社会中消费主义思潮的印记。由于移动通信服务与收入以及教育水平的关系，在很多发展中国家，它甚至成为社会地位的象征，这为移动电话的社会采用提供了一个全新的研究维度。学者在研究了菲律宾的"移动电话狂热"（mobile mania）后，得出两个对所有发展中国家都具有广泛启示意义的特点。第一点是移动通信技术的扩散往往伴随着空前的全球范围内的城市化浪潮，数十亿从农村涌入城市的人将移动电话使用当作应对新的社会环境的功能性工具。第二点可能更为重要，一旦无线技术普及到更低收入和更低受教育水平的人群，就会出现更为低廉的服务以满足这些新增用户的需求，尤其是当高社会经济地位的人群中的移

① Pertierra, R., et al., *TXT-ING Selves: Cellphones and Philippine Modernity* (Manila: De La Salle University Press, 2002).

② Pertierra, R., et al., *TXT-ING Selves: Cellphones and Philippine Modernity* (Manila: De La Salle University Press, 2002).

动电话扩散达到饱和时，这一情况通常不可避免。①

新的 ICT 技术②，如 IP 电话、手机、互联网等即时、便利甚至廉价的通信工具在中国社会中低阶层中的迅速渗透和普及，使得这因劳动力转移而产生的人口流动在规模和效率上发生了很大变化。当然，在向中下阶层普及的过程中，技术绝不是一成不变的。平民化的结果是令精英独享的手机服务派生出"山寨机"、小灵通、预付卡等意想不到的中低端产品和服务。不光技术本身会因应流动的生活状态发生变化，其社会功能也会在不同语境下变得不同。

将"信息中下阶层"（information have-less）一词用于描述多数中国互联网用户更为贴切，③它包含了农民工、农村留守人口、下岗工人和其他社会弱势阶层群体，强调这些社会群体与中低端信息传播技术的关系。他们不是绝对的信息匮乏者，而是主动采用信息技术来解决问题的实践者。④

寻呼机在 1983 年进入中国市场，于 20 世纪 90 年代飞速发展，用户总量在 2000 年达到高峰的 4900 万户，名列世界第一。随着移动电话消费的猛增，寻呼机被城市人群贬低为过时、不可信的，更适合文化上不讲究的外来务工人员。⑤在这样的语境下，甚至城市新移民也觉得有必要将自己与这项技术隔离开，寻呼机的客户群得到极大削减。2000～2002 年，中国的寻呼机用户迅速减少了近 300 万户，2007 年已基本退出通信市场。⑥当这些人迅速地抛弃寻呼机时，却又很快迎接了另一种低端通信服务技术——小灵通，用户使用这类移动电话只需要支付相当于座机的价格，相

---

① 曼纽尔·卡斯特尔等：《移动通信与社会变迁：全球视角下的传播变革》，傅传辉等译，清华大学出版社，2014，第 52 页。

② ICT 指代 Information Communication Technology，即信息通信技术。

③ Cartier, C., Castells, M. & Qiu, J. L., "The Information Have-less: Inequality, Mobility, and Translocal Networks in Chinese Cities," *Studies in Comparative International Development* 2 (40), 2005, pp. 9, 34.

④ 邱林川：《信息"社会"：理论、现实、模式与反思》，《传播与社会学刊》2008 年第 5 期。

⑤ Jack Linchuan Qiu and Joseph Man Chan, "China Internet Studies: A Review of the Field," in Helen Nissenbaum and Monroe Price (eds.), *The Academy and the Internet* (New York: Peter Lang Publishing, 2004), pp. 275, 307.

⑥ 苏扬：《传呼机兴衰史：服务中国 20 余年》，http://tech.qq.com/a/20130422/000016.htm，最后访问日期：2019 年 9 月 2 日。

应的，只能享受较差的通话质量和有限的移动通信服务。中国的小灵通技术是基于日本的个人移动电话系统（PHS）标准的。在日本，这一技术是为低收入消费者设计的，但并未在这一更富足的市场崛起。在中国，小灵通的推广与接纳获得了长足的成功。2003 年创造了 20 亿美元的销售纪录，当年新增用户达 2500 万户。2005 年，小灵通的用户总数超过 6700 万户。这也反映出低收入阶层对价格低廉的移动技术的强烈需求，小灵通满足了那些具有低收入和具有适度移动性特征的用户的需求。① 2011 年 1 月 1 日，随着 3G 业务的推广，小灵通全面退市。小灵通逐渐衰退的过程中，又有一件新兴的中低端电子信息产品顺利接棒，成为中低阶层的新宠。贴牌甚至无牌手机，即俗称的"山寨"手机成为中国 ICT 技术名扬中外的代表物品。2004～2009 年是山寨手机发展的鼎盛期，它不仅在国内风光一时，而且在短短几年时间形成了遍布全球（尤其是发展中国家）的销售网络。② 笔者在梳理中国的信息技术在社会中扩散的路线时发现，新兴的通信技术工具先是被社会精英阶层率先接纳，而后再逐步进入中下阶层，中下阶层通常成为信息技术的滞后接纳者。

21 世纪以来，中国整体的信息技术迅猛发展，这也恰好是最早的一批新生代农民工进入城市的历史阶段。中国城市的媒体传播环境发生了天翻地覆的革新性变化，中国社会已经开始逐渐成为一个全面媒介化的社会。媒介化社会的一个重要特征就是媒介影响力对社会的全方位渗透，在真实世界之外，媒介营造出一个虚拟的无限扩张的媒介世界，人们用通过媒介获取的信息来指导现实生活。但仅仅是由媒介营造的虚拟空间来构造媒介化社会是远远不够的，媒介化社会从其本质来说意味着人的媒介化，或者说，每个人都是在媒介深刻影响下的"媒介人"，对于生活在媒介化社会的人来说，不仅其对于世界的想象主要是由媒介来建构的，而且其思维方式、个体意识也烙上了媒介化的烙印。③

---

① Frost & Sullivan, *The 'PAS' Phenomenon: Revolutionizing Local Wireless Telephony*. Frost & Sullivan White Papers, February 2003, p. 2.

② 罗俊：《3G 时代，山寨机能否再现辉煌？》，《中国电信业》2010 年第 4 期，第 54～56 页。

③ 孟建、赵元珂：《媒介融合：粘聚并造就新型的媒介化社会》，《国际新闻界》2006 年第 7 期。

新生代农民工的城市化进程与媒体高速发展的态势密切相连，信息技术全方位渗透进新生代农民工的城市务工行为。手机如今已脱离了权贵专用的角色定位，成为普罗大众都能普遍使用的媒体工具。如今新生代农民工可以非常娴熟地使用手机和手机的各项应用功能，利用移动通信技术的能力也愈加进步，手机使用已经深刻植根于他们的城市体验中，成为其生命历程中不可分割的重要部分。接触和热衷于使用电子媒介已经成为新生代农民工的鲜明标志，他们中绝大多数已经开始利用中低端信息传播技术进行交流，这构成了我国"新型城市流动"语境下的"关键性社会技术发展"。[①] 与老一代农民工为了打长途电话排队在公共电话亭等候，或是挤在拥挤不堪并略显嘈杂的电信话吧相比，新生代农民工只需个人拥有一部手机就可以完成，手机毫无疑问成为他们更为便捷、高效的信息传播方式。当然，这首先得益于电信市场的迅速发展与通信资费的逐年下降，同样也体现出代际个人的自主选择。一项关于新生代农民工文化需求的调查表明，有87%的新生代农民工拥有手机，[②] 相当一部分农民工表示自己能够通过手机联网。手机只是现代科技渗入新生代农民工生活的一部分，调查还发现，新生代农民工群体中，自己拥有电脑的比例达到了23.1%，近85%的受访者表示自己会通过QQ或MSN等上网聊天，41.3%的人有自己的电子邮箱。[③] 清华大学社会学系课题组于2011年5月至12月，在珠三角、长三角、华北地区三个农民工相对集中的区域对新生代农民工进行了问卷调查，研究发现新生代农民工会用手机上网的远较老一代多，他们能够更方便地利用手机随时上网。[④] 手机成为新生代农民工最常用的新媒体。有研究得出，新生代农民工的总体媒介体验呈现两个趋势：一是从传统媒

---

① Cartier, Carolyn, Castell, Manuel, and Qiu, Jack L., "The Information Have-less: Inequality, Mobility and Translocal Networks in Chinese Cities," *Studies in Comparative International Development*, 2005, p. 9.

② 张品方、陈醉等：《行走在城市边缘：新生代农民工文化需求调查》，《浙江日报》2010年3月11日。

③ 张品方、陈醉等：《行走在城市边缘：新生代农民工文化需求调查》，《浙江日报》2010年3月11日。

④ 清华大学社会学系课题组：《困境与行动——新生代农民工与"农民工生产体制"的碰撞》，载沈原主编《社会转型与新生代农民工》，社会科学文献出版社，2013，第81页。

体向新媒体转变；二是在新媒体的运用中，从 PC 端向手机端转变。[①]

随着智能手机的广泛运用以及自媒体的迅速普及，日益增多的新生代农民工利用手机媒体构筑起丰富多样的生活空间。在百度百科中的"新生代农民工"词条中，"时不时地从包里掏出名牌手机"[②]成为农民工区分代际差异的重点特征。农民工对于手机各类应用的依赖程度可能要远远超过我们的想象，腾讯网的一则科技新闻这样写道："QQ、微信、陌陌是当地前三大聊天软件，而微信则承载了一些农民工的感情寄托。一位农民工常客曾说，'自己靠微信活着，离开微信就觉得生活没有希望'。"[③]新生代农民工进入城市这一信息技术异常发达的场域，脱离了原有传统惯习的"约束"，他们在流入地使用信息技术手段的情况值得研究者及时给予现实关怀和理论反思。

四 研究意义

1. 理论意义

农民工群体一直是政府部门和社会各界重点关注的重要议题，学界中来自社会学、政治学、经济学、传播学、人类学等各个学科领域的专家学者也对农民工问题进行了细致深入的研讨，并形成了丰硕的研究成果。随着现代化速度的加快与农民工群体的日益分化，不同年龄段的农民工已被牢牢嵌入当代信息社会发展进程，对于不同年龄段农民工手机使用状况开展研究非常有必要。拓展农民工信息技术使用与城市生活的相关研究，可以丰富农民工研究的相关理论，并进一步充实有关农民工社会认同的研究。理论界关于农民工信息意识与行为的研究相对较少，在社会认同视角下研究信息社会与新兴技术背景下农民工的社会意识与行为，从某种意义上也是丰富中国特定语境中社会认同的研究内容。

---

① 郑欣等：《进城：传播学视野下的新生代农民工》，社会科学文献出版社，2018，第 151 页。

② "新生代农民工"词条，http：//baike. baidu. com/link？url＝4goqz5wWEgl0EDEC3QfECGLX WSCNMxCBAcFkZl3nycIhOKcDfmLfiG9GPSBgtkv6ZHtIAmErnWw7S15MbfFuDa，最后访问日期：2019 年 9 月 2 日。

③ 《唐山市侨城镇手机店面调查：主攻"民工机"》，http：//tech. qq. com/a/20130328/000002. htm，最后访问日期：2019 年 9 月 2 日。

2. 现实意义

我国的现代化进程最终能否实现，需要重视占我国人口绝大多数的农民群体，他们能否实现从乡村到城市的顺利转型，在产业结构中完成由农产业到非农产业的逐步转变，将成为我国现代化中的重要决定因素。农民工群体作为进入城市的桥头堡和先锋军，他们的流动经历和城市体验成为连接城市和乡村之间的纽带与桥梁，而新生代农民工更是农村人口现代性转变中的中坚力量。

从个体层面来看，新生代农民工较为渴求完成市民化的进程，他们追逐城市文明，力图使自己的意识特征与行为模式接近城市居民。从国家出台的一系列政策文件来看，职能部门也极力促成这一部分人群市民化的进程。新生代农民工作为我国建设社会主义和谐社会的重要推动力量，是维持城乡之间社会稳定的重要保障，如果其能顺利完成市民化进程，则必将在上述方面发挥更大作用。他们自身率先受到现代性的先进体验的影响，这种影响可以逐步渗透到他们的流出地——农村社会，并进而推动中国整体的现代化进程，对中国的现代化进程产生不可低估的作用。

但由于目前受到国家政策、经济发展与个人因素等诸多方面的影响，新生代农民工的社会转型之路依旧比较困难，他们中的大多数仍然没有办法完成身份改变，只能继续滞留于农民工群体中。新生代农民工已经与传统的乡土社会与文化模式疏离，他们倘若不能很好地实现自我现代性的转变，并对城市社会形成社会归属，将会陷入身份"内卷化"的认同危机。

随着我国城镇化的逐步推进，进入并居住在城镇中的新生代农民工规模将日益增大，如果他们在社会认同的过程中出现阻碍，无法顺利转型成为城市中的新市民，则可能会引发一系列社会问题，这些社会问题累积到一定程度将会影响社会的和谐进步与稳定发展。这不仅影响到微观层面农民工个体的现代性的达成，也势必阻碍中国整体的现代化进程。研究新生代农民工社会认同过程的影响因素，探索这一群体建构社会认同的有效路径，有助于实现我国城乡社会的统筹发展与和谐发展。

| 第二章 |
"社会认同" 理论溯源与经验研究

第一节 "社会认同" 的理论溯源

一 认同概念的发展历史

长期以来，认同及其相关议题一直是社会学家和心理学家的关注中心。认同（identity）一词源于拉丁文词根 idem，意即"同样的"，也曾一度被翻译为"同一性"。哲学家笛卡尔"我思故我在"的经典论述衍伸出身心二元论的思辨，最早开启了关于"同一性"问题的研究，[①] 自我开始思考主体存在统一性的道德困境。在《心理学大辞典》中，"认同"被界定为个体潜意识地向某一对象模仿的过程。[②] 国内有时也将 identity 译作"身份"，但这时只能当名词使用，而"认同"既可用作名词，也可用作动词。[③]

威廉·詹姆斯和弗洛伊德·西格蒙德较早将认同（identity）这一概念引入心理学层面。他们认为，认同包含三种基本含义：认为一致、相同；认为彼此是同类，具有亲近感或可归属的愿望；赞同。[④] 理查德·基肯斯将认同（identity）定义在"同一性"与"独特性"两个层面，揭示了认

---

① 姚德薇：《论社会认同研究的多学科流变及其启示》，《学术界》2010 年第 8 期，第 104 ~ 110 页。

② 林崇德、杨治浪、黄希庭：《心理学大辞典》，上海教育出版社，2003，第 1011 页。

③ 徐大明：《社会语言学实验教程》，北京大学出版社，2010，第 176 页。

④ 转引自王兴梅《新生代农民工的社会认同研究》，硕士学位论文，山东大学，2010。

同与相似和差异之间的关联，从而也框定了认同类型划分的边界线。依据基肯斯的认同含义，"认同"就是追求与他人/他们相似或者与他人/他们有差异的过程。因此，身份认同可以区分为：群体认同（通过消费方式将个人融入某个阶级、阶层或群体来定位身份）与个体认同（通过消费方式强调自己的身份的独特性与完整性，这也是一种反群体倾向的疏离认同）。①

1950 年，埃里克·洪堡特·埃里克森（Erik Homburger Erikson）的著作《儿童期和社会》问世，其将"自我同一性"和"同一性危机"等概念引入英语世界的社会科学研究领域。在埃里克森看来，同一性是"一种熟悉自身的感觉，一种'知道个人未来目标'的感觉，一种从他信赖的人们中获得所期待的认可的内在自信"。② 埃里克森认为认同贯穿个体成长的生命周期，自我同一性形成于个体自我人格与所处社会语境之间的互动进程。③ 自我同一性连接了个体人格的微观发展以及宏观的社会结构、社会制度与社会历史语境。④

美国社会心理学家凯尔曼（Herbert C. Kelmen）在描述态度变化的过程时，认为"认同"是个体因为想要同另一个人或群体建立或维系一种令人满意的关系而接受其影响时所产生的行为。⑤ 另一位美国心理学家埃利奥特·阿伦森（Elliot Aronson）认为，认同是个体受到某种社会影响时产生的一种反应，它源于个体希望自己成为影响施加者一样的人。⑥ 法国政治学院教授阿尔弗雷德·格罗塞（Alfred Grosser）则认为"认同"是我属

---

① Jenkins, Richard, *Social Identity*（London：Routledge，1996），pp. 3 - 4.

② Erik H. Erikson, *Identity and life Cycle*（New York：Norton，1959），p. 118.

③ 埃里克·洪堡格·埃里克森（1902~1994），德裔美国人，著名发展心理学家和精神分析学家，以提出心理发展阶段模型（stage model of psychological development）著称。该模型将人的一生分为八个阶段，每个阶段都有其特殊的矛盾，只有成功解决这些矛盾才会进入下一阶段，否则就会在未来造成问题，并影响人格的健康发展。这八个阶段分别是：婴儿期（0~1 岁，信任对不信任）、童年早期（1~3 岁，自主对羞愧）、学龄前（3~6岁，目的 - 主动对罪恶感）、上学初（6~11 岁，能力 - 勤奋对自卑）、青春期（11~18岁，忠诚 - 认同对角色混乱）、成年初期（18~35 岁，亲密对孤僻）、成年二期（35~64岁，志得意满对萧疏荒废）、晚年（64 岁及之后，自我健全对绝望）。

④ 郭金山：《西方心理学自我同一性概念的解析》，《心理科学进展》2003 年第 11 期，第 227~234 页。

⑤ Kelmen, H. C., "Processes of Opinion Change," *Public Opinion Quarterly* 25，1961，pp. 57 - 78.

⑥ 沈晖：《当代中国中间阶层认同研究》，中国大百科全书出版社，2008，第 47 页。

性的总和，而"属性"就是"个体属于一个群体（种族、国家、阶级、政党……）的事实"。①

二 社会认同理论的建立与发展

社会认同的研究最早起源于拥有众多民族和语言的欧洲，不同族群间的纷争导致欧洲社会事件频发，动荡不安。社会认同路径在诞生伊始就着重关注群际行为的关系特征。传统社会心理学将民族国家间的冲突、战争爆发、大规模种族灭绝等现象归因为个体性（individuality）的差异，而社会认同路径批判了其个体主义的这一分析框架，认为其忽略了宏观的历史 – 社会结构性背景。社会认同路径主张，社会是由社会范畴（social categories）组成的，这些范畴在权力和地位关系上彼此相关。马克思也曾就认同问题发表过相关观点，他认为，统计学或人口学范畴与社会阶级存在着差异。社会范畴本质上是统计实体，而人类群体是心理实体，在有了对共同苦难的认识之后，社会范畴才转化为人类群体。正是基于这种认同（共同的苦难、经历），社会行动才得以产生。②

社会认同论起源于 20 世纪 70 年代初期，随后经过多位学者的研究，逐渐成长为一个丰满的理论体系。社会认同理论的鼻祖是世界著名社会心理学家亨利·泰弗尔（Henri Tajfel），他是欧洲实验社会心理学协会（European Association of Experiment Social Psychology）的建立者之一，其社会认同论（social identity theory，SIT）成为当时有关群际过程的革新性研究。泰弗尔本人曾经历二战的浩劫，目睹纳粹的屠杀，这直接促使他开始投身偏见与群际关系的心理学研究。与当时较为流行的如西奥多·阿多诺等人相信极端偏见源于个性因素的观念相左，泰弗尔认为偏见并非体现在"超常"（extraordinary）的个性里，而是普遍存在于"普通"（ordinary）的思维中。泰弗尔早年通过"最简群体范式"（minimal group paradigm）的实验程序，形成了社会认同理论体系的最初典范。在"最简群体范式"的实验

① 阿尔弗雷德·格罗塞：《身份认同的困境》，王鲲译，社会科学文献出版社，2010，第7～9页。
② 迈克尔·A. 豪格，多米尼克·阿布拉姆斯：《社会认同过程》，高明华译，中国人民大学出版社，2011，第21～22页。

中，参与实验者之前素未谋面、互不相识，并且从未有过任何互动，他们只是在单纯感受到分组的情况下，会倾向于给同组人员分配更多资源，并给予更为积极的评价。个体按照实验人员提供的分组来自我归类，并且在对自己和他人类型化的过程中产生群体差异。认知上的分类，会让人们主观上知觉到自己与他人共属，而产生一种认同感。① 泰弗尔对于人际－群际行为差异的分析形成了"社会认同"最初的理论基石。

1972 年，泰弗尔正式引入"社会认同"这一术语，并于 1978 年将这一术语最终确定下来。社会认同被定义为"个体知晓他/她归属于特定的社会群体，而且他/她所获得群体资格（group membership）会赋予其某种情感和价值意义"。② 在这里，社会群体是指："两个或更多个体，这些人有共享的社会认同，或者换句话说，他们感知到他们这些人属于同一个社会范畴。"③

泰弗尔及其团队一直致力于社会认同的相关研究，构造了一套相对完善的社会认同的理论体系，以社会范畴化、社会比较、认同建构和认同解构/重构等概念作为理论核心。社会认同论基于行动者的多元群体资格来研究群体过程和群际关系，摆脱了传统心理学中的个体主义和还原主义的研究视角与解释路径。泰弗尔认为，他的社会认同理论主要"基于这样一个简单的动机假设，即个体更愿意选择积极的而非消极的自我形象"。④ 1971 年，澳大利亚人约翰·C. 特纳（John C Turner）来到布里斯托大学，成为泰弗尔的研究助手，他展开了一系列实证研究来验证泰弗尔的假设，并且对社会类型化的影响和群际歧视的形式做出了系统化的解释。泰弗尔和特纳把认同区分为个体认同和社会认同，"个体认同是指对个人的认同作用，或者通常说明个体具体特点的自我描述，是个人特有的自我参照；而社会认同是指社会的认同作用，或者由一个社会类别全体成员得出的自

① 张莹端、佐斌：《社会认同理论及其发展》，《心理科学进展》2006 年第 3 期。
② Tajfel, H. Social Categorization, "English Manuscript of 'La Categorization Sociale'," in S. Moscovici, eds., *Inruoduction à la psychologie sociale* (Paris：Larousse, 1972).
③ 迈克尔·A. 豪格、多米尼克·阿布拉姆斯：《社会认同过程》，高明华译，中国人民大学出版社，2011，第 9 页。
④ Tajfel, H., *Human Groups and Social Categories：Studies in Social Psycholo* (Cambridge：Cambridge University Press, 1981).

我描述"。①

在泰弗尔于 1982 年辞世之后，社会认同论在特纳的领导下，有不同版本的修正模型。其中最有影响的是特纳等人的"自我归类论"（self-categorization theory），这进一步完善了社会认同理论。在自我归类论中，特纳构造了一个精妙概念——元对比原则（meta-contrast principle）。元对比原则是指在群体中，如果群体成员之间在特定品质上的相似性小于差异性，则群体就会沿着这个品质或维度分化为两个群体，群际关系因此从群体过程中凸显。特纳对社会认同的基本观点是：个人首先定位自己的群体归属，并且与其他群体进行比较，形成自己对本群体的偏好或排斥；个体积极地加入群体组织中，期望其所属群体能够提高自尊与社会地位，从而努力建构积极的社会认同；当个体所属社会群体与其提高自尊与社会地位的期望背离时，就会产生社会认同危机，个体将尝试脱离群体，寻求其他路径或是加入其他群体以达到目标。

特纳认为形成社会认同要经过社会分类（social categorization）、社会比较（social comparison）和积极区分（positive distinctiveness）三个阶段。"社会分类"就是个体从自身的心理认知出发，将社会群体划分为内群体和外群体两大类型，并将自己归属于某个特定群体；"社会比较"就是个体比较内群体和外群体间的差异性，不同群体间拥有的社会评价、社会财富、公共资源等要素存在差别，而这种差异将激化不同群体间形成偏见；"积极区分"指的是个体更为关注和凸显自身所属群体的群体优势，从而提升自身作为群体一员的自尊感和认同感。而这一过程可能会导致一些极端后果的出现。

到了 20 世纪 90 年代中期，一些学者进一步丰富和系统化了社会认同理论。如 Brewer 1991 年提出的"最优特质理论"（optimal distinctiveness theory）、Hogg 1993 年提出的"群体动机理论"（group motivation theory）等。同时，很多学者也将社会情境纳入社会认同的理论体系，认为社会认同、自我分类在不同的社会情境下会发生变化。② 社会认同路径将传统的

---

① 张莹瑞、佐斌：《社会认同理论及其发展》，《心理科学进展》2006 年第 3 期。
② 王春光：《新生代农村流动人口的社会认同与城乡融合的关系》，《社会学研究》2001 年第 3 期。

社会心理学倒置过来,考察个体中的群体(group in the individual)。该路径与马克思和符号互动论者的观点有相似之处。社会认同路径也认为认同与自我定义在作为统计或历史实体的社会范畴和个体行为之间起到了中介作用。但是,它比马克思和符号互动论走得更远:社会认同论探求将社会范畴转化为人类群体的心理过程。这些过程创造了认同并产生了具有独特形式的群体行为。[①]

三 社会认同理论的本质特征

社会认同理论呈现了一种与美国社会心理学截然不同的理论视角,获得世界范围内社科研究领域的广泛关注。"社会"成为个体置身于其中的群体关系背景,而在这个背景下,个体对群体的认同被放在解释个体行为的核心位置上。

社会认同理论回答了"个体是什么"的哲学反思,群体成为认同的基础,高度注重的问题是"个体是什么"(who one is)。[②] 在个人、角色、群体(社会)之间,存在一种微观(macro)、中观(meso)和宏观(micro)关系,角色既受制于群体或社会客观期望,也依赖于个人的主观表演。[③] 个体一方面要受到结构型的期望限制(这是由其群体或角色认同决定的),另一方面又可以通过个人认同做出某种自由选择,个人认同因此成为打通群体和角色认同的关键节点。社会认同所形成的群体共识需要经过个体理解和内化才能对个体产生影响。在社会认同中,个人所获得的对自己所在群体成员身份的这种认识,将直接影响个体的社会知觉、社会态度和社会行为,亦会影响其对于自我存在及价值的感知和认识。

同样,社会结构因素对于社会认同具有重要的形塑作用。社会认同发生于社会建构的层面,强调了社会和自我之间的交互联系。社会认同理论侧重于在"社会的"背景下对个体的行为和心理进行理解,强调结构以及

---

① 迈克尔·A. 豪格、多米尼克·阿布拉姆斯:《社会认同过程》,高明华译,中国人民大学出版社,2011,第 22 页。

② Peggy A. Thoits, Lauren K. Virshup, "Me's and We's: Forms and Functions of Social Identities," in Richard D. Ashmore, Lee Jussim, eds., *Selfand Identity: Fundamental Issues* (New York: Oxford University Press, 1997).

③ 周晓虹:《认同理论:社会学与心理学的分析路径》,《社会科学》2008 年第 4 期。

由社会建构的自我（所谓认同或社会认同）的功能，自我这种动力结构是能够作为连接社会结构和个体行为之间关系的，行为是被组织到有意义的、经过特定的自我界定分类的单位中去的。个体处于多元的社会认同中，社会认同过程是一个不断自我构建和自我重构的过程，这个连续不断变化的过程会受到各种社会结构性因素的影响。社会认同理论将认同视为一种动力结构——它既能够适应长时期的群际关系的变化，也能够对应即刻间的互动背景——在此基础上，论述了认同过程中的基本社会认知机制。[①]

1955年，杜克斯等对64种不同的社会认同进行聚类分析，将社会认同大致分成这样五种类型：①关系认同（personal relationships）；②职业与爱好（vocations and avocations）；③政治认同（political identities）；④污名化群体（stigmatized groups）；⑤民族和宗教认同（ehtnic and religious identities）。[②] 美国社会学家科尔曼（James S. Coleman）在其《社会理论的基础》一书中提出了七类认同：对直接亲属的认同、对国家的认同、对雇主的认同、对主人的认同、对势力强大的征服者的认同、对社区的认同、法人行动者对其他行动者的认同。[③] 方文则将多元社会认同分为：元认同、文化/群族认同、公民/国家认同、记忆宗教认同四个方面。[④] 张文宏等把社会认同界定为个体对其社会身份的主观确认，依据亨廷顿对于社会身份的分类，对城市新移民群体的社会认同建立结构模型，分析了对于该群体十分重要的五种社会认同：群体认同、文化认同、地域认同、职业认同、地位认同。[⑤]

近年来"社会认同"概念的外延不断拓展，被其他人文社会学科主动接纳并激发出更多领域的研究。如荷拉（Yoshiko Herrera）等的研究发现，对他人没有偏见的人往往更容易对自己的企业保持忠诚；[⑥] 塞拉尼亚（Vivi-

---

[①] 周晓虹：《认同理论：社会学与心理学的分析路径》，《社会科学》2008年第4期。

[②] Deaux, K., "Social Identity," in J. Worell, eds., *Encyclopedia of Women and Gender* (Waltham: Academic Press, 2001).

[③] 转引自王春光《新生代农村流动人口的社会认同与城乡融合的关系》，《社会学研究》2001年第5期，第63~76页。

[④] 方文：《学科制度和社会认同》，中国人民大学出版社，2008。

[⑤] 张文宏、雷开春：《城市新移民社会认同的结构模型》，《社会学研究》2009年第7期。

[⑥] Herrera, Y. M. & Kydd, A., Take a Chance: Building Trust in and across Identity Groups, in APSA 2013 Annual Meeting Paper, 2013.

ane Seyranian) 则认为，个体对企业的认同会转化为其对企业领导的认同，进而有利于构建企业和谐的人际关系。[①] 在"健康和社会适应"方面，哈斯拉姆（S. A. Haslam）等运用社会认同理论对个体健康问题展开研究后发现，社会认同和压力体验有着显著的负相关关系，认同水平越高，对压力的应对就越好。[②] 谈蒂（Chris Tanti）等的研究证明，媒体选择会对青少年的社会认同产生显著的影响，[③] 社会认同理论早已跨出心理学范畴，被社会学、传播学、人类学、经济学、语言学等领域所沿用。恰如特纳所言："这一理论令人惊奇，因为它对于许多问题、在诸多领域都有着广泛的适用性。"[④]

四 新媒体时代中的社会认同

1967 年，法国思想家米歇尔·福柯在演讲中颇富洞见地指出："我们身处同时性的时代中，处在一个并置的时代，其中由时间发展出来的世界经验远少于联系着不同点与点之间的混乱网络所形成的世界经验。"[⑤] 互联网普及以来形成的网络社会的崛起，使福柯描述的这种空间成为人们深刻感受其存在，并积极主动接纳的活动空间。这一空间不再停留于电缆传输比特的物理意义层面，而是体现出信息自由流动、用户实时交互、平等自由共享的空间属性，更是与人们的各种文化实践、身份/认同表达和建构密切相关的空间，因此人们在寄寓于这一空间的同时也形塑着这一空间。

美国的社会学家雪莉·特克（Sherry Turkle）是互联网时代研究认同问题的先驱性人物。她采用田野调查和深度访谈的研究方法，研究了网络如何塑造人们的思考方式和感知方式，认为人们利用网络的虚拟世界进行

① Seyranian, V., "Social Identity Framing Communication Strategies for Mobilizing Social Change," *The Leadership Quarterly* 25（3），2013，pp. 468 – 486.

② Haslam, S. A., O'Brien, A. J., Vormedal, K. & Penna, S., "Taking the Strain: Social Identity, Social Support and the Experience of Stress," *British Journal of Social Psychology* 4，2005，pp. 355 – 370.

③ Tanti, C., Stukas, A. A. Halloran, M. J. & Foddy, M., "Social Identity Change: Shifts in Social Identity during Adolescence," *Journal of Adolescence* 34，2011，pp. 555 – 567.

④ 迈克尔·豪格、多米尼克·阿布拉莫斯：《社会认同过程》，高明华译，中国人民大学出版社，2011，Ⅻ。

⑤ 包亚明主编《后现代性与地理学的政治》，上海教育出版社，2001，第18页。

自我塑造与自我创造，自由地建构自身流动变换的身份能指，互联网建构的虚拟空间带给人们看待与塑造身份认同的全新视角。①

梅罗维茨（Joshua Meyrowitz）极力扩展麦克卢汉媒介理论的社会学层面，他从媒介、场景和行为的关系出发，指出现代传媒消解了人们对于传统地域边界的认知，信息通过不断变化组合产生出不同的场景与情境，由此影响人们的角色和行为方式，产生新的群体身份和社会秩序。②

美国著名传播学者马克·波斯特（Mark Poster）重点研究了现代传播技术（主要是电子媒介）的传播影响，他认为随着信息高速公路及新媒体的发展，人类逐渐进入替代式的"第二媒介时代"。在信息方式的置换过程中，理性而自律的主体逐渐被瓦解，多元化、撒播的、去中心的主体正被构建，不稳定和流动性的身份日渐生成。

曼纽尔·卡斯特探讨了社会认同从瓦解到重构的分化与整合过程。卡斯特深入剖析了网络时代中认同的形成过程。他指出，社会认同以优势主导地位的文化特征为基础，以此赋予群体行动意义，并用以指导个体的认同过程。支配性的社会制度催生相应的社会认同，但个体需要将社会行动内化，在内化的过程中梳理并接纳其意义，进而构建社会认同。卡斯特认为，认同发生在社会情境与群体关系中，是对于社会的一种建构。由于认同的社会建构总是发生在标有权力关系的语境里，因此，按照构建认同的形式和来源可以分为以下三种。

（1）合法性认同，是指基于社会的支配性制度，承认社会行动者的合理性因素，群体成员获得的社会资源不断趋于合理化而形成的认同，是一种正面的接受性认同。

（2）抗拒性认同，由那些其地位和环境被支配性逻辑所贬低或诬蔑的行动者所拥有。这些行动者采用抵抗策略，并在不同于或相反于既有社会体制的原则基础上生存下来，产生的是一种排斥性的认同。

（3）规划性认同，社会行动者之间产生了某种文化共识，对自己的社会

---

① 雪莉·特克：《虚拟化身——网路世代的身份认同》，谭天等译，台北：台湾远流出版公司，1998。

② 约书亚·梅罗维茨：《消失的地域：电子媒介对社会行为的影响》，肖志军译，清华大学出版社，2002。

地位进行重新归类和界定，并因此寻求全面社会转型而产生的社会认同。①

英国学者戴维·莫利和凯文·罗宾斯所著的《认同的空间：全球媒介、电子世界景观与文化边界》论述了欧洲大陆在全球化背景下面临的政治经济文化挑战与变迁。②

查尔斯·泰勒在《自我的根源：现代认同的形成》一书中，把自我认同（identity）放置到伦理学的话语空间之中来谈论。个体明确自我认同（identity）需要掌握两个层面的认知：一是类似于静态地图的个人"道德空间"构成，以及其间的"性质差别"，即个体认可和追求的价值、善及其相互间的关系；二就是个体在该"道德空间"中所处的坐标位置，对自己与各种善之间的距离形成判断，这种具体位置并非固定不变的，而是呈现为自己正在靠近或者远离各种善的运动趋势。③ 自我意识随时间推移而逐步成长与生成，具有一定的时间性，并非一个瞬时完成的行为。

第二节　"技术建构论"的诞生与发展

一　技术实践论

技术研究是科学技术与社会研究领域（Science，Technology and Society，STS）的组成部分，STS起源于20世纪70年代，主要致力于科学、技术及其与社会间关系的研究。STS如今已经成长为一个相对成熟的学科，全球范围内设立了不少STS相关的系所、机构，也形成了许多研究项目，其中不乏麻省理工学院、斯坦福大学等名校设立的机构，④ 专门的国际会议不时召开，学术杂志也创立了。早在1620年，就有学者提出印刷、火药和罗盘"改变了整个世界的显现与状态"。⑤ 14世纪和15世纪的诸多发

---

① 曼纽尔·卡斯特：《认同的力量》，曹荣湘译，社会科学文献出版社，2006，第6~7页。
② 戴维·莫利、凯文·罗宾斯：《认同的空间：全球媒介、电子世界景观与文化边界》，司艳译，南京大学出版社，2003。
③ 查尔斯·泰勒：《自我的根源：现代认同的形成》，韩震等译，译林出版社，2012。
④ 可参见 http：//web. mit. edu/sts/、https：//sts. stanford. edu/等网址。
⑤ Francis Bacon, Novum Organum (1620), aphorism 129, cited in Eisenstein, Elizabeth L., *The Printing Revolution in Early Modern Europe* (Cambridge：Cambridge University Press. 1983), p. 12.

明，像是机械钟、全装帆船、世界地图和印刷报业使得文艺复兴成为可能。蒸汽机、实验室、工厂和监狱作为进步、理性和科学的物理体现，人们通常将其作为现代性的核心概念予以阐释。芒福德曾经论断工业时代的标志性象征不是蒸汽机而是机械钟。[①] 人们对于技术的当代理解可以追溯到 1900 年的前后 20 年，在这个历史时间段中，铁路、电灯和通信技术、大桥、大坝和摩天大楼的修建，以及福特式的占田建厂等活动占据了公众的想象空间，并进而改变着现代性文化。[②] 20 世纪中期，人造化工制品、大众汽车和原子能同样彰显着新时代的到来。如今，信息社会的崛起也可以被视作信息技术革命的产物，全面普及的计算机、互联网、移动通信、基因工程和纳米技术开始建构我们的想象，并帮助我们规划更美好的现代性的未来。"作为一种文化，现代技术合理性不依赖于科学和哲学，而是依赖于社会组织的等级形式和计算机之类的技术。"[③]

虽然技术史的研究更为久远，但将技术放置于社会背景的中心位置开展研究正日益成为主流，典型研究就是考虑一种特定技术，如电力传输、内部引擎或者个人电脑，如何历史性地进化以及这些技术如何反映社会背景。通常会将研究与特定时间和空间相关联，在技术的社会－历史研究中，技术的社会研究与技术史相互交叉，技术的发展研究会参考它们的社会背景与使用。多数研究都是在微观或者中观层面展开分析，集中谈到个体行动者、社会群体或者组织，以及相互间的互动，而非宏观的机制与文化的研究框架。1984 年 7 月，以"技术的社会建构"为主题的国际研讨会在荷兰的特文特大学（Universiteit Twente）召开，这次大会成为技术研究领域的重要转折，来自多个国家和地区的社会学、历史学和哲学等学科的学者参会并广泛研讨，大会出版了论文集《技术系统的社会建构：技术社会学和历史学中的新方向》。大会的召开标志着现代社会的技术研究出现了"技术转向"（the turn to technology）：第一，很多学者不想仅仅局限于研讨与探究技术与社会之间的关系，而是希望突破两个截然不同的领域之

---

① Thomas J. Misa, Philip Brey and Andrew Feenberg ed. , *Modernity and Technology* (MIT Press, 2003), p. 5.

② Ruth Oldenziel. , *Making Technology Masculine*：*Men, Women and Modern Machines in America*, 1870 – 1945 (Amsterdam University Press, 1999).

③ Andrew Feenberg, *Critical Theory of Technology* (Oxford University Press, 1991), p. 54.

间的边界，将技术社会作为一个整体系统来对待；第二，学者们力图打开技术研究的"黑箱"（black box），将研究转向微观领域，期望从技术内部来考察技术的社会特征。

当代技术研究已经日益强调从实践维度来考察技术与社会的关系。麦金（Mcginn）提出技术是人类活动的一种形式，"由实践者的精神状况所引导"，[①] 彰显出技术实践活动的社会价值意义。佩斯在《技术文化》（*The Culture of Technology*）一书中明确提出了"技术实践"的概念，技术在本质上是实践的，技术实践包括技艺、组织和文化等三个维度。辛普森提出为了避免落入"技术实体论"的误区，即将技术视为人之外的存在物，必须经由的路径就是将技术视作有目的的理性化实践，技术实践的目的在于通过提高改变世界的能力来解决人类生活中的物质问题。他指出，"技术"指一套实践，实践的目的是通过对自然更加激进的干预（物理的、生物的和人类的干预），进而把未来置于我们的控制之下。[②] 技术产生于特定的时代条件与社会背景下，技术在一种特定的制度框架和社会安排中得以设定，同时，技术也对特定构架中的文化与人产生影响。按照海德格尔的术语，现代性技术本身成了一种"座架"。芬伯格曾有评述称："技术规划构成了一个类似于海德格尔意义上的'世界'，即一种实践得以产生和知觉得以整合的框架。从不同的技术规划中产生的不同世界强调了人的某些方面，同时忽视了人的另外一些方面。"[③]

二 技术研究的理论基础

与技术的形态多样性相对应，技术的研究路径也有着不同的表现，如工具论技术观、技术实体论、社会建构论等，不同的技术路径会在同一历史时期或同一学者的不同学术阶段同时并存。

（一）工具技术观

技术通常被人们视为实现某种目的的特定工具，这种观点在古希腊时

---

① E. Mcginn R. E. , "What is Technology," *Research in Philosophy & Technology* 1, 1978, pp. 180 – 190.

② Lorenzo C. Simpson, *Technology, Time and the Conservation of Modernity* (New York: Rouledge, 1995), p. 24.

③ Andrew Feenberg, *Critical Theory of Technology* (Oxford University Press, 1991), p. 8.

期就有过较为朴素的理论雏形。亚里士多德就曾提出，技术本身并非目的（ends），而只是一种手段（means）。技术是对自然的模仿与超越，通过技术人类可以达到对自然的控制。由于目的相对于工具处于优先性地位，技术中包含了与人无关的中性内容，相对于人而言是第二性的。技术工具论一直以来也是较为主流的价值观，强调技术是人类借以改造与控制自然的操作系统，是实现人类目的和社会价值的工具或手段，与目标价值本身的善恶无关，从而将技术使用与其后果区分开来。"技术的中立性仅仅是一种工具手段的中立性的特殊情况，技术只是偶然地与它们所服务的实质（substantive）价值相关联。"① 这种技术观的产生可以追溯到工业革命时期，当时的技术发展与变革促使人们开始对技术实践活动进行系统性反思。技术被视作达到人类发展目的的最重要的工具，"人类的命运并不是命中注定的"，通过技术，"人类可以达到对自然的真正控制"。② 工具论强调技术的价值无涉性，技术提供价值选择的多重可能性，作为工具的技术与目的偶然性相连，技术本身与价值无关，作为可能性的创造者体现出其价值中立性。"技术所依赖的可证实的因果命题不仅与社会和政治无关，而且它们像科学观念一样，在任何能想象出来的社会情境中都能保持它们的认知状态。"③ 作为工具使用的优先性主体，人可以做出价值选择，进行选择行为时会产生新的价值事件。人们可以理性地选择某种技术作为工具手段，或是创新性地创造新的可能性技术，技术的发展与革新也为人们的价值选择提供日益丰富的库存资源。

工具论受到技术乐观主义的广泛追捧，认为技术为人们操控自然以及从奴役制中解放出来提供了理性武器，技术进步必然导致社会进步，可以通过发展技术，消除劳动异化，实现全人类的共同发展。发达国家可以通过技术转让的方式对发展中国家提供援助。目前，不少技术创新和技术垄断的大型科技公司大多利用这一论点主张，避免政府、社会、公众对技术发展与革新进行干预。

---

① 安德鲁·芬伯格：《技术批判理论》，韩连庆、曹观法译，北京大学出版社，2005，第4页。
② Jay Weinstein, "New Brunswick," *Sociology/Technology: Foundation of Post Academic Social Science* (N. J.: Transaction Books, 1982), p. 9.
③ 安德鲁·芬伯格：《技术批判理论》，韩连庆、曹观法译，北京大学出版社，2005，第5页。

（二）技术实体伦

技术实体伦认为，技术并不只是依附于人的中性工具，更需要将其视为一种相对独立的实体。"技术构成了一种新的文化体系，这种新的文化体系将整个世界（Social World）重新构造成一种控制的对象。"① 现代技术成为形式多样且内涵复杂的实践活动，如果使用工具或者器械来实现某种目的，就必须以某种特定方式设计、制造并将其投入使用。因此，工具使用内含使用者相应的生产实践方式和社会组织形态。研究者同样应该重视技术的社会内容，并且采纳技术的社会维度这一理论视角。技术对社会、文化与生态产生日益深远的影响，技术活动与技术后果之间的因果链条传递时间逐渐拉长，涉及的空间范围逐渐延展。

持有实体论的学者认为技术有着固定、背景独立的属性，并且可以应用于所有的领域，将技术视为一种实践活动，而非单纯的一种工具或手段，认为技术负荷着特定的价值系统。技术与技术使用是不可分离的统一整体，更进一步，技术使用的意义要大于技术本身的意义。技术的核心价值在于其效用性，技术使用对于人们及社会的重要意义超出了技术的表层目的。"技术不是简单的手段，而是已经变成了一种环境和生活方式。这是技术的'实质性的'（Substantive）影响。"② 技术实体论通常将技术的具体化概念与其他静态属性相关联，将技术本质解释为工具理性与功能主义，这会将所有事物简单归纳为功能与原材料。技术实体论者容易片面夸大技术的自主性和相对独立性，忽视技术体系中人的能动性，容易滑向"技术决定论"（Technological Determinism）或"技术自主论"（Autonomous Technology）。埃鲁尔是强技术决定论的代表人物之一，他把技术定义为"在一切人类活动领域通过理性得到的就特定状况而言具有绝对有效的各种方法的整体"，③ 并断言，"技术（technique）已经变成自主的了"。④

（三）社会建构论

20 世纪 80 年代中期，技术的社会建构论率先在西欧兴起，其核心要

---

① 安德鲁·芬伯格：《技术批判理论》，韩连庆、曹观法译，北京大学出版社，2005，第 6 页。
② 安德鲁·芬伯格：《技术批判理论》，韩连庆、曹观法译，北京大学出版社，2005，第 7 页。
③ Jacques Ellul, *The Technology Society*（New York：Random House, 1964），p. 183.
④ Jacques Ellul, *The Technology Society*（New York：Random House, 1964），p. 14.

旨是从社会学视角对技术进行考察，探讨技术如何在多种因素的相互作用中得以形成，这一理论视角迅速在全球范围内扩展并形成潮流。技术的社会建构论促使我们更多地从经验因素来关注与研究技术的社会层面。研究者不仅仅从人文主义的视角开展研究，也不仅仅停留于关注大写的技术（Technology-with-a-capital-T），而是立足于经验研究的角度，分析各种具体的、特定的技术如何影响人们的生活与社会活动。

技术和社会具有相互建构性，技术的发展受到技术标准与社会标准的双重影响，技术发展的主要方向取决于占主导地位的意识形态。社会建构论可以分为广义的社会建构论与狭义的技术建构论，广义的社会建构论包括技术的社会建构（Social Construction of Technology，SCOT）、系统方法（System，SYS）、行动者–网络理论（Actor-Network Theory，ANT），狭义的社会建构论只是上面提到的第一种，即技术的社会建构。

在技术的发展过程中，各种社会因素也不断渗入技术之中，技术的社会效用涵盖于技术的本质之中，从而打破了技术与社会之间的边界。技术设计中存在着多种可能性选择，技术与技术实践由各种参与者的社会利益驱动，技术致力于生成某种特定的社会关系，而使用技术的社会群体也将意义赋予技术，社会环境塑造人工制品的特征，技术制品向社会分析开放。技术不是外在于社会的某种中介力量，而是非中性的社会产物。芬伯格认为，技术系统在设计过程中就已经渗透进社会价值；技术设计不仅与社会有关，公众的主动参与也会影响技术设计。芬伯格提出了"非本质主义"的技术观——工具化理论。该理论提出从两个层面来理解技术的本质：其一是"初级工具化"，着重解释技术客体与主体功能的构成；其二是"次级工具化"，集中关注在实际网络与装置中技术客体和主体的实现。[1]

因此，考察技术问题和技术现象必须从生活的现实语境出发，系统地分析技术在当代社会中的文化传统、社会环境和具体的技术过程；既要看到技术发展和应用过程中可能产生的各种技术价值和社会效应，也要清醒地意识到文化传统和环境因素对技术效用的制约性影响。[2] 同样，本研究也将秉承技术研究中社会建构论的视角，在实际考察新生代农民工的技

---

[1]　Andrew Feenberg, *Questioning Technology* (*Routledge*, 1999).

[2]　张成岗：《技术与现代性研究》，中国社会科学出版社，2013，第70页。

术使用实践时，将更为宏观的社会背景与社会结构因素纳入研究考虑的范畴。

第三节 社会认同和手机使用的相关经验研究

新生代农民工从农村来到城市，面临着全新的社会情境，他们经历着生活方式、社会交往、职业生态等方面的转变，社会认同因此处于全方位的转型之中。新生代农民工社会认同的形成既受到外在环境如城市社会各项制度等因素的影响，也受到新生代农民工内在状态，包括学历水平、生活方式、心理特征等自身因素的影响。

一 新生代农民工社会认同的相关研究

2001年，王春光较早开始关注新生代农民工的社会认同议题，他的《新生代农村流动人口的社会认同与城乡融合的关系》一文开启了新生代农民工社会认同研究的先河。王春光将新生代农民工的社会认同定义为"对自我特性的一致性认可、对周围社会的信任和归属、对有关权威和权力的遵从"等。[1] 该文基于城乡社会空间和群体记忆的互动视角，将新生代农民工的社会认同拆分为身份认同、职业认同、乡土认同、社区认同、组织认同、管理认同和未来认同等七个维度。王春光认为，与第一代农民工相比，新生代农民工的身份认同出现了模糊性的倾向。他们减弱了对农村社会的认同，但又无法完全认同城市社会和城市生活，他们面临着无法融入城市主流社会又难以回归农村社会的生存困境。[2]

随后，国内大多数学者均沿着他的研究思路展开。王毅杰、倪云鸽将农民工的社会认同定义为"流动农民在与城市居民交往互动中，基于城乡及城乡居民差异的认识，而产生的对自己身份的认知，自己情感归属或依

---

[1] 王春光：《新生代农村流动人口的社会认同与城乡融合的关系》，《社会学研究》2001年第5期。

[2] 王春光：《新生代农村流动人口的社会认同与城乡融合的关系》，《社会学研究》2001年第5期。

附，未来行动归属的主观态度"。① 并且这一主观性态度是可以随自身社会地位以及社会场景的变化而变化的。作者于 2002 年对南京市的流动农民开展了访谈式问卷调查，发现农民工的返乡意识与年龄成正比，而新生代农民工在身份层面出现了模糊化的倾向，在未来归属层面要比第一代更清晰。

周明宝从二元社会结构背景出发讨论了城市滞留型青年农民工的制度认同、人际认同和生活方式认同，认为其认同危机会引发相对被剥夺感、过客心理以及游民化等后果。② 王兴梅通过定量和定性相结合的资料分析方法，研究得出新生代农民工在城乡情境的转移过程中，社会认同陷入了两难的困境，他们一方面逐渐减弱自己对于乡村社会的认同，另一方面较难建立城市认同，对于自己的未来归属充满迷茫。其研究还认为，新生代农民工面临融入大城市较为困难的现实状况，可以通过政策引导他们将县城或者中心镇作为落脚之地。③

刘俊彦在北京、河北、山东和四川四个省市对共计 4673 位青年农民工开展调查，④ 以代际视角考察了新生代农民工在城市中的发展状况，调查表明新生代农民工对城市的认同超过了对农村的认同，他们更加向往城市中繁华的生活，主观上更倾向于在城市长期居住。⑤ 彭元春研究得出，城市体验、进城期望、乡土记忆这些因素由大到小影响着农民工的身份认同，虽然仍有部分农民工明确认同自己的农村户籍身份，但只占少数比例，绝大多数开始对自己的农民身份产生模糊性认同，甚至有小部分完全拒斥原有的农民身份。⑥ 胡晓红认为，新生代农民工对自己的身份认同呈现模糊性、不确定性和内心自我矛盾性，他们对家乡的归属感在降低，无

① 王毅杰、倪云鸽：《流动农民社会认同现状探析》，《苏州大学学报》（哲学社会科学版）2005 年第 3 期。

② 周明宝：《城市滞留型青年农民工的文化适应与身份认同》，《社会》2004 年第 5 期。

③ 王兴梅：《新生代农民工的社会认同研究——以山东省农民工的实证研究为例》，硕士学位论文，山东大学，2010。

④ 作者选取了四个省市的各一个行业作为抽样调查的样本范围，其中北京（建筑业）、河北（采掘业）、山东（制造业）和四川（服务业）。

⑤ 刘俊彦：《新生代——当代中国青年农民工研究报告》，中国青年出版社，2007。

⑥ 彭远春：《论农民工身份认同及其影响因素——对武汉市杨园社区餐饮服务员的调查分析》，《人口研究》2007 年第 2 期。

法再认同乡村的社会和生活,开始不认可农村的一些习惯和传统。① 郭立场也指出,新生代农民工作为目前产业生产中的重要劳动力,依旧不能和城市居民一样拥有基本的社会保障,享受正当的社会福利,他们同样会遭遇父辈曾经历过的社会认同危机。② 唐兴军、王可园同样发现,新生代农民工在固化的城乡二元体制中,时常面临利益受损的现实状况,他们的正当权利缺乏政策保障,又面临城市社会中巨大的生活压力和文化差异等,在认同建构中容易陷入困境。③

综上所述,学者们对农民工社会认同现状的看法比较一致,即新生代农民工与老一代农民工的社会认同存在较为明显的代际差异。新生代农民工在认同上出现了模糊化倾向,他们正逐渐主动消解对于乡土社会的认同,但同时很难在短时间内建立起对城市社会完全意义上的认同。他们对自己身份的模糊性认同强于第一代,对乡村社会的认同较第一代弱。事实上,新生代农民工的社会认同会成为影响整体社会稳定的重要因素。如果新生代农民工的社会认同是拒斥性或者计划性的,那么他们的生存状态将和既有社会结构及社会原则相悖,或者他们会力求在自己的认同框架中寻求改造的路径,这可能成为和谐社会发展中的隐患和不稳定因素。

二 新生代农民工手机使用的相关研究

作为"信息贫乏阶层"的主要组成部分,移民工人在城市化和现代化的发展进程中构成了一支至关重要的劳动力,尤其是在远程通信的发展进程中,他们构成了一个移动电话使用模式与众不同的庞大用户群。④ 很多研究涉及国际移工的 ICT 使用和移工用其连接与赋权的作用,Vertovec 提出廉价的国际长途电话,除去他们的平凡本质,提供了一种重要的在全球

---

① 胡晓红:《社会记忆中的新生代农民工自我身份认同困境》,《中国青年研究》2008 年第 9 期。

② 郭立场:《转型期新生代农民工社会认同问题的分析与思考》,《农村经济》2013 年第 6 期。

③ 唐兴军、王可园:《新生代农民工的身份焦虑与认同困境——与张泉先生商榷》,《探索与争鸣》2014 年第 5 期。

④ Cartier, C., Castells, M., and Qiu, J. L., "The Information Have-less: Inequality, Mobility, and Translocal Networks in Chinese Cities," *Studies in Comparative International Development* 2, 2005, pp. 9 – 34.

范围内连接社区的社会黏合（social adhesive），特别是对非精英群体的跨国移工而言。事实上，对于很多移工来说，当他们在海外工作时，手机对于提供社会支持并与家人保持联系是一个不可或缺（indispensable）的物什。① 在美国的萨尔瓦多，移工使用手机、预付卡、视频对话和家庭视频等方式和他们重要的他者保持联系。② Uy-Tioco 发现手机帮助在美国的菲律宾女性移工遥远地履行母职。他们可以通过手机短信强化他们对于子女的爱，以及在遥远的地理距离外维持她们自身的存在。③

早期很多研究者在研究农民工与信息技术的关系时，发现农民工面临的许多问题都涉及一个信息获取渠道不畅、信息短缺的问题，逐渐有学者开始探讨农民工的信息弱势问题。郑英隆考察了中国农民工拥有的信息能力问题，发现他们的信息能力相对较弱，他们的弱信息能力表现在劳动力市场、文化生活、新技术接受等各个层面。④ 李艳芳指出，农民工虽然身处城市林林总总的大众传媒环境中，但依然徘徊在媒介的边缘，生活在城市的"信息孤岛"中。⑤ 周华娇将城市贫困人口、下岗失业人员、农民工等定义为社会性信息弱势群体，他们有一些共同特征：文化素质低，收入水平低，信息闭塞，信息素质能力低。⑥ 造成信息弱势群体的一个原因是信息分配的不公平：传统的大众媒体在报道过程中，都常规性地忽视位于底层的受众，而将重要篇幅锁定在社会的"精英群体"身上。樊葵认为在当代信息传播中，传媒对待不同社会阶层的人群的资源分布并不平等，歧视弱势群体（包括农民工）。⑦ 李玉华指出，"传媒给弱势群体提供的信息资源不仅极为有限，而且总是将他们置于社会注意力的边缘。"⑧ 这种排斥造成了弱势群体的信息贫困以及经济贫困。既然农民工是信息弱势群体，那

---

① Vertovec, Steven, "Cheap Calls: the Social Glue of Migrant Transnationalism," *Global Networks* 2, 2004, pp. 219 – 224.

② Benítez, Jose Luis, "Transnational Dimensions of the Digital Divide among Salvadoran Immigrants in the Washington DC Metropolitan Area," *Global Networks* 2, 2006, pp. 181 – 199.

③ Uy-Tioco, Cecilia, "Overseas Filipino Workers and Text Messaging: Reinventing Transnational Mothering," *Continuum* 2, 2007, pp. 253 – 265.

④ 郑英隆：《中国农民工弱信息能力初探》，《经济学家》2005 年第 10 期。

⑤ 李艳芳：《浅析农民工都市"信息孤岛"的危害及对策》，《新闻知识》2007 年第 3 期。

⑥ 周华娇：《从信息公平看弱势群体》，《河南图书馆学刊》2007 年第 8 期。

⑦ 樊葵：《当代信息传播中的传媒歧视》，《当代传播》2003 年第 9 期。

⑧ 李玉华：《媒体排斥：弱势群体的信息贫困》，《开封教育学院学报》2004 年第 6 期。

么他们就更加需要信息,于是有学者开始研究农民工群体的信息需求情况。

国内已有不少社会学领域的学者提及手机与农民工的议题。杨善华和朱伟志采用现象学社会学家阿尔弗雷德·舒茨所言的"生平情境"的研究视角,提出以手机为代表的信息通信技术为农民工浏览信息、娱乐和聊天提供了工具,使用者所处的生存环境和生存状态赋予手机消费新的含义,对于"新一代流动民工"而言,这意味着"社会竞争"与"关系资源",可将传统与现代联结并融合。他们还对手机消费进行自我解读,这种解读受到某种规定性因素的影响。在"异化"的生存状态下,凭借手机这一他们能够把握的具体的"物",确认自由以及作为主体的存在状态。[1] 手机可以扩大及维持在职场建立的朋友关系或"江湖关系"。凭借手机建构的社会网络促进社会流动,而流动的过程又催生更广阔的社会网络,如此循环往复,丰富的职场经历有利于农民工逐渐提升职业平台,打通职业上升的通道。[2] 樊佩佩通过研究指出,由于手机所凝聚的动态信息和社会资本的结构性要素提供了新的财富增长契机,它对于农民工意味着机会、信息和资源,维系着其赖以生存的核心资源。[3]

农民工在外地打工时,可以使用手机和互联网等信息及通信科技与身在远方的家人保持联系,[4][5] 对于农民工而言,购置电脑并且支付接入互联网的固定费用还是略显昂贵,手机 QQ 等方式就成为农民工浏览信息、娱乐和聊天打发时间的恩物。[6] 雷蔚真则通过对 44 名北京外来农民工的深度访谈,发现农民工群体采纳与使用信息传播技术的过程与其社会网络密切

---

① 杨善华、朱伟志:《手机:全球化背景下的主动选择——珠三角地区农民工手机消费的文化和心态解读》,《广东社会科学》2006 年第 2 期。

② Yang, Ke, "A Preliminary Study on the Use of Mobile Phones amongst Migrant Workers inBeijing," *Knowledge* 21, 2008, pp. 65–72.

③ 樊佩佩:《从传播技术到生产工具的演变——一项有关中低收入群体手机使用的社会学研究》,《新闻与传播研究》2010 年第 1 期,第 82~88 页。

④ Peng, Yinni, "Internet Use of Migrant Workers in the Pearl River Delta," *Knowledge, Technology and Policy* 21, 2008.

⑤ Law, Pui-lam and Yinni Peng, "The Use of Mobile Phones among Migrant Workers in SouthernChina," in Pui-lam Law, eds., *New Technology in Global Societies* (Singapore: World Scientific, 2006).

⑥ Cheng, Chung-tai, "*Floating Workers: The Socio-cultural Meaning of Contact Numbers to Migrant Workers in South China*," (Paper Presented at the International Conference on Migrations, Diasporas, and ICTs in Udine, 2008).

相关，由此支撑其混合身份的形成。[①] 杨可、罗沛霖将农民工的手机使用行为置入其"无根""陌生"的社会生存状态中予以考察，提出在冷漠陌生的环境中，年轻的农民工群体非常重视友情以及关系资源；同时，农民工在工作环境中易于丧失自由并迷失自我，城市生活中的"异化"状态使农民工将手机视作肯定自我主体的重要工具，进而成为"弱者的武器"。[②] 周葆华、吕舒宁对上海市的新生代农民工开展调查，研究表明，上海市新生代农民工中的网民比例达到75.4%，拥有手机的比例为96.0%，均远超过传统媒体；再和上海市民和全国公众做横向比较，发现新生代农民工使用网络和手机的比例同样高出这两个群体。新生代农民工的手机拥有率和上海本地青年相比，也是相差无几。[③]

　　罗沛霖与彭锢旎的研究表明，农民工购买与使用手机的最初目的是与远在他乡的家人保持联系，传统的亲属关系因此得以增强，克服了因漂泊不定和频繁流动导致的信息沟通上的困境。随着手机的广泛使用，面子、社会性别关系等传统的文化要素正在经受冲击。但当农民工被这种永久性联系吸引后，就相应削减了对于家庭福利责任的关注。[④] 曹晋探索了在以科技化和市场化为标志的中国现代化进程中，上海家政钟点女工日常生活中的手机使用实践如何展现传播科技介入社会运作的机制，上海家政钟点女工利用手机得以重建都市交往的社会网络，在都市生活中复制原有的血缘与地缘关系；建立弹性的工作联系，避免与雇主产生直面冲突，妥善处理劳资关系；异地"遥控式"地履行母职。[⑤] 香港中文大学林等将流动女工作为重点考察对象，以手机短信作为分析文本发现，她们将手机作为一种拓展新社会关系和寻找幻想、乐趣的工具，尤其是寻求暧昧关系和虚拟的浪漫关系，

---

① 雷蔚真：《信息传播技术采纳在北京外来农民工城市融合过程中的作用探析》，《新闻与传播研究》2010年第2期。
② 杨可、罗沛霖：《手机与互联网：数字时代农民工的消费》，《中国社会科学报》2009年8月6日，第7版。
③ 周葆华、吕舒宁：《上海市新生代农民工新媒体使用与评价的实证研究》，《新闻大学》2011年第2期。
④ 罗沛霖、彭锢旎：《关于中国南部农民工的社会生活与手机的研究》，载杨善华主编《城乡日常生活：一种社会学分析》，社会科学文献出版社，2008，第83~100页。
⑤ 曹晋：《传播技术与社会性别：以流移上海的家政钟点女工的手机使用分析为例》，《新闻与传播研究》2009年第1期。

从而使新女工摆脱了旧式的乡村父权和婚姻的禁锢。① 丁未以一个典型流动人口聚集社区为研究对象，通过细致描摹都市里村庄所特有的媒介基础建设，包括传统的以粤文化为底蕴的原村民文化设施、流动人口的人际交往点和以互联网和手机等现代通信技术以及新媒体为代表的媒介环境，展示了在全球化的网络社会形成过程中，中国的农民工群体以中低端媒介技术工具，按照自己的需求甚至创新，形成了独具特色的媒介化社会关系和传播实践。②

但仍有其他一些研究得出了相对悲观的结论，如 Sebastian Ureta 通过研究指出，手机使用将会产生新的社会排斥。③ 新生代农民工日常主要使用的即时聊天软件为移动 QQ，主要将其用于社会交往和关系维系，而与此相反，当时的白领阶层中较多使用的是 MSN（微软开发的一款聊天软件），而新生代农民工网民中使用 MSN 的比例则较低（仅为 45.4%），这在某种程度上形成了阶层区隔。④ 丁未、田阡采用田野调查的方法，重点考察了居住在深圳市的湖南攸县籍出租车司机的媒介使用，研究发现农民工凭借新媒介技术（包括车载电话、手机、互联网）形成的"新的关系"依旧建立在高度同质化的、强关系的基础上，他们很少利用先进的通信技术来拓展、开发新的社会网络和社会资源，城市新的业缘关系和新的社区生活只是一种表象，其内在的纹理仍由传统社会关系网编织而成。在社会结构、社会身份与职业组织等制度性约束下，他们被动而无奈地退缩到核心关系圈中。⑤ 同样，曹晋的研究亦有相似发现，钟点女工通过手机的交往仍固守于亲缘与地缘的关系范畴，与都市居民建立的交往联系极其稀少。⑥

---

① Lin，Angel & Avin Tong，"Mobile Cultures of Migrant Workersin Southern China：Informal Literacies in the Negotiation of（New）Social Relations of the New Working Women，" *Knowledge，Technology，and Policy* 21，2008.

② 丁未：《流动的家园——"攸县的哥村"社区传播与身份共同体研究》，社会科学文献出版社，2014。

③ Ureta S.，"Mobilizing Poverty Mobile Phone Use and Everyday Spatial Mobility Among Low-income Families in Santiago，" *The Information Society* 24，2008，pp.83 – 92.

④ 周葆华、吕舒宁：《上海市新生代农民工新媒体使用与评价的实证研究》，《新闻大学》2011 年第 2 期。

⑤ 丁未、田阡：《流动的家园：新媒介技术与农民工社会关系个案研究》，《新闻与传播研究》2009 年第 1 期。

⑥ 曹晋：《传播技术与社会性别：以流移上海的家政钟点女工的手机使用分析为例》，《新闻与传播研究》2009 年第 1 期。

三 研究述评

现有的社会学视野下对新生代农民工社会认同的研究中，较多关注了手机在社会关系、就业市场中的作用，总结探讨了手机作为一项移动通信工具在新生代农民工的城市生活中的各种功能，但没有从社会认同的角度切入，而社会认同可以成为探讨手机与新生代农民工城市行动的一种理论参照。传播学学科现有的关于媒体和农民工的研究往往立足于狭义的媒体概念，将媒体仅仅理解为信息传播的渠道，媒体的概念内涵被严重窄化。在研究视角的选择方面，停留于解读媒体的文本信息，或是仅仅将媒体视作一种技术工具。

早先的有关新生代农民工和手机使用的研究中，手机还是相对较为稀缺的物什，智能手机还没有全面普及，因此，研究者较多关注了手机短信收发和无线通话的功能特征，手机仅仅是新生代农民工用以人际交流的工具。而如今随着无线通信技术的日渐革新，无线互联网和智能手机的结合使手机日渐成为个人的全媒体平台。智能手机全面渗透进新生代农民工城市生活的历程，影响和改变他们在城市中的生活方式。手机媒体在新生代农民工的城市生活中具有意义生产的重要作用，手机充分介入他们的城市生活实践，对个体的城市日常经验产生影响。因此，新的时代条件与技术环境中的手机使用应该重新纳入研究者的视野。之前的研究者也探讨过QQ等即时通信软件的作用，但大多停留于其通信互联的功能，而事实上，很多即时通信应用兼有聊天互动与社交媒体的功能，新生代农民工在社交媒体上的自我表达也是他们信息生活中的重要组成部分。

以往的研究较多关注第二产业工人，主体以工厂工人居多，但根据《2018年农民工监测调查报告》中的数据，在第三产业就业的农民工比重过半，从事第三产业的农民工比重为50.5%，比2017年提高2.5个百分点。主要原因有以下几方面：一是从事传统服务业的农民工继续增加。从事住宿和餐饮业的农民工比重为6.7%，比2017年提高0.5个百分点；从事居民服务、修理和其他服务的农民工比重为12.2%，比2017年提高0.9个百分点。二是脱贫攻坚开发了大量公益岗位。在公共管理、社会保障和社会组织行业中就业的农民工比重为3.5%，比2017年提高0.8个百分点。从事第二产业的农民工比重为 49.1%，比 2017 年下降 2.4 个百分点。其中，从事制造业的农民工比重为 27.9%，比 2017 年下降 2.0 个百分点；从事建筑业的农民工比重为 18.6%，比 2017 年下降 0.3 个百分点。[①] 此外，农民工在金融、教育、文化、体育和娱乐等服务业的从业比重虽然较低，但占比却在逐年提高。可以预见的是，新生代农民工从事第三产业的比例将更高而且有逐渐攀升的趋势，所以分布零散的第三产业的从业人员也将成为本研究中的重点关注群体。

本书将从广义的"媒介"概念出发，探讨和研究手机媒体与新生代农民工社会认同之间的复杂关系。本书不是将手机媒体简单局限于具体的媒体工具，而是基于更宽泛的视角，将其视作个体间、个体与群体或者群体之间产生联系的渠道与方式，还原媒介本身的意义。立足于传播媒介与社会的关系，着重分析和思考手机媒体如何建构作为主体的新生代农民工的社会认同，并将其视作一个动态发展的过程。本书将手机与新生代农民工的关系置于社会－技术的结构化背景中，探寻手机媒体在新生代农民工的主体性社会认同建构中的作用及其影响。

第四节　研究方法与样本选取

手机可被视为信息技术发展的集中性代表，近年来手机价格普遍下降，手机使用资费逐年下调，手机已经成为新生代农民工城市生活中最不可或缺的物品。新生代农民工广泛将其应用到城市生活中的各个层面。随着社会经济和信息技术的飞速发展，城市的流动人口日益增多，流通速度日益加快。立足于此，本书将集中探讨全球信息化背景下，新生代农民工的手机使用与社会认同之间的关联，具体体现在新生代农民工的城市认同、职业认同、消费认同、自我认同等所经历的变革历程中。

社会实践的空间变迁，引发的是一系列社会关系、社会组织、社会结构的重组；脱离了空间的情境性，也就失去了社会关系的主体性与实践性之基础。正如吉登斯所言，社会理论必须承认一切社会存在基本上都会涉

---

① 《2018 年全国农民工监测调查报告》，http://www.stats.gov.cn/tjsj/zxfb/201904/t20190429_1662268.html，最后访问日期：2019 年 9 月 2 日。

及时空的交织，从时间、范式（结构）和空间这三个环节来看，一切社会实践都是情境性（situated）的活动。① 手机已经完全融入新生代农民工的日常城市生活，包括他们的职业场景、农村与城市跨地域的联结、社会交往实践以及自我认知与反思的过程。在身处信息社会的今天，手机的使用实践是考察新生代农民工建构社会认同的一个不可或缺的维度。

一 研究思路

有学者指出，我们需要从实践社会学的角度来关注农民工议题，高度重视社会个体的主观能动性，考察普通行动者的日常生活策略与行为特征，生活经历和经验本身是佐证社会事实强有力的资料信息。回到本研究中，我们不仅仅要从以往定量研究的统计数据中管窥农民工的行动，同样也要观照现实生存状态中活生生的、有血有肉的农民工形象。只有将以往抽象的以数字呈现的农民工转化为经验事实中具体的农民工，才能拓展新生代农民工社会认同的具体研究视角。

本书以新生代农民工手机使用的信息技术实践作为主要线索，以媒介技术对社会变迁的影响为出发点，集中考察他们在此过程中建构社会认同的过程，分析城市社会语境下手机媒体对新生代农民工社会认同的建构和形塑。由于手机媒体拥有不同于以往传统媒体的传播能力，新生代农民工经由手机传播的体验和空间超越了物理空间限制。城市中丰富多元的传播方式正冲击与破坏原有的乡土认同界限，传统的认同框架招致动摇与瓦解。本研究进而从微观层面阐释城市传统空间中新生代农民工身份与认同的琐碎性、多样性与变幻性。新生代农民工借助手机媒体来呈现与传播新的身份特征与认同模式。本研究对新的虚拟个体或群体身份/认同做出分析，并考察新生代农民工发布于微信朋友圈、QQ 空间等社交媒体中的文本信息，探讨城市生活中新生代农民工社会认同的建构特征、方式和途径。

按照前文学术史所述，1955 年，杜克斯等对 64 种不同的社会认同进行聚类分析，将社会认同大致分为五种类型：①关系认同（personal rela-

---

① 转引自德雷克·格里高里、约翰·厄里《社会关系与空间结构》，谢礼圣、吕增奎等译，北京师范大学出版社，2011。

tionships）；②职业与副业（vocations andavocations）；③政治认同（political identities）；④污名化群体（stigmatized groups）；⑤民族和宗教认同（ehtnic and religious identities）。[1] 新生代农民工作为④ "污名化群体" 中的典型人群，其认同问题贯穿全文论述始终，也是本研究的重点所在。而在长三角地区开展的调查研究中，⑤ "民族和宗教认同" 并非一个特别显性的话题，因此，本研究保留了杜克斯教授 "社会认同" 分类中的① "关系认同"、② "职业认同"、④ "被污化群体"，并将③ "政治认同" 调整为新生代农民工城市化进程中至关重要的 "城市认同"，并且根据田野调查获得的资料，增加了 "自我认同" 和 "消费认同"。这些 "社会认同" 的分类也形构了本书最终的篇章结构。

新生代农民工的城市生活是 "生活世界里以事件经历为主线形成的绵延不断的行动流"。[2] 在考察新生代农民工的社会认同过程中，我们需要考察他们实际应用手机的经验事实，分析新生代农民工在城市中的生活体验和实践逻辑，探讨农民工个体以及其后宏观的结构化社会背景之间的关联。新生代农民工的社会认同是政府、媒体、社会组织、城市居民、新生代农民工这一主体本身等多方博弈与交叉影响的过程，是个动态变化和不断调整的过程，而新生代农民工在其间也充分发挥自己的主动性和能动性，积极投身信息资源的生产与意义建构的过程。

因此，研究新生代农民工的社会认同问题，需要立足于新生代农民工的手机使用实践和城市生活现实，反推新生代农民工社会认同生成与建构的逻辑，从而探讨 "新生代农民工的手机使用与社会认同" 之间的动态互动关系。

二 研究方法

本研究并非采用以往农民工研究存在的抽象化、数据化等传统路径，而是尽可能描绘他们真实而具体的生活、工作场景，以及在具体情境下的

---

[1] Deaux, K., "Encyclopedia of Women and Gender," in J. Worell, eds., *Social Identity*（Waltham：Academic Press，2001）.

[2] 郑欣：《媒介的延伸：新生代农民工城市适应研究的传播学探索》，《西南民族大学学报》（人文社科版）2016 年第 6 期。

实践逻辑。新生代农民工的手机使用行为绝非通话频率、关系类型、交流内容等这些程式化的定量数据可以简单呈现的，在他们的城市生活、工作中的手机应用实践蕴含着极为丰富的行动者特征。而使用质的研究方法，不但能够使我们获取定量研究所无法得到的经验材料，完整展现新生代农民工鲜活的生活史，而且可以使我们获得更容易审视问题的新视角，在与研究对象的互动中深入认识和理解社会认同这一状态和过程。

因此，本研究主要采用质的研究方法。在实际田野调查中进入新生代农民工的流动生活和社会认同历程，感受与体验农民工真实的城市生活，聆听新生代农民工内心真实的想法与心理动态，观察手机媒体与新生代农民工社会认同之间关系的实践形态，深入了解这种实践状态演变的动态过程，并着重采用以下几类研究方法。

（一）深度访谈法

访谈可以了解被访者的价值取向、感情动态和行为特征，可以了解被访者亲身经历的事件或是他们耳闻目睹的事件，听取他们对这些事件的解读。[1] 本研究主要采用"半开放型"深度访谈的研究方法。"半开放型"访谈是指研究者对访谈的结构具有一定的控制作用，但同时允许受访者积极参与。研究者根据自己的研究设计，提前准备好一个访谈提纲，按照这个准备好的问题框架对新生代农民工提问。研究者鼓励新生代农民工积极自主表达手机的使用事件。新生代农民工通常均接受过九年制义务教育，他们能清晰地表述自己在城市生活中使用手机的行为特征，并且能够阐明自己的想法、观念与感受。访谈提纲更多的是提示性的作用，访谈者在提问的同时，也会鼓励受访者就某点内容进行发散性阐述，并且根据访谈的具体情况对访谈的程度和内容进行灵活的调整。[2]

（二）实地观察法

实地观察（field observation）是指在现实生活场景中所进行的观察。通常是一种直接的、不借助其他工具或仪器的观察，而且大部分是一种无

---

[1]　陈向明：《质的研究方法与社会科学研究》，《教育科学出版社》，2002，第169页。

[2]　陈向明：《质的研究方法与社会科学研究》，《教育科学出版社》，2002，第171页。

结构的观察。① 笔者深入到新生代农民工的实际居住环境中，通过自己的观察和问询，探寻研究对象实际使用信息技术的行为，在与研究对象的实际接触中，观察他们使用手机的行动方式，以及这些行为特征背后的社会技术与文化背景。因此，本研究将摒弃研究者的主观经验，以一种更为开放的姿态观察新生代农民工的手机技术使用行为，将其放置于技术和社会的互动中，力求获得更为真实的经验材料。

（三）虚拟民族志

正如已有研究（特别是量化研究）把农民工变成了一个抽象而庞大的社会范畴，而民族志可以把握农民工的"现实的时空条件、生产场景、生活方式、制度安排、不同的男工女工甚至童工……一句话，必须引进曾经被'科学规则'无情净化的各种有意义的细节"。② 而互联网给民族志带来了更为宽广的空间和更为丰富的内涵，传统意义上的"田野"已经从地理意义上的空间转向更为宽泛意义上的"社会－政治地域"，并发展到网络虚拟空间。按照 Hine 的界定，虚拟民族志是在虚拟环境中进行的、针对网络及利用网络开展的民族志研究（ethnography in, of and through the virtual）。③ 虚拟民族志是使用不同的数据收集工具，在虚拟、在线的环境中构建民族志的过程。④

在调研中，笔者也部分采用了虚拟民族志的研究方法。在和新生代农民工进行深度访谈后，笔者会选择性要求添加对方的即时通信账号，由此得以进入对方的 QQ 空间或是微信朋友圈，查看他们的社会媒体发布动态。这些社交媒体呈现丰富的资源形式，包括文本、照片、音频、视频等，反映出新生代农民工在虚拟空间以及现实生活里的行为特点以及问题。在线访谈（online interview）也是虚拟民族志获取第一手资料的方式。在线访谈一般通过网络即时通信软件进行。

---

① 风笑天：《社会研究方法》，中国人民大学出版社，2001，第 249 页。

② 沈原：《社会转型与工人阶级的再形成》，《社会学研究》2006 年第 2 期。

③ Hine, Christine, *Virtual Ethnography* (London /Thousand Oaks /New Delhi: Sage, 2000) p. 65.

④ Evans, Leighton, "Authenticity Online: Using Webnography to Address Phenomenological Concerns," in Aris Mousoutzanis & Daniel Riha, eds. , *New Media and the Politics of Online Communities* (Oxford: Inter-Disciplinary Press, 2010), p. 31.

三 调查对象与资料搜集过程

本书在选择研究对象时，尽量将其控制在"80后""90后"，在最近两年的田野调查中已经出现了出生于2000年、2001年的新生代农民工，也即所谓的"00后"（见表2-1）。这也符合学界对于新生代农民工年龄上的常规界定。在行业选择上，考虑到了新生代农民工在第二产业的制造业、建筑业，第三产业中的批发和零售业、交通运输、仓储和邮政业、住宿和餐饮业以及居民服务、修理和其他服务业等不同行业中的分布，地域分布也基本考虑到了调查省份、临近省份以及较为偏远省份间的对象抽取。每次访谈时间为一个小时至两个多小时不等，一些重点对象还进行了多次接触与访谈，访谈得到的内容以及他们的社交媒体中呈现的文本资料成为本书重点探讨与写作的基础。

表 2 - 1　研究对象基本情况

编号	化名	出生年份	性别	户籍	职业/工作领域
1	小慧	1996	女	安徽滁州	餐饮业→工厂工人
2	阿杰	1989	男	安徽亳州	布展（先打工后自雇）
3	小周	1985	男	南京高淳	水电、装修
4	小云	1996	女	河南新乡	餐饮业
5	小范	1983	男	安徽	门窗安装工
6	阿艳	1986	女	河南	工厂工人
7	小黄	1987	女	江苏徐州	工厂工人
8	阿敏	1983	男	江苏高邮	发型师
9	小孙	1990	男	江苏淮安	技师→发型师
10	小金	1984	男	安徽	回收二手家具
11	小殷	1992	男	江苏盐城	快递员
12	阿连	1992	女	安徽蚌埠	餐饮业服务员
13	小聂	1983	女	南京六合	大型商场零售
14	小王	1994	男	江苏泗洪	零售
15	小曹	1995	男	安徽	零售
16	小飞	1994	女	安徽合肥	工厂工人

编号	化名	出生年份	性别	户籍	职业/工作领域
17	小雨	1990	女	安徽合肥	工厂工人→工厂人事
18	小宋	1991	男	安徽六安	建筑工（南京→合肥）
19	小凤	1988	男	安徽六安	建筑工（南京→合肥）
20	小杨	1990	男	安徽六安	建筑工（南京→合肥）
21	小李	1982	男	安徽淮南	建筑工（南京→桂林）
22	小刘	1981	女	辽宁	家政
23	小张	1994	女	江苏宿迁	工厂工人→银行客服
24	小蔡	1997	女	江苏宿迁	工厂工人
25	小赵	1981	男	江苏淮安	的士司机
26	小许	1982	男	南京六合	的士司机
27	小马	1989	男	河南	的士司机
28	小智	1994	男	江苏淮安	服务业
29	阿伟	1985	男	江苏泗洪	快递员
30	小晴	1996	女	安徽亳州	零售
31	小朱	1985	女	安徽淮南	建筑工（南京→桂林）
32	小高	1996	男	河南登封	工厂工人（大专在读）
33	小明	1983	男	江苏淮安	餐饮
34	阿平	1995	男	贵州毕节	工厂工人
35	小唐	1995	男	贵州毕节	工厂工人
36	小静	1989	女	江苏宿迁	服务员兼做微商
37	小通	1989	男	江苏南通	检测员
38	小陈	1994	男	江苏无锡	外卖配送员
39	宏伟	1993	男	河南安阳	销售
40	木子	1995	女	江苏淮安	奶茶店服务员
41	小黄	1998	女	安徽	奶茶店服务员
42	李先生	1990	男	江苏徐州	快递员
43	孙小姐	2001	女	河南	快递点收发员
44	李哥	1992	男	河南周口	理发师
45	钱帅	1997	男	安徽滁州	汽修工人

续表

编号	化名	出生年份	性别	户籍	职业/工作领域
46	小北	1998	男	安徽淮北	外卖配送员
47	小门	1998	男	河北邢台	工厂工人
48	小茜	2000	女	江苏连云港东海县	工厂工人
49	小泉	1986	男	安徽全椒	工厂工人
50	小杨	1995	男	安徽	快递员
51	小州	2000	男	安徽抚州	工厂工人
52	小倩	1998	女	重庆	美容院按摩师
53	小心	1996	男	山西	工厂工人
54	亚辉	2000	男	河南商丘	工厂工人
55	木易	1996	男	陕西西安	外卖配送员

注：→表示职业或工作地点的变化。

　　江苏省南京市是国家区域中心城市，长三角及华东地区第二大城市，江苏省第一大城市、副省级城市，江苏省省会，也是长三角辐射带动中西部地区发展的重要门户城市。本研究主要选取江苏省南京市的新生代农民工作为研究对象。笔者进入南京市的曹后村、云西村、兴卫村等城中村展开田野调查，曹后村、云西村位于南京的玄武区，兴卫村位于栖霞区，笔者还进入到新港经济开发区的工厂宿舍区进行调研，以及在春运期间，在南京火车站前方的广场访谈了若干正在候车的新生代农民工。第三产业的新生代农民工的工作空间相对开放，研究者可以通过消费行为和他们产生接触，在其工作间隙甚至工作过程中，在表明研究目的以及研究者身份后，以聊天的方式进行访谈。

　　笔者在写作过程中遇到一些细节问题需要和访谈对象核实时，会使用网络访谈这种方式，但前提是已经和访谈对象在现实中建立起充分的关联。同时，笔者也得以进入一些新生代农民工的即时通信群组，观察他们的网络聊天行为。首先，这些资料是在公开的网络社区中搜集的；其次，笔者充分保证其中涉及的个人隐私要素以及信息数据的安全，采用技术处理的方式保证不会泄露任何个人信息，也不会用于研究之外的任何场合。笔者在观测新生代农民工的聊天群组和社交媒体收集素材时，并不仅仅局限于在虚拟空间内的观察与互动，也会在搜到关键素材时适时地再回归线下，重返现实生活，通过电话或是直接面谈的方式再度联络，聆听他们对于网络发布状态背后的真实动机和内在想法。通过对这些一手经验材料进一步的整理和分析，本研究力图拼凑出一幅完整的新生代农民工的生活场景，并抽丝剥茧出其中蕴含的手机媒体与其身份再造、社会认同之间的复杂关系。

四 研究资料

本书同时还对获取的研究资料进行了解释性研究。一方面，技术的采纳与使用过程依赖于技术使用者的解释性实践活动；另一方面，人作为解释者，在本质上要受到对世界进行解蔽的技术的影响。本研究主要分析了以下三种实证资料。

深度访谈资料：访谈录音转录成的文本资料。新生代农民工自述手机在自己的日常生活、职场空间、城市流动经历中的具体作用、影响，以及他们使用手机的实际行为。

实地观察记录：作者进入城中村的所见所闻，以及他们在工作场所、居住区域内的手机使用实践，在特定集体行动事件中研究对象的行动特征，只要是与本研究相关的，笔者都会予以观察与记录，并随时拍照记录，存档归类，便于日后写作时随时调用。

虚拟民族志资料：新生代农民工发布于自己的社交媒体中的信息资料，通常是他们生活的实际记录以及人生感悟、情感抒发等。这部分内容也构成了研究分析的重要文本资料。而且这部分内容实时更新，不停歇地给笔者提供具体的研究启示。

| 第三章 |

数字赋权：职场中的手机使用与职业认同

随着现代劳动就业制度的完善，以及新生代农民工与乡土社会连接的逐渐淡化，新生代农民工的社会认同首先发生在职场环境中。职场是生产关系以及建立于生产关系之上的社会关系的重要建构领域，职业是新生代农民工在城市安身立命的根本，也是衡量其生活状况的重要标准。人们从小开始接受教育，就是为了长大后可以获得一份安身立命的职业。成人的生活几乎都在职业的摆布之下，单单"老年"就可以透过"无职业"来加以定义："老年"就是当职业世界将个人扫地出门时，不论他是否自觉老了都一样。① 在工业社会中，职业是保障生活安全、获取收入的最基础来源。沈原认为："把农民锻造成为工人的，并不只是农民转离农业和农村的流动，也不只是他们所营建的社会网络，而是他们进入的各种生产过程。"② 新生代农民工进入职场的行为可以被视作一个不断循环往复的行动流，从职业获得、技能学习、群体适应、职场交往、心理调适乃至职业流动、职业生涯规划，其间有观察、体认、领悟、模仿、反省、认同和内化，体现出社会结构的转型与个体的自我发展。而媒介在其中扮演了不可忽视的角色，它参与、促进、影响甚至是改变着他们的职场体验。先进发达的信息技术是国家强盛国力的有力彰显，而对于个人而言，拥有并使用新潮的电子数码产品也是个人表达欲望与主体性的重要方式。要探讨新生代农民工社会认同形成的内在逻辑，就必须将职场空间纳入研究视野，探讨在职业场域中所生成的特定的生产关系，这也构成了他们能够在陌生的

---

① Ulrich Beck., *Risk Society: Towards a New Modernity* (New Delhi: Sage, 1992), p. 139.
② 沈原：《社会转型与工人阶级的再形成》，《社会学研究》2006 年第 2 期。

城市环境下建构特定社会关系的基础。

国外已有研究表明，被排斥在现代电信系统之外的发展中国家的中低收入群体可以跨越固定电话而直接进入电信时代。这种"跨越"对经济生活的影响是多方面的：手机的使用使坦桑尼亚渔民能够方便地收集天气信息、加强捕鱼时的合作、处理紧急情况以及提高对海产品的议价能力；[①]手机技术允许印度渔民监控附近的市场价格，而且不需要亲自前往市场，也为渔民提供了到更远距离的市场销售商品的通路。[②] 类似的发展在非洲的农产品市场同样被观测到。[③④] 手机的使用使印度、莫桑比克和坦桑尼亚的外出打工的工人能够应对紧急情况、维护家庭关系并节约生活开支。[⑤]已有研究表明手机使用提升了中国中低收入群体的职场就业能力。Patrick Law 和 Yinni Peng 曾指出，在东莞，不同工厂的工人们会在午休期间互发短信，交流彼此所在工厂的薪酬待遇，在得知邻近其他厂的工资更高后，他们当天就跳槽去待遇更好的工厂。手机帮助农民工找到更好的工作，并且农民工可以用其协商寻求更高的工资收入。[⑥] 农民工积极充分地利用手机获得更好工作机会的信息，但拥有手机和较高收入之间的相关性并不显著，考量边缘群体手机使用的主要因素依旧是与社会经济地位密切相联的雇佣类型和结构桎梏。[⑦] 手机所凝聚的动态信息和社会资本的结构性要素

---

① Myhr, Jonas & Lars Nordstrom, *Livelihood Changes Enabled by Mobile Phone*：*the Case of Tanzanian Fishermen*, *Bachelor Thesis from Department of Business Studies* (Uppsala University, 2006).

② Abraham, Reuben, "Mobile Phones and Economic Development：Evidence from the Fishing Industry in India," *Information Technologies and International Development* 1, 2007, pp. 5 – 17.

③ Aker, Jenny C., "Information from Markets Near and Far：Mobile Phones and Agricultural Markets in Niger," *American Economic Journal：Applied Economics* 2, 2010, pp. 46 – 59.

④ Aker, Jenny C., and Isaac M. Mbiti, "Mobile Phones and Economic Development in Africa," *Journal of Economic Perspectives* 3, 2010, pp. 207 – 232.

⑤ Souter, David, Christopher Garforth, Rekha Jain, Ophelia Mascarenhas, Kevin McKemey & NigelScott, 2005, The Economic Impact of Telecommunications on Rural Livelihoods and Poverty Reduction：a Study of Rural Communities in India (Gujarat), Mozambique and Tanzania, http：// www. telafrica. Org.

⑥ Law, Patrick, "The Use of Mobile Phones Among Migrant Workers in Southern China," in P. Law, L. Fortunati and S. Yang, eds., *New technologies in Global Societies* (Singapore：World Scientific Publishing, 2006), pp. 245 – 258.

⑦ Ngan, Raymond and Ma, Stephen, "The Relationship of Mobile Telephony to Job Mobility in China's Pearl River Delta," *Knowledge*, *Technology & Policy* 2, 2008, pp. 55 – 63.

成为农民工新的财富增长契机。① 朱虹研究发现，重庆的"棒棒们"现在也要靠手机来寻找工作机会，如果没有手机，就只能跟着一个有手机的"棒棒"，靠他来安排活计。手机的使用不仅提高了中低收入群体的工作效率，而且事实上还直接成了谋生工具。② 另有学者研究发现，农民工在流入地积极利用新媒体来建构与维系业缘关系，跨越实际的地理限制进行自主交流，传递社会资本。③ 丁未、宋晨曾描述过重庆双峰村里的农民，在没有现代化的通信工具与有了手机之后，外出打工途中的不同经历。在没有手机、信息不通的时代，他们处于盲目而被动的状态，对于外部世界的变故缺乏应对，有时甚至只能无功而返。当他们主动使用手机之后，在求职过程中获得了一定的自主性，利用血缘、地缘关系网络更快、更多地掌握了打工信息，并开始逐渐生成了维权意识。④ 立足于这个研究，农民工主动使用手机来管理社会网络、获取职业机会并提高自己的经济所得，进而促进了身份转换与城市适应的进程。

第一节　劳动市场进入与过程适应

农民工与城市居民间的差异，其本质在于城乡二元体制，这种差异体现在职业机会、居住空间、消费空间等社会生活的各个层面，进而多维度、全方位地把农民工的社会生存空间从城市中隔离开来。这种社会因素造成的诸多客观差异，其中最突出的就是职业机会的差异。中国城乡劳动力市场的二元隔离，使农民工只能去次属劳动力市场寻找就业机会，去从事那些城里人不愿干的脏活、累活和苦活，这些工作工资低而且没有任何社会保障。

改革开放初期，中国的经济改革进程迅速推进，而社会和政治领域中传统制度变革则相对滞后，中国的劳动力市场被多重分隔，其中"正规劳

---

① 樊佩佩：《从传播技术到生产工具的演变——一项有关中低收入群体手机使用的社会学研究》，《新闻与传播研究》2010 年第 1 期，第 82～88 页。

② 朱虹：《生活方式的变迁与手机社会功能的演变——基于中低收入群体的调查分析》，《南京大学学报》2011 年第 3 期。

③ 田阡：《新媒体的使用与农民工的现代化构建——以湖南攸县籍出租车司机在深圳为例》，《现代传播》2012 年第 12 期。

④ 丁未、宋晨：《在路上：手机与农民工自主性的获得——以西部双峰村农民工求职经历为个案》，《现代传播》2010 年第 9 期，第 95～100 页。

动力市场和从属劳动力市场并存的格局引人注目"。① 从属劳动力市场提供了大量低端的工作机会，这些机会要想有效地为求职者所获取，就必然要经历一个将就业信息传播给他们的过程，然而劳动力市场的信息传播是不对称的。我国大量农民工进入城市就业，但因社会历史环境限制，他们明显处于信息获取相对弱势的地位。因此，有学者提出需要"增强农民工的信息能力，特别是准产业工人地位和市场结构交换的能力"。②

新生代农民工进入城市中，就需要找寻一份适合自己的工作来维持生计，通过努力工作在城市站稳脚跟；但找到工作并不就是一劳永逸的，他们还需熟悉并掌握职业技能，在本职工作上表现突出，从最初的基础工作逐渐向上攀爬，进而在激烈的职场竞争中占据优势，获取自我职业生涯发展的机会和空间，这是他们开启城市新生活所面临的严峻问题。而在新的历史与技术条件下，手机甚至为新生代农民工提供了丰富的就业途径与职业认同的全新方式。

一 职业机会搜寻与求职平台

在城市化进程中，新生代农民工的外出务工行为不再具有兼业性质，而是具有职业性质。③ 在每个城市的劳动力或人才市场上，总是聚集着一大群待就业和已就业的新生代农民工。劳动力市场本身作为社会组织，是沟通劳动力和企业的平台，是招工单位寻找就业人员和就业人员寻找就业单位的媒介。然而为了提高工作效率和业绩，劳动力市场成为"瘦身市场"。"在这里，现代中国的工业力量分散成各种碎片，而这些碎片就是人……职位列表通常手写在预先印好的卡片上，按照标准表已有格式列出资质要求。"④

新生代农民工进入城市后的当务之急就是找到一份工作，以维系在城市的基本生存与生活，但他们普遍缺乏先天资本，没有高学历、专业技能和广泛的社会支持来立足，所以他们必须通过后天努力来为自己找寻出

---

① 李建民：《中国劳动力市场多重分隔及其对劳动力供求的影响》，《中国人口科学》2002 年第 2 期。
② 郑英隆：《中国农民工弱信息能力初探》，《经济学家》2005 年第 5 期。
③ 汪永涛：《城市化进程中农村代际关系的变迁》，《南方人口》2013 年第 1 期。
④ 张彤禾：《打工女孩：从乡村到城市的变动中国》，张坤、吴怡瑶译，上海译文出版社，2013，第 96 页。

路。随着社会分工的细化，他们职业生活面临的传播环境也发生了显著变化。媒介的类型从一元变得多元，从初级关系网络为主的单一传播界面，转向了以次级关系网络、组织渠道、大众传媒及新媒介为主的立体传播网络。在城市发达的传播系统中，新生代农民工作为就业弱势群体，他们的就业受到各种媒介信息的影响。因此，无论是围绕家庭扩散开的初级关系网络、随业缘联结建立起来的次级关系网络，还是以劳动部门、人才市场、企业为主导的组织渠道，抑或是以报纸、电视为主的大众传媒以及互联网新媒介，都推动着新生代农民工的职业获得。

在这个过程中，手机媒体作为信息传播工具，拓宽了他们获取信息的渠道，为他们快速进入专业领域、提升工作能力提供了丰富的信息资源，从而使他们在就业市场中更具有自主性。手机成为新生代农民工进入城市后最重要和最迫切需要的物品。事实上，当我们讨论起手机的购买主题时，几乎所有的被访者都能清晰地告知笔者他们购买手机的时间、场所和价格。

> 我去年 4 月到这个工厂来上班的时候换的 iPhone。（小慧，1996年，安徽滁州，工厂工人）
>
> 第一次，手机买的是 Moto，当时我刚到深圳打工，我的手机进水了，然后我也不知道，我还继续给它充电。当时我还把手机塞在鞋子里面，结果"砰"的一声，手机爆炸了，把鞋子也给炸飞了。（阿连，1992 年，安徽蚌埠，餐饮业服务员）

对于新生代农民工而言，他们进入城市后最直接也最重要的信息需求是找工作，而手机是找工作时必不可少的工具。新生代农民工初入职场的首份工作大多受到身边人的影响或是引荐，大部分新生代农民工是通过基于亲缘、地缘关系提供的职业信息介绍才得以找到首份工作的，这在新生代农民工中是非常普遍的一种情形。"初始择业空间或机会呈现明显的'关系半径'特征。"① 而手机可以让亲戚、朋友、工友更方便地把就业信

① 童宗斌：《职业生涯与工作适应：新生代农民工的城市实践》，《中国青年研究》2011 年第 1 期。

息传递给他们。"外卖小哥"小北介绍道：

> 我的这份工作也是朋友推荐的。在"点我达骑手"通过朋友推荐注册，然后自己每接一单，朋友都会拿到相应的提成。（小北，1998年，安徽淮北，外卖配送员）

此外，虽然"亲友介绍"是两代农民工初次求职的主要途径，但是，随着我国劳动力市场的日渐开放、新生代农民工本身素质的逐年提升，新生代农民工中也有不少开始采用市场化的求职方式。[①] 他们中有不少人不再单纯依赖传统的老乡介绍工作的就业途径，而是直接利用手机上网搜寻最新的工作信息，用手机登录各类求职网站，获取更为丰富多样的求职信息，求职过程也相应变得简捷高效，或是自己把手机号码发布在网络上，获得更多的就业机会。

在江苏省南京市新港经济开发区××厂的招聘会现场，笔者访谈了工厂女工小张和小蔡。当时正是下午3点多钟，原本是工厂员工吃饭的食堂却密密麻麻堆坐了不少人，且多数都是年轻的面孔。与想象中的求职面试略有不同的是，他们大多没有普通大学生求职面试前的紧张焦虑，个个相对还是比较放松的。工厂女工小张和小蔡坐在相对比较后方的位置，虽然二人一同前来面试，但二人也未做交流，而是各自盯着各自的手机，小蔡在浏览购物网页，而小张则戴着耳机在看手机中缓存的视频，用来打发面试前的等候时间。

小张告诉我，她们都是在58同城上投的简历，接到劳务公司的电话便来面试了。当笔者问及如何发布个人求职信息时，小张便立即打开她的手机登录58同城的首页，通过她的手机终端，可以看到首页中央最显赫的位置即是全职招聘的栏目，包括销售、文员、客服、会计、司机、快递等岗位。在全职招聘栏目的右上角还有一个"写简历"的快捷按钮，点开这个按钮，一个填写个人信息的界面便呈现在手机用户面前，同时在最上方还有一条填写说明："只需30秒，快速填写求职信息。"需要填写的信息也

---

① 许传新：《农民工的进城方式与职业流动——两代农民工的比较分析》，《青年研究》2010年第3期。

非常简单，仅仅是姓名、性别、出生年份、最高学历、工作经验等个人基本情况（见图3-1）。与普通大学生制作较为复杂的求职简历相比，这种简单快速的网络填写方式为新生代农民工提供了便捷高效的求职通路。

> 劳务公司看到你的简历后会主动给你打电话与你联系，然后通知你面试的时间和地点。（小张，1994年，江苏宿迁，工厂工人）

图3-1　手机求职需填写的信息

小张谈起了自己的跳槽经历，跳槽是因为自己在原来的工厂"干得不爽了"，"自己在生理期时，去医院看病，当时也就和自己的线长说了下，也没有开病假条，结果后来这天就按照'旷工'处理了"。小张一气之下便辞职另找新的工作。南京市新港经济开发区有条不成文的规定，南京本地的不要，甚至连六合的都不要，小张和笔者讲述她有次去参加某个招聘会时的情形，劳务公司员工一来就直接叫嚷，"南京的本地人都不要，你们都回去吧"。这种招工过程中的地域歧视和我们的常规理解产生了巨大差异，小张便进一步向笔者解释说：

　　外地人到了一个厂，不会轻易走掉，而南京本地人过来工作，其实主要是考虑这个（有）保险，有时干得不舒服就直接走了，公司还得再找人顶上。现在招工单位都不要押金，如果听说要交押金的话，基本上这边有一大半应聘的人都要走了。

　　新生代农民工利用手机直接登录求职网站，提交自己的个人信息，其中最为重要的一项就是自己的手机号码，用人单位通过劳务公司便可联系到农民工个体。要打破城乡劳动力市场之间的壁垒，就必须通过市场来合理配置劳动力资源，进而形成劳动力在城乡之间自由流动的局面。伴随着移动互联网的兴起和智能手机的普及，各类求职类网站层出不穷，为新生代农民工提供了丰富、高效、便捷的就业信息服务，依托此类相对健全的信息传递与发布体系，新生代农民工在就业求职和城市公共服务等方面通过平等竞争获得了和城市市民均等的权利。信息技术的革新和普及基本减轻了就业市场中的歧视和垄断，不会产生针对农民工的歧视性的不合理限制性收费，并且最为关键的一点是，降低了进城就业的门槛，并因而减少了新生代农民工进城求职的各项成本。由于这些信息的发布针对的是所有互联网用户，并且在线填写简历的内容中，也没有涉及户籍身份，这样就相对有利于建立城乡一体的劳动力就业市场，实行本地与外地平等的用工政策，消除用人单位实施歧视性待遇的可能，促进劳动者积极参与劳动力市场的公平竞争。但同样，从他们的求职过程中也可以看到的是，虽然前程无忧、智联招聘、58 同城等求职网站为新生代农民工提供了多样的求职路径，但并不能从根本上改变他们在劳动力市场中的弱势地位。

　　同时，新生代农民工的就业普遍呈现"短工化"的趋势，即每份工作持续时间短、工作变换频繁，吴红宇、谢国强的调查分析结果显示，新生代农民工人均工作时间为 3.76 年，而人均从事过的工作达 4.12 个，即每人平均变换工作的时间不到一年。[1]"短工化"的现象与年龄密切相关，新生代农民工本身的特性就是追求变动与新奇。同时，他们受过一定的学校教育或是职业教育，这也保证了他们可以在不同工作中自由切换，手机媒

---

① 吴红宇、谢国强：《新生代农民工的特征、利益诉求及角色变迁——基于东莞塘厦镇的调查分析》，《南方人口》2006 年第 4 期。

体提供的丰富就业信息也相应提供了技术支撑。但"短工化"具体体现为"高流动"和"水平化"两个方面，他们中多数人的这种流动无非是从一个工厂跳到另一个工厂，从一家餐饮单位跳到另一家餐饮单位，这种用工单位之间的平行转换，并没有为他们的职业地位带来实质性的提高。

新生代农民工使用手机媒体日渐频繁，一方面增加了他们对掌控技术的自信，另一方面增加了他们对技术本身的信任。借由手机媒体，他们能够获得更多关于就业市场的优质的信息服务。但也有新生代农民工在面对这个虚拟的就业市场时，采用了一种防御式的主动进攻姿态。在他们看来，虚拟和现实分离的关键在于自己，如果自己能够区分两者的差别并且以有效的方式保护自身，则可以使虚拟的便利之处为自己所用。但是在这其中，新媒体建构的就业市场与现实市场之间的裂缝容易为新生代农民工所忽视。实际上，有很多新生代农民工通过移动互联网找到了自己心仪的工作，也有极个别人曾有过在网上受骗的经历。但这是因为他们对虚拟网络不了解，没有登录正规的招聘网站，误点他人发来的诈骗链接造成的，而不是手机媒体或是移动互联网本身的问题。

二 职场赋权中的"生产工具"

西方赋权理论认为，赋权建立在信息传播与人际交流的基础上，和人们日常的传播行为高度相关，呈现为一个互动的社会过程。虽然新生代农民工的职业认同受到了新媒体从外部施加的推力影响，但它并不仅仅是新媒体助推下的工作获得与角色履行。新生代农民工广泛而充分地利用手机，手机媒体和手机号码甚至可以成为他们自我赋权过程中的生产工具。

小范来自安徽，2005年来南京工作，现在从事建筑行业里的门窗安装工作，月收入在4000~5000元。

> 我的手机是金立的，手机在我的工作中还是非常重要的，比如工程队的负责人有活了会联系我。另外，就是我以前的一些老客户，觉得我的手艺还行，下次有事还会找我。这些全部都是通过电话联系的。（小范，1983年，安徽，门窗安装工）

快递员李先生说：

> 我一个月光打电话、发信息就要花五六百块钱，都是快递那方面的事情。为了工作，没办法的。现在流量已经不限量了呀，我办的流量套餐在两百块钱左右。我的手机里安装的应用很多，但最主要的应用都是和工作有关系的，基本上都是关于快递的，"快递员"和"快递员助手"之类的。（李先生，1990年，江苏徐州，快递员）

到了无线通信时代，新生代农民工可以自由地将个人的手机号码自主发布于各类公共信息平台。手机号码作为个人化的信息符码代号，发布在网站平台或是手机移动 App 中，实现了个人信息的零成本传播，促进了信息资源的高速流通，可以拓展自己的职业脉络，直接建构起和客户直面沟通的桥梁。不少新生代农民工对于手机媒体的使用经历了一个从游戏娱乐平台到工作必备工具的功能转变。他们充分利用新媒介进行就业充电，比如发布招聘信息、学习营销技巧等，从而为自己的职业生涯长远发展打下良好基础。

小金和妻子在江苏省南京市江东中路 146 号开了家回收二手家具的小店铺，他笑称他们是典型的夫妻档。妻子在商铺中守店，自己就开着货车四处上门拆除二手家具，再运输回店。他的手机每天都是 24 小时开机，基本不会关机。黄宗智认为，在非正规经济中，家庭关系十分关键，夫妻店的经济逻辑是廉价的家庭辅助劳动力，这样的组织特别适合于技术要求较低、工作时间较长而劳动投入要求参差不一的经营。这样的经济原则几乎是旧农业加手工业家庭农场的延伸。当然，家庭人员不仅廉价，一般也要比外雇人员稳定可靠。[①] 小金将自己的手机号码在"赶集网"上登记，另外还花了 7800 元购买了一年的广告位。经过小金的指点，笔者通过网页浏览器打开了"赶集网"的页面，确定地理位置为南京后，再在搜索栏输入"回收二手家具"的字样，南京本地"回收二手家具"的店铺信息便以列表的形式展现在网页中，而事实上这些店铺商家只需在赶集网上完成简单

---

① 黄宗智：《中国的现代家庭：来自经济史和法律史的视角》，《开放时代》2011 年第 5 期。

的注册信息。由于额外支付了一定的费用，小金的店铺信息在网页中呈现为常规店铺列表右侧出现的 flash 动画，主体外一个正方形画面中，左上一角为"推荐"，下方有大红字体"点我"和"高价回收家具家电"的字样。这个 flash 动画点进去就是小金家的店铺信息，其中包括诚信等级为五颗星、服务特色、提供服务和联系电话。小金的电话号码用红色放大字体凸显出来。小金在向我解释为什么要高价买广告位时说："如果你免费登记的话，（就）会把你的商铺排在后面，这样顾客根本就不会看到。而你如果花了钱，排名就能靠前。我花了大价钱，就能享受 VIP 待遇（笑），"也有一些老一代农民工从事同一业务，"有些年纪大些不会上网的，会把自己的手机号码印在名片上，到小区里派发，但生意明显会差很多。"（小金，1984 年，安徽，回收二手家具）

手机的移动通信功能极大地契合了这些新生代农民工职业形态的流动性。他们没有相对固定的办公场所，手机这种不受地域限制的通信工具可方便他们在外出工作的时候，能够不间断地接受工作信息，促进信息沟通，并保证获取一定的经济利益。对那些流动的自雇佣者来说，信息就是财源，手机就是最基本的谋生手段。这使得他们中的大多数人 24 小时开机。他们等待的不仅仅是信息，更是每日赖以生存的基本生计。[①]

1989 年出生的阿杰从事庆典、婚宴的布展工作，笔者在当时尚未拆迁的玄武区红山社区曹后村对其进行了访谈。他当时告知笔者，他平日会将自己的手机号码发布在 58 同城中，这样用人单位看到后会与其联系。访谈结束后，我们互加了微信，当时他还较少更新朋友圈状态。2014 年 5 月开始，他就较为频繁地更新状态，除了发布平日生活的记录、自己的感慨，发的较多的就是自己的服务信息。每次活动结束，他会发布一条朋友圈状态，"热烈庆祝××商贸有限公司开业大吉"或是"今晚活动很精彩，赞一个"。后面通常会加上"本人承办：各种婚庆服务一条龙，开业庆典……舞台桁架、T 台龙门架、气球拱门，如有需要敬请致电：×××"等类似的字样。就阿杰而言，其唯一的生计来源就是别人通过他的手机号码联系到他。阿杰的朋友圈中经常会发布一些半夜加班加点搭建龙门架的照片。

---

① 朱虹：《生活方式的变迁与手机社会功能的演变——基于中低收入群体的调查分析》，《南京大学学报》2011 年第 3 期。

他和我说，每年 4~6 月相对是旺季，所以就非常忙。在忙的时候，他就会在 58 同城上招人，其实就是招短工，甚至作为一个自雇就业者，他还能通过手机搭建的虚拟平台招来大学生为其工作。"大学生便宜，130 元一天，但是他们扛不了重东西，只能在旁边搭搭手"（阿杰，1989 年，安徽亳州，布展）。和前文的小金一样，阿杰属于农民工群体中典型的自雇就业者。自雇就业者的经营特点：首先是成本低、进入容易；其次是以家庭为中心，分工合作；再次是超时工作；最后是有一定的积累和发展的可能性。与打工者相比，自雇者"可以看作一种向上流动的愿望与创业行为的冲动，其中蕴含着农民工走向积累和发展以及城市适应的新希望"。[①] 把自己的手机号码发布在社交媒体中也是这一群体较为常见的现象。类似的，像建筑工小李的 QQ 签名就是："长期办理塔吊操作证，电梯……焊工，指挥证……挖掘机叉机、汽车吊证……施工、安全员证……联系电话：×××。"这样的自媒体平台为其灵活机动地发布职业信息提供了可能。

经由手机媒体建构的就业市场因其效用而被新生代农民工所积极接纳，这种信息渠道带来的诸多优点使新生代农民工更倾向于对其产生信服。迅速流通和广泛传播的信息使新生代农民工能够获得并掌握第一手真实信息。对于手机媒体的接触与使用，远远不只是获取职业信息这么简单，新生代农民工结合自己的个人性格、职业能力、社会支持网络来开展不同的职业生涯规划。手机媒体不仅可以作为开展职业生涯规划的工具，其功能还包括帮助他们获取信息、就业充电等，甚至手机媒体本身就可以作为农民工的职业平台。

在积极利用信息赋权的过程中，新生代农民工也在提升自己的信息素养，培育起自身积极主动利用媒体的现代性意识。通过对信息工具的寻求和学习，新生代农民工的信息素养不断提升，职场中的工作实践也在不断拓展。职场实践的拓展又加深了其对信息工具的使用，形成了一个良性循环。信息素养较高的新生代农民工已经不满足于只是利用媒介去获取信息，或者消遣娱乐，而是把媒介当作一个适应城市工作所必需的工具去看待。新生代农民工通过媒介获取了信息素养，而拥有较高媒介素养的人又

---

① 万向东：《非正式自雇就业农民工的社会网络特征与差异》，《学术研究》2012 年第 12 期。

利用媒介工具的实用性价值使自身的信息素养迅速转化为人力资本、社会资本等适应资本，从而提升了职场认同水平。职业机会搜寻有时并不是一个信息获取的过程，有时还需对这些渠道反馈过来的信息进行选择加工。如果获取的信息有限则罢，如果面临多重职业信息，则往往需要做出信息比较、信息筛选，在这一过程中可能是新生代农民工独自做出决定，也有可能参考、借鉴甚至是听从外界意见。

第二节　职场中的信息技术技能与职业优势

手机使用内含了自我发展的一系列实践与能力。和普通固定电话的使用不同，如今的智能手机使用对用户的信息素养提出了一定要求。现今智能手机的操作要求用户能够自主上网、拍照、播放音乐、摄录视频、完成游戏以及更多的技术要求，并且随着 App 网络商店的普及，手机用户可以自主安装相关应用程序。

事实上，笔者访谈的新生代农民工基本上都是智能手机的熟练操作者，他们游刃有余地使用着自己随身携带的手机。打工者们通过手机实现某种"虚拟在场"，打发工作过程中的单调和苦闷；无论是在建筑工地打开手机听音乐去除工作中的枯燥乏味，还是在零售市场打开手机观看视频打发并没有顾客在场的时间，都体现出手机在其职场中的灵活使用。不少人甚至在接受访谈的过程中也会拿出手机把玩片刻，他们能够充分利用手机获取信息，甚至能够利用手机进行自我提升。

一　职场技能与职场优势

有种观点认为"除了识字和算数，信息通信技术也应当作人生的第三种技能"。[①] 这种曾经被许多人看作很奇怪的观点如今已经上升到了中心地位。这并不是说信息通信技术本身很重要，而是因为其像印刷文化一样，能够提供让人们获得各种信息的途径，如在多媒体环境中学习，在全球化背景下沟通，创造性地表达自己观点，并在竞争力十足的知识社会中获得

---

① Office of the e-Envoy, *Uk Online Annual Report* (London: Office of the e-Envoy, 2004).

工作机会。正如英国的一份研究报告显示的，要"让所有成年人拥有他们需要的信息通信技术，在网上进行有效学习，变成信息时代的主要公民，从而为经济做出更有成果的贡献"。①

随着信息技术在各个行业内的广泛渗透，新生代农民工通常能更为自如地融入职业要求。如在餐饮行业，餐饮服务人员需要经常使用新兴电子设备来为顾客安排点餐、验证团购券号，或是使用手机中特定的 App 来为顾客完成接单、买单的工作任务。某著名品牌餐厅服务员阿连介绍说像他们在入岗前都会接受岗前培训，培训的内容重点就是如何用平板来协助顾客点餐。"这个肯定要熟练掌握的，这就好比是我们吃饭的碗，碗都端不住，怎么吃饭"（阿连，1992 年，安徽蚌埠，餐饮业服务员）。阿连做了这么一个形象的比喻。"甚至我还闹过一个笑话，我平时用惯了单位的pad，一次回到宿舍，我想用我自己的 pad，我拼命按电源键结果都没法开机。我就把 pad 拿出去找人修，还是找的我们同事的一个哥哥，他开了一个电器修理店。他按了电源键，我的 pad 就开了，原来我是关机充电的，主要是我们店里面的 pad 电源键在这里，而我自己的 pad 电源键在另一边。"（阿连，1992 年，安徽蚌埠，餐饮业服务员）

同样，第三产业中很多从业人员都必须在职场中和信息技术打交道。南京某高校快递点的孙小姐介绍说：

> 当然，我手机用得最多的还是派件宝之类的工作软件。平时有人来拿快递的时候，碰到消息不清楚、快递延误（的情况），我就会用这些软件来查一下。我会从网上买东西，因为网购是真的很方便，平时没有时间，就会从网上买东西，而且自己就是做快递行业的，就感觉比较亲近吧。现在的工作的话，对上班用手机没什么要求，因为（快递）就会接到一些电话，然后有人来拿快递的时候会遇到一些问题，我就会用手机帮他们查一下。没有人来拿快递的时候，空下来的时候是可以稍微玩一下手机的。（孙小姐，2001 年，河南，快递点收发员）

---

① Office of the e-Envoy, *Uk Online Annual Report*（London：Office of the e-Envoy. 2004），p. 11.

　　小倩是南京市建邺区一家女子美容会所的美容师，她来自山城重庆，因父亲早年便来南京打工，她也遵从"链式流动"的原则，念完中专后便跟随家人来南京工作。她还有一个弟弟，正在南京念小学。她所在的工作单位是建邺区一家新开的美容会所，因暂时没有固定的客户资源，她需要从头开始寻找新客户。某次特殊的机会，她认识了邻近居民小区的一位大姐，这位善意的大姐把她拉进了业主小区的吃货微信群。她在微信群中简单介绍了自己的身份，并且介绍了自己所在美容会所的开业优惠酬宾活动，一下子吸引了很多客户来会所参与体验活动。不少人还会主动加她微信来咨询。她也会经常在自己的朋友圈宣传店里的最新活动：

　　　　×××七夕顾客节，"艾"的"灸"是你的惊喜，钜惠等着你

　　　　快和闺蜜一起玩"拼多多"吧

　　　　让我们为健康与美丽奔跑吧

　　　　一起快乐过七夕

　　　　背部经络调理 1 次价值 198 元

　　　　专业老师体质见诊 1 次，价值 398 元，每人限 1 次

　　　　火龙灸双灸体验 1 次，价值 698 元，总价值 1290 元

　　　　1 人团购仅需 198 元，两人同行赠晒后面部冷凝修护一次，三人同行赠送面膜各一盒

　　　　心动心动心动

　　　　本次活动"艾"心团购卡限量发售 50 张，快快带你身边的闺蜜、朋友们一起奔跑吧

　　　　活动时间：8 月 14 日～8 月 19 日

　　　　体验时间：8 月 21 日～8 月 25 日

　　　　本条消息朋友圈转发，积满 48 个赞还有惊喜等着你哦

　　　　地址：×××女子美容院

　　2018 年 9 月，她们的一家新店即将在江宁开业，她又在自己的朋友圈发布最新优惠信息：

热烈庆贺×××美容会所新店开业，特推出×××元特惠体验卡

一次做两个半小时!!

体验卡不过期，不作废!!

中间没有其他任何费用!!

赠送精美太阳伞一把!!

第一次做领取价值198元面膜一盒!!

本店郑重承诺：凭卡体验不另外收费，不强行推销，请放心体验

机会难得，名额有限，爱美快速订购

地址：×××美容会所!

抢购热线：××××

在日常职业生活领域中，新生代农民工绝不仅是工作任务的简单执行者，他们有着自己的内在情感和职业思路，也可以利用手机媒体去帮助自己积累职业经验、扩展工作关系网络、创新职业认知。他们借助手机媒体的使用，进行身份管理以及城乡人际交往等传播实践，在时间推进的过程中积极谋划职业生涯、扮演职业角色以及确认自身的职业价值，在工作中发展出一定程度的职业自觉。这些基本的传播行为激活了自身潜能，使他们对职业生活产生一定的自我效能感和命运掌控感，体现出了某种程度自我赋权的努力。

如今出租车司机基本都会在自己的智能手机中安装打车软件，完成数字接单、导航、结账等功能。来自江苏淮安的小赵用的手机是 iPhone 4。"当时花一千多元买的水货，一开始买这个手机就是为了上班，最一开始是为了导航，在家里用普通的手机，要用那么好的干吗，也就用的一个普通手机，看看新闻，再好的功能都浪费了。"作为一个职业群体，出租车司机在工作状态中是高度流动的，而车载设备和手机几乎是他们必备的工具。能否合理高效地使用打车软件成为他们能否有更多盈利的关键，而且凭借打车软件，出租车司机获得了长足的自主性。

> 以前是招手即停，我不知道对方要去哪儿。而有了打车软件，我就可以自己选。（小许，1982年，南京六合，的士司机）

年轻的出租车司机们创造性地使用打车软件为自己创造更大的经济利益。在的哥的姐们日常集聚的场所——的士餐厅中，一位年轻的哥小许给笔者详细展示了两款主流打车软件——滴滴打车和快的打车——的使用方法。① 事实上，无论是滴滴打车还是快的打车，都会有乘客端和司机端两种不同的客户端。普通消费者可以直接通过自己的智能手机连接网络下载乘客端，通过乘客端来把自己的打车信息传送给出租车司机。而出租车司机则必须到滴滴打车和快的打车在南京指定的营业点来安装司机端，司机端的使用界面和乘客端的界面是完全不一样的。在位于南京雨花区的滴滴打车办事处，张经理向笔者介绍，并非所有的驾驶员都有资格安装滴滴打车的司机端，在安装时必须带上自己的营运资格证，经滴滴公司审核通过后方可安装。作为打车软件的大力推广方，两大打车软件也是不遗余力地展开营销战，就在笔者向张经理了解有关司机端安装的有关信息时，一位年轻的哥走进来领走了一个印有"滴滴打车"字样的杯子。出租车司机小许师傅给笔者详细介绍了打车软件司机端中的各种门道。

> 像我们每个人都要赚自己的"滴米"，抢单成功就可以赚滴米，或是到一些别人不愿意去的地方，像是去新街口，滴滴打车就会奖励滴米。积攒的滴米慢慢累积，最高可以达到500，最高就是500了。有了这个滴米后，同样在和别人抢单时，你就能比别人更容易抢到。同样是一个乘客打车，另外一位司机距离他300米，而你距离他比如600米，但是由于你具有500滴米，600 - 500 = 100，相当于你距离他只有100米的距离，你就比其他司机更有优势能够抢到订单。所以说，滴米越高，抢单成功的概率越高。（小许，1982年，南京六合，的士司机）

滴滴打车还有各种奖励机制，鼓励司机们提高自己的排名（见图3-2）。使用滴滴打车、快的打车这些打车软件毫无疑问极大提高了出租车司机职业中的效能感。效能感是有关效率和能力的总称。效率是指在单位时

---

① 在笔者调研的过程中，滴滴打车和快的打车还是各自为营，开展着较为激烈的市场竞争。2015年2月14日，两大打车软件正式宣布合并。

间内，在给定条件下，使原有资源达到最大可能性满足的利用。能力是指个体完成某件事情或达到某种状态的可能性，或是个体被认为具备某方面潜在的可能性。阿列克斯・英克尔斯认为，具有现代性的个人，常常表现为"乐于接受新的经验，面向未来的趋向，强调计划，个人效能感，以及类似的素质"。[①] 效能感体现的不仅是人能够控制自然的感觉，也是现代人的一种信念，即人们是可以有效地做某些事情的，他既能单独，也能同他人协作安排自己的生活，以应对各个方面的挑战。自己能动使用打车软件，自由选择目的地点，合理选择自己的行车路线，信息技术的发展为提升整个行业从业人员的整体效能感提供了可能。

图 3 - 2　滴滴司机需完成的每日任务

2016 年以来，外卖配送成为一个新兴的行业，外卖配送员只有熟练掌握手机的各项操作技能，才能顺利完成自己的本职工作。

因为作为一个外卖员，手机里必然装"饿了么"等与外卖相关的

---

① 阿列克斯・英克尔斯、戴维・H. 史密斯：《从传统人到现代人——六个发展中国家中的个人变化》，顾昕译，中国人民大学出版社，1992，第49页。

App。然后我自己安装了一个高德地图，用来找到商家位置。我们工作时，外卖单子是不需要自己抢的，是平台配发的。外卖单的分配是根据地理位置（进行）的。我们每个外卖员的手机是可以定位的，平台可以看到我们的位置。一般是我们在哪边，就会优先分配（给我们）就近的单子。单子分配的多与少与工作时间长短有关，也会和外卖员的评价有关，五星好评的外卖员会优先拿到单子。我们外卖员一次最多可以接8个单子。手机在工作中对于我们外卖员来讲特别重要，从上班到下班，一直在用手机，屏幕都没关过的。我们每个人基本上都有两个手机，一个充电宝，是备用的。超时等问题对我们影响特别大，会扣钱，每笔的配送费是按照距离来算的。手机必须始终保持电量充足、网络状态良好。（木易，1996年，陕西西安，外卖配送员）

外卖小哥小北出生于1998年，2016年从安徽淮北来到南京打工，2016年南京外卖行业兴起，他就开始从事送外卖行业，以送外卖为主业至今。他在工作中一般会随身携带一个手机，手机在工作中一般是接单、刷单和抢单。手机中的工作平台会自动出现单子的具体信息、位置、方向等，然后骑手之间抢单。骑手抢单成功之后会和点外卖的人进行电话联系。他向笔者详细介绍了各种外卖接单App的优势、劣势。

"饿了么"团队App："饿了么"团队是"饿了么"骑手的团队App，主要是派单的作用。骑手进行手机注册之后就可以进入"饿了么"团队。但是"饿了么"团队中所接的单子都是附近的单子，有范围限制，超过一定范围的单子是不会在"饿了么"团队中进行配送的。主要原因是"饿了么"单子众多，且骑手所拿到的每单价格相对一致，如果配送远距离单子，会导致报酬匹配不上所付出的时间。注册"饿了么"团队App之后，在配送"饿了么"团队所接的单子时，必须身着"饿了么"统一服装。App中有计时功能，超时送达，平台会自动扣钱。

点我达骑手App：这是最常用的App软件之一，是一款个人接单App，小北表示现在市面上看到的大部分外卖小哥都是点我达骑手。这款App与"饿了么"团队App不冲突，一般情况下，会在点我达骑手进行接单。"饿了么"团队中远程的单子都会自动转入点我达骑手中，而且，很多外卖商家都会和点我达骑手绑定。点我达骑手平台管理不严格，不强制穿统一服装，相对自由，并且小北表示，在点我达骑手中接单，会获得更高的收益，每单的价格会更高。

蜂鸟众包 App：小北表示，刚来南京时（2016 年），整个配送外卖行业最火的就是蜂鸟众包，但是由于一些刷单等原因，在南京，蜂鸟众包已经被禁，可能是被收购或者被直接取代了。

抢单外挂（非正规 App）：使用非常频繁，送外卖的人应该都会使用，是通过付费购买安装包，安装进手机，然后方便进行自助快速抢单。小北表示，他是从同行朋友处购买得到，因为这是没有办法从应用商店直接下载的。

位置伪装大师：也是一款外挂软件，可以伪装自己的定位，从而可以接收到各个地方的不同的单子，也没有办法在应用商店直接下载，需要从非正规渠道付费获得安装包进行下载。

小北说：

> 手机对于送外卖而言就是一切，送外卖从开始到结束都离不开手机。如果在接单之前手机丢失影响不大，可以再换一台，如果在接单以后，手机丢失，那一单的任务就没有办法继续下去，也不能用其他人的手机来登录自己的账号，因为账号需要手机验证码，所以，一旦丢失手机，就要上报平台，后台会有人来核实处理，是非常麻烦的。
> （小北，1998 年，安徽淮北，外卖配送员）

手机对于外卖小哥的工作十分重要，贯穿了几乎全部的工作流程。从接受访谈的小北来看，手机中和配送外卖相关的 App 主要就是点我达骑手 App 接单平台和"饿了么"团队 App，外卖小哥更倾向于个人配送，报酬会更多，但是除了正规的接单平台之外，外卖小哥还会安装各种"外挂"App，用于提高接单的数量以获取更多的经济收益。除了工作之外，小北没有太多的网上社交活动，娱乐方式较少，主要是接触手游较多。工作时间段较为固定，集中在中午阶段。外卖小哥的手机更换比较频繁，因为职业的特殊性，对于手机的损耗程度较大，也就不会购买昂贵的手机。

此外，除了上文所述围绕着特定的职业单位建构的虚拟群组，还有围绕着特定行业建立起的QQ群、微信群等。不少司机就加入了出租车行业专属的聊天群，其中涵盖了不同公司、不同运营性质的出租车司机。在一位年轻的哥的指引下，笔者也加入了南京市最大的出租车QQ群，群名即为"南京出租车交流群"，笔者加入伊始便已有460多人，基本每天从早到晚都有出租车司机在其中发言。交流的内容大多和出租车行业息息相关，有发布行业信息的，如寻找二驾；有讨论行业热点问题的，如讨论打车软件技术；还有一类就是目前的路况信息，如"机场快来""南站脱档，兄弟们快来"，极大地提高了行业信息流通的速度和行业人员反馈的速度。这种随时与整个空中社群沟通联络的方式，给了每一个参与者一种强烈的"共在感"和归属感。这种同为一体的感觉并不仅仅是手机或微信这一简单的手机通信工具所带来的，促成这种行动和归属感的是出租车司机们发自内心的心理需要和切实的互助互救——时空上的"共在"满足了心理上的安全感和情感上的慰藉。这些聊天群组成为他们建立在媒介技术虚拟空间的共同体。塔吊工小李加入了一些塔吊工人集聚的QQ群，群友们会在群里讨论下塔吊的工作事宜，譬如多高的塔能够最多承受多少重量的货物，具体操作的过程中有哪些事项值得注意等。小李师傅给笔者展示了他手机QQ中的好友分组，其中"我的好友"48人、"好友"4人、"家人"1人，而在"塔吊工"一栏他一共有72位好友，是分组人数中最多的。外卖员也有很多加入了关于外卖工作的通信群组。

> 我手机里会有很多关于外卖工作的QQ群或者微信群，微信群更多，有我们几个关系好的自行建的聊天群，会在群里讲讲今天的经历，或者吐槽工作中遇到的事情和人。还有就是一个区域的大群，调度会在里面协调工作，通知我们商家的要求。（木易，1996年，陕西西安，外卖配送员）

多数新生代农民工喜欢在匿名空间里进行行业交流和解惑，通过同行业间的答疑解惑，两个在现实中互不认识的人发生了互动，在共同的职业信息的指引下，相互交流，前提是新媒体为他们提供了交流沟通的平台。专业性的贴吧、论坛、QQ群、微信群把这些职场中要求上进、兴趣相投的新生代农民工集聚在一起，让他们能够在虚拟的空间内相互了解，结交朋友。在关系熟络后，他们彼此会共享更多的专业信息，有时候还会分享就业和生活资讯。由此，媒介实现了资源再生产的功能。

手机媒体平台为新生代农民工提供了丰富的交流内容，也相应更改了其内在的交往结构。田野调查的资料表明，新生代农民工在行业群组进行虚拟交往的过程中，更多关注"求职信息""行业动态""技能培训信息"等，而很少讨论个人的家庭、情感信息，基本没有传统乡土社会中家长里短的谈论，这意味着情感性交流的相对减弱。虚拟的群体传播平台消弭了地域距离的隔阂，避免了人际交往中的直面交流，这种虚拟交往形态本身就会削弱交流时的情感性。另外，新生代农民工在获取自己的职业信息时，手机媒体技术为他们提供了更为丰富的获取渠道，使他们不再单纯从其传统意义的血缘、地缘关系那里获取，也许还会跟业缘关系中的人，甚至是完全的陌生人进行交流。

二 数字化的科层组织

与乡村社会的组织缺失相反，城市是被高度组织起来的一个社会系统，社会分工的客观存在使得它发展出一套相应的科层制来应对各种事项，有着执行不同任务、满足各种需求的组织。其中企业是城市里最常见的组织，构成了现代社会的基本细胞。新生代农民工的职业生涯也必须依附于一定的组织平台才能得以开展，在获得组织准入后，他们需要在组织的制度、规范、文化下面从事具体工作，组织渠道在他们的生活中是绕不开的客观环境。

笔者在田野调研中发现，不少服务行业都会以个体单位组建微信群，把所有员工的微信账号全部拉入其中，店里有什么消息就在里面发布，如开会，还会有一些奖励和惩罚的信息。某美发店的技师小孙告诉笔者，他们店的微信群里，不少发型师会在里面发一些励志的帖子。某大型商场某品牌专柜的小聂同样也需要接受信息化的岗前培训，培训内容包括如何在电脑中录入商品信息、检索商品库存等。而随着微信的普及，"我在微信中已经加了 3 ~ 4 个同事群，其中本店一个群，本品牌一个群"。特别需要强调的是，小聂从事销售的某品牌在南京所有的销售人员中组成了一个大群，"每个销售点的店长会在每天晚上把本店当天的销售业绩汇报在群中，总店会检查各个店的销售完成情况"（小聂，1983 年，南京六合，大型商场零售）。微信群迅速把散落在各个商场的销售信息进行汇总，一些工作上的通知也会发在微信群中。

高度的组织化是城市生活的基本特征之一。新生代农民工的职场观念必须符合组织内部结构的规范标准，单位组织有其必要的空间规则，虚拟通信群组内也深刻渗透着职业单位的工作观念，新生代农民工的职场观念在其间得到强化，体现出组织内部的规则特征。城市务工人员从一开始就需要在一个有着明确目标的组织渠道内开展劳动，新生代农民工不仅需要接受组织的管理、指挥和协调，还需要因工作与超出初级关系网络的各种业缘关系群体打交道。新生代农民工在工作中使用最先进的通信技术，不是出于娱乐潮流，而是出于职业工作中的必需，手机已经成为他们开展工作业务的必备工具。

与以家庭为核心生产单位的小农经济不同，城市里以生产、交换和销售为表现形式的商品经济，建立在角色分工和岗位合作的基础上，职业获得是后天性的，需要个人通过各种途径在劳动力市场与资本进行交换；行使整合、控制和管理权力的科层制组织机构广泛设立，职业所需的专业技能依据不同工作岗位的要求变化很大；从业过程中的人际交往范围也大大扩大了。组织内外人际关系处理的重要性凸显，工作中信息交换的广度显著增加，速度也显著加快。职业领域中不仅有面对面的传播活动，还有以中介化形式出现的传播活动，媒介的渗透无处不在。从现代企业管理角度来看，以单位成员组成的虚拟群体有利于促进现代化职业团队内部组织传播和内部信息资源的有利整合，并进而提高管理效率。它为新生代农民工在职业行为中，从过去主要依赖传统的血缘、地缘关系转而被纳入现代职业团体的组织化传播和管理提供了技术路径。

以往很多研究往往假定新媒体能够创造新型的社会结构，扁平的互联网一定能够带来平等互惠的网络社会。但这种过于乐观的技术决定论已在现实中碰壁。随着互联网大潮的逐步推进，技术扩散与技术使用过程中的不平等现象依旧存在。李培林较早从流动民工的职业分层结构、就业的所有制分层结构、收入分层结构来考察其内部分化问题。[①] 唐灿和冯小双则从横向和纵向两方面对农民工进行内部划分："在横向上，他们在不同职业位置间的流动相当频繁，新的职业位置也在不断被创造……在纵向上，其内部已出现了资本占有、经济收入、社会声望、价值取向等方面有很大差异的等级群体，原群体内部的同质性已被打破。"[②] 在调研中，笔者了解到，一小部分新生代农民工的月收入已经在万元以上，他们有的是凭借自己的聪明才智，有的是选择了特定行业，也有的是靠勤奋工作、踏实进取。而且他们中有一些由于所具备的文化程度和所从事的职业，已经获得了向上流动的平台。他们中有一部分人已经实现了从农民到城市白领的职业身份转换。像是建筑工人的收入明显比其他行业的打工人员要高出一截，建筑工人当中也会有层级区分，普遍地可以将建筑工分为木工、瓦工、钢筋工、水泥工等几大类，其中木工由于需要一定的操作技术与职业技能，工资明显要比其他几类工种的高。还有一些人由于在工厂流水线上从事技术工种而成为所谓的蓝领，在南京市溧水某厂工作的阿平不无得意地告诉笔者，自己的收入比那些坐办公室的大学生们高出许多。由于我国工业战略调整正普遍由原有的劳动密集型向资本密集型转变，这些"蓝领贵族"的工资和福利还将继续上扬。这种内部分层导致新生代农民工无论是在社会经济地位，还是在使用移动传播媒体的种类和方式上，都有很大不同。分层结构间接地映射在他们的移动通信技术应用中，在政策、权力、关系等多重资源的博弈和分配格局下，这些处于社会中下阶层的新生代农民工，在特定的传播环境中形成了他们独特的网络使用模式与人际互动行为。并且，他们在移动通信接入和使用方面也出现了内部分化的现象。这些分层也间接导致了他们在使用信息技术上的不同，而这些差异又会影响赋权的最终结果。

现代企业组织中一项核心内容就是科层制——现代化组织及次级群体的层次清楚的正式结构。科层制结构对于组织单位中的固定位置都有清晰而明确的要求，并不会因为参与者不同而发生迁移。组织结构中的科层制

---

① 李培林：《流动民工的社会网络和社会地位》，《社会学研究》1996 年第 4 期。

② 唐灿、冯小双：《"河南村"流动农民的分化》，《社会学研究》2000 年第 4 期。

同样也被复制到他们的手机运用上。

> 上班时间不可以用手机。可以偷着用，被主管发现了会被说两句，但扣钱倒是不至于，扣不扣钱主要是看单位，一般的厂都是不可以接手机（电话）的。但是带线的，她拿手机出来，就没人说她。（小张，1994年，江苏宿迁，工厂工人）
>
> 工作的时候是不允许我们玩手机的，但是也不会被没收，可以装在身上，但是不能玩。如果被抓到，会被拍照片，然后在公司里通报批评，上一下"光荣榜"。只有领导用得到手机，流水线工人工作时基本不用手机。（亚辉，2000年，河南商丘，工厂工人）

在最近几年发展迅猛的快递行业，同样也由于进入行业的时间长短而形成了工作上的区隔。快递行业和手机使用密切相联，可以说整个快递行业必须建立在无线通信技术发展的基础上。1992年出生的小殷在接受访谈时刚刚入行快递行业，负责送大学城中的几个居民小区的快递。谈及自己的工作强度，小殷表示出对较早入行的自己师父的羡慕。

> 送大学门口好，我师父就负责送学校门口，他们两个人一天300多件，很快就送完了，两个人一起，每个人平均发150多条信息，一会儿就送完了。而我送小区，上下个电梯都要5分钟时间。（小殷，1992年，江苏盐城，快递员）

在组织层面，手机可以被用于监视，或者更进一步地用于监督和控制。邱林川将这个系统称为"无线缰绳"（Wireless Leash），管理阶层可以通过移动通信技术监控雇工的工作和交流。[①] 经济和社会的底层人群以更为附带性、世俗性的方式成为雇主的监控目标。手机与业已存在的权力关系相结合，并且社会技术实践创造新的机会，使得这些从属者被权威所进一步控制。新生代农民工往往使用手机和同事交流抱怨老板的不合理规

---

① Qiu, Jack L., "The Wireless Leash: Mobile Messaging as Means of Control," *International Journal of Communication* 1, 2007, pp. 74-91.

定，并且通过在工作环境中"违规"使用手机的行为来实践一种意义性的抗争。

在多数美发沙龙中，具体理发操作的工种可以分为两种类型，一种叫作发型师，一种叫作技师。发型师可以为顾客理发、烫发、染发、做造型等，而技师只能帮顾客洗发、按摩等。理发行业其实是传统的师徒"传帮带"制在现代职业中的延续，发型师是美发沙龙中的主导，他们下命令给技师并表现出较高的姿态。通常当店里没有太多顾客的时候，发型师就窝在沙发上玩手机，而技师则站在门口准备迎宾。当有顾客进入理发店中，技师便将新进店的客户带领至洗发区洗头。通常即使在非常繁忙的时节，像是中国的传统节日春节前，店里面所有的技师都在为顾客服务，即使发型师处于空闲状态，也不会临时替代技师去帮客人洗头。发型师中根据收费价格的不同也被区分出若干等级，像是店长、总监会有自己的工作间，由木质雕花围栏区隔出一个半开放半封闭的领域，发型总监在工作过程中享有更为私密的空间。这种由于职业、行为、态度和层级产生的差异同样也被复制到了手机的使用行为中。和技师相比，通常发型师拥有更为昂贵的，高科技、多功能的手机。事实上，通常发型师的手机都是较为高端的智能机，甚至是最为新潮的手机，譬如苹果 7P 一类。当然，这些区别部分地源于经济原因，通常发型师会比技师拥有更高的收入。在工作进程中，手头上没有理发任务的发型师便二三结群地躺在沙发上玩手机，而技师只能站在门口恭迎顾客，并且只能在为顾客服务的过程中，譬如顾客正在蒸头发时，较为隐蔽地将手机拿出来查看片刻。

小孙所在的店里建了一个微信群，但事实上，小孙介绍说，在里面聊天的基本都是发型师，技师很少参与他们的聊天。奖惩机制对于新生代农民工的现代性的习得发挥着较为直接的作用。他们进入城市中工作的主要动机之一就是学习新技能，而奖惩机制最直白的体现虽然是报酬上的扣除，但也是对他们当天工作表现的一种评价体系。在福柯的理论体系中，他跳过理性，抓住了权力，提供了解释现代社会的另一种视角。在他看来，现代社会和传统社会的差异，既不是理性和神性的差异，也不是商品和产品的差异，而是权力之间的差异。他认为，通过惩罚技术（权力技术）的差异，可以把现代社会与传统社会区分开来。传统社会的惩罚残暴而又血腥，伴随着以暴制暴的报复本能；现代社会，惩罚已进入一个非肉体的时代，其意象是"高墙、空间、机构、规章、话语"。① 这种在微信群组中的公开性的奖惩机制能够保证他们按照企业组织的规章制度行事，使得他们不得不努力提高自己的工作表现与职业技能，将工作要求与职业技能逐渐内化，获得一定的现代性因素的增长。

在新生代农民工的群体和组织结构中，确实存在着各种等级。"在这个分数世界中，等级化的社会权力始终是历史进程中的公分母，向来只有一种可以容忍的自由，仅此一种：分子的改变，即为自己确定主人的永恒选择。"② 这种等级结构同样体现在了新生代农民工手机使用的媒介空间中。

三　职场信任的建构与维系

目前中国城市社会正面临着熟人社会向陌生人社会的转型变迁，社会信任度普遍下降，人际交流在匿名环境下趋于冷漠化和表面性。新生代农民工进入城市社会后，随着城市生活的逐渐深入，与城市互动频率增多，他们也逐渐意识到并内化这种陌生人的状态。城市社会中的职业单位层次分明、分工合理，个体位于社会流动中的某个特定位置，就个体彼此间的关系来看，都是"陌生人"。

鲍曼曾经提及，"提供个人的移动手机号码是一种给予和/或申请一种荣誉的行为：一种公认的经过同意的承认，和/或一种公认的请求"。③ 这最初也来自笔者的一段生活经历与感触，某次一个快递小哥身上带的零钱不够，还差笔者两块钱找零，笔者表示不用了，快递小哥坚持说下次再来的时候一定记得还给笔者，临走时他说，"你反正有我电话号码的"，留存他的电话号码意味着笔者对他可以持有一定信任。上文中所述的出租车行业和乘客之间基本上是种萍水相逢的关系，如同人们不可能踏进同一条河流一样，在硕大陌生的城市中，人生中能够再次打到同一辆出租车、接触同一个出租车司机的概率可谓是微乎其微。借用英国社会学家鲍曼对流动

---

① 米歇尔·福柯：《规训与惩罚》，刘北成、杨远婴译，三联书店，1999，第353页。

② 转引自张金凯《媒介化分工：新生代农民工就业观念研究》，硕士学位论文，南京大学，2016。

③ 齐格蒙·鲍曼：《来自液态现代世界的44封信》，鲍磊译，杨渝东校，漓江出版社，2013，第42页。

的现代性的描述就是："陌生人的相遇是一件没有过去（the past）的事情，而且多半也是没有将来（the future）的事情。"① 不过，这里既有职业的特性，但同样有信任的问题。在著名的美国政治学家弗朗西斯·福山（Francis Fukuyama）看来，中国社会在文化上是一个低信任度的社会，其理由是家族血缘关系上的信任恰恰造成了一般陌生人交往中的不信任。② 而如今在他们看来，彼此间手机号码的留存与掌握也可以成为信任的基础。

美容美发行业和出租车行业在处理和顾客的关系上有些天壤之别。美容美发行业的从业人员普遍渴望与顾客建立起长期而紧密的联系，所以他们会在实际工作的过程中，积极地和顾客聊起家常，顾客为了打发有时略显冗长的理发时间，也会有所回应。发型师们有时会把手机号码留给相对比较熟络的顾客，或是要求与对方添加网络联系方式，常见的便是加 QQ、微信等。得益于移动传播技术，这些行业的服务人员和自己的顾客间形成了长期维系关系、拓展社交的可能。他们会在逢年过节之际给自己的顾客送出祝福，而顾客方，相应地，也可以和其约定服务时间，为彼此合理灵动地安排时间提供了便捷、快速的途径。这在发型总监阿敏看来，他和顾客之间已经形成了"一半是朋友，一半是客人"的关系。阿敏从事美发行业已有 11 年的时间，从一开始的学徒、普通发型师到现在已经成为某知名发型品牌连锁店的店长兼技术总监。凭借着在行业内多年的经验和精湛的手艺，每年春节前夕，慕名来找他的新老顾客都要和他提前预约，他给笔者展示了他自己的微信聊天界面，不少都是在和他商定烫发、染发的时间段。这种线上关系的维护同时增加了顾客对其的信任，美发沙龙比较普遍的情况是大力推广会员制，顾客充值办卡后就能够享有一定的打折优惠服务，发型师也会有相应的工作指标，2013 年 10 月 1 日，阿敏在自己的朋友圈发布状态：

> 最忙的九月终于过去啦，谢谢那些一个信息就过来的姐姐们，你们真心太给力，个人数字超六个数字，祝你们节日快乐！（阿敏，1983 年，

---

① 齐格蒙特·鲍曼：《流动的现代性》，欧阳景根，上海三联书店，2002，第 148 页。
② 参见翟学伟《社会流动与关系信任——也论关系强度与农民工的求职策略》，《社会学研究》2003 年第 1 期。

江苏高邮，发型师）

六位数意味着当时经由阿敏介绍的充值额达到了十万元以上。得益于前期他和这些顾客们关系的维护，他才能在关键时刻召集顾客来充值会员卡。他的一条条手机短信或是网络聊天中的一条条信息，能够使他顺利并超额完成工作任务。2018 年 2 月 9 日，晚上 11：15，阿敏在自己的微信朋友圈发布了一则短视频，视频中是美发沙龙中发型师们深夜依旧在忙碌的身影，配上文字，也是鼓励顾客前来充值，支持自己的工作：

> 做美发的真的不容易，都是"白天忙，晚上累，……"为了你们的美，我们都是在用青春赌明天，加班加到凌晨。所以让亲爱滴（的）们帮个忙充点卡，你就从了他们吧，就当过年发红包的吧。（阿敏，1983 年，江苏高邮，发型师）

现代社会在"陌生人"环境中得以运转的保障之一就是信任，信任有两个重要来源：一是制度，二是制度中的他人。倘若有人违规，便会受到制度的惩罚。吉登斯在《现代性的后果》中对"信任"的定义是："对一个人或一个系统之可依赖性所持有的信心，在一系列给定的后果或事件中，这种信心表达了对诚实或他人的爱的信念，或者，对抽象原则（技术性知识）之正确性的信念。"这里，吉登斯提出了产生信任的两种情境：一种是前现代制度下的"亲缘关系"，"亲缘关系"仍然是人们可以依赖的普遍性纽带，凭此人们才能在"时－空"领域内建构起行动；另一种则是吉登斯所谓的"时－空"分离和脱域后产生的对专业性机构和专家的信任。① 新生代农民工之间关于亲缘的信任不在少数，而阿敏凭借自身的优异手艺，展现出自己作为美发专家的身份象征，依托自己所处的具有一定影响力的专业机构平台，获取来自业缘关系的信任。而新生代农民工进入城市，获取制度中的信任感与被信任感，也是融入城市、增强现代性的重要基础。

---

① 吉登斯：《现代性的后果》，田禾译，译林出版社，2000，第 69～79 页。

可信赖感包括两方面的内容。一是对生产过程的信赖。工厂内的生产有严格的工艺流程和生产计划，并且通过各种规章制度的制定和执行，使位于不同生产过程中的人相信，他的世界是可信赖的，他周围的其他人和机构在制度框架内的义务和责任上，也是可以信赖的。二是对陌生人的信赖。这种信赖源于他对这样一种信念的认同：在一定制度框架内是可以存在合理、守法的世界的，且这个世界是受到制度保障的。这种信念的产生是因为对生产过程的信赖的普及。现代化的社会是一个高度分工、合理组织的社会，每个个体都处于一定社会流程中的某个位置，现代社会中的个体就某种程度而言，彼此都是"陌生人"。现代社会存在和发展的基本条件之一就是信赖：对制度的信赖及对制度内他人的信赖，并且相信一旦违规，会遭到来自制度的惩处。农民工获得这种可信赖感，是融入现代社会，成为现代人的前提和基础。

阿敏有过一次离异经历，相比较其他的城市同龄人，他年龄不大，却有着异于这个年龄的沉稳。他和笔者说，"我既不是城里人，也不是农村人，我就是华仔人"，以此表示他对于职业身份的强烈认同。从交谈中也多少可以感受到他对于这份工作的热爱。他也会在自己的朋友圈中适时地调侃一下自己的工作状态。

某天阿敏在自己的朋友圈中晒出两张微信中的聊天截图，是另外一家发型店发来的邀请：

美世造型：你技术非常 OK，有兴趣来我们这里发展啊？

美世造型：这边高档店比较适合你，你在那边待遇怎么样？

阿敏：我这边还行吧。

美世造型：如果你来这边一万八保底，每个礼拜给这边助理培训 2 次，培训费按人数算给你，您考虑考虑。

阿敏：谢谢您这么看好我，我在这边时间长了，已经把这边当自己家了，有家的温暖。还有，我是一个懂得感恩的人。非常感谢！

美世造型：好的，不客气，很好，有需要随时联系。

这段聊天乍一看是阿敏对于现有职业工作的固守，他把目前的工作场所比作自己的"家"。后来笔者就阿敏在朋友圈的这段聊天记录再度访谈他当时的想法，阿敏也非常坦率地承认，一方面，的确是在这家美发店时间长了，和同事们处得也比较好，公司也经常送他外出培训，他不想离开；另一方面，"你看我在这里每接待十个客人，其中有五六个都是老客，到了那边还得重新开始，他一开始工资给我开这么多，但如果后期业绩跟不上的话，肯定还是要降的"（阿敏，1983 年，江苏高邮，发型师）。

从人情互惠到单纯的经济交换，其间必然会涉及经济理性的问题，在充分利用信息技术资源的基础上遵循着关系互动原则，单纯的经济交往固然会被人诟病，但是在这些手机信息的背后依旧是人情互惠的普遍原则。当韦伯提出世界的"祛魅"的时候，工具理性的思考模式就成为整个社会的主导思维模式。工具理性强调的是"一种我们在计算最经济地将手段应用于目标时所凭靠的合理性。最大的效益、最佳的支出收获比率，是工具主义理性成功的度量尺度"。[1] 项飚在研究了北京的"浙江村"后，依托西方的嵌入性理论，重点分析了温州人在北京的社会关系网络，并得出结论："不是经济行为嵌入在社会关系中，而是人们依靠着社会关系在'展开'自己的经济活动。"[2] 阿敏的手机使用鲜明地体现出其后的经济因素与个人工具理性的思考。因此，研究新生代农民工的手机使用实践同样需要强调社会关系在传统经济行为中的动态过程。

第三节　基于手机的自主创业与自我提升

随着产业结构的调整和企业技术进步的加快，要想进一步促进农村富余劳动力转移与提高他们的收入水平，必须将农村外出劳动力的低成本优势与技术优势结合起来。[3] 农民工的人力资本对其工资收入、工作提升有着重要影响，这凸现出正规教育与培训的作用。[4] 要提高新生代农民工的

---

① 查尔斯·泰勒：《现代性之隐忧》，程炼译，中央编译出版社，2001，第 5 页。

② 项飚：《跨越边界的社区》，三联书店，2000，第 12 页。

③ 农业部软科学委员会办公室：《加快农村劳动力转移与统筹城乡经济社会发展》，中国农业出版社，2005。

④ 赵延东、王奋宇：《城乡流动人口的经济地位获得及决定因素》，《中国人口科学》2002年第 4 期。

人力资本，就需要建构丰富多样的职业培训体系。同时，要不断完善针对新生代农民工的职业培训体系，基础教育与专业技能培训结合是顺利推进劳动力转移并提高城市收入水平的基础。研究表明，专业技能教育与培训对流动人口经济地位的影响与他们所接受的正规教育的作用相差无几。[①]

新生代农民工和老一代农民工相比进城打工的目的已有很大差异。他们进入城市求职不仅仅是获得经济收入，更渴望在职场中能够完善自我、施展自己的理想与抱负、实现自己事业的进步和发展。他们能更为理性地看待自己目前的这份工作，并且他们的利益诉求中包含有更多的职业规划与职业理想。有关深圳新生代农民工生存状况的调查表明，新生代农民工中，有不少人都有自己的职业规划，多数人渴望能够通过参加各类知识和技术培训来提高自己的综合素质。其中，有 32.0% 希望参加培训获取证书，高于老一代 22.7% 的比例。而在培训的具体内容上，新生代农民工中有 73.8% 的人表示需要职业技能培训，有 55.9% 的需要创业知识培训，有 48.7% 的需要学历提升培训。除了这些有关职业技能的培训，他们的法律意识较强，有 38.0% 的人表示自己需要劳动法等法律知识的培训。[②] 新生代农民工作为城市中的新型劳动者，一个较为鲜明的特征就是劳动力素质的提高。新生代农民工基本都有初中以上的学历，甚至其中还有不少具有职业技校或大专文化程度，在工作期间，不少人还参加了单位提供的职业培训。因此，他们中有一些高度重视教育的功能，并且积极通过各种正规与非正规的途径获取继续教育的机会。

一　微商：自主创业平台

近年来电子商务发展迅猛，其贴近普通网民生活，被消费主义潮流裹挟的新生代农民工中，不少人梦想有朝一日能够开自己的网店，电子商务成为他们职业规划的一个梦想。微商们在网络上展现产品，联系客户，争取网店获得好评，并联系快递和售后服务。在接触并熟悉这样的网络操作

---

① 赵延东、王奋宇：《城乡流动人口的经济地位获得及决定因素》，《中国人口科学》2002年第4期。

② 《深圳新生代农民工生存状况调查报告》，http://acftu.people.com.cn/GB/67582/12154737.html，最后访问日期：2019年9月2日。

之后，他们会充分感受到网络商务的魅力。极具商业头脑的他们利用QQ、微信等通信工具结识朋友，发展顾客群，也通过QQ、微信与已有的顾客群保持联系。如今"微商"这个词开始频繁地出现在新生代农民工的言语与日常生活中。

> 我也会转一些微商朋友发的商品信息，有时转了，这些朋友还会给我充话费。（阿连，1992年，安徽蚌埠，餐饮业服务员）

> 上次我有个朋友从上海给我寄了双袜子，让我发朋友圈。（小雨，1990年，安徽合肥，工厂工人）

新生代农民工相对微薄的收入，促使他们中的部分人开始尝试在本职工作之外"赚点儿外快"。和前文中的自雇劳动者不同，微商不是只把手机号码发布在网络上，而是完全依托移动互联网和手机终端作为自己的经营平台，微商的信息发布、客户沟通、资金流动完全是在手机上完成的。

小静是个典型的二代农民工，他们一家早年到南京后，她的父亲在南京从事运输工作，母亲是建筑行业中的电梯操作工。她现在在江北一家事业单位的餐厅从事接待工作。小静很文静，面容姣好，笔者和她接触过几次，她每次都是化着非常精致的妆容，完全看不出任何农村女性的特征。小静从2014年8月开始接触微商，当时是她表哥的朋友在做这个护肤品的代理，表嫂也在用这个面膜，用了一段时间说感觉挺好的，说皮肤变得挺好的，小静就让那人送她一盒，刚用的时候，感觉挺好的，一盒用完了，感觉有点儿变化。她就向表哥的朋友咨询了一下，这款面膜的批发价多少，零售价多少等。当时小静还有些犹豫，觉得自己平时要上班，不能全职做，那人就说："你可以当兼职做啊，只要有手机就可以了，就在手机上啊，在手机上发介绍那些产品的功能啊，都是拿手机看，公司如果有新产品的话，也是通过手机发出去。"（小静，1989年，江苏宿迁，服务员兼做微商）后来小静便成为他的代理，走上了个体微商的道路。只要有手机就能做微商成为很多青年人的共识，与在淘宝上开商铺还需要一定的电脑硬件与电脑操作技术相比，智能手机的普及使得进入微商的门槛一下子降到最低。

　　具体微商的操作也非常简单便捷。"只需要在网络上下载该厂商的官网 App，便可以看到公司、产品的所有信息。一开始必须拿一箱产品，里面有 48 个产品，可以不同种类搭配。"小静打开手机 App，向笔者展示她做的这个品牌旗下都有哪些产品，每一系列的产品都有自己的代言人，对于这些，小静都是如数家珍，很多明星都代言了她目前所做的产品。小静指着一位中年男子的头像说："这是创始人，只要做这个的，都叫他吴大大。"她的这一表述多少已经有了一些"克里斯马权威"的意味。小静向笔者详细阐述了微商的具体经营之道。

　　　　进入一个群啊，不是有好多那种社交群啊，随便搜的，QQ、陌陌都可以用，聊着聊着熟了就可以加微信了。不仅仅在微信上发，在 QQ 上等都可以发，只要能把消息散播出去的软件都可以。从别的好友那边加，QQ 空间中，别的好友给你点赞。我一般都在 QQ 里面加，人家都是讲，进一个群，在群里面先和别人聊天，基本都是先聊，不能说一上去就介绍你的产品。一般，我是加过几个群，看了别人聊什么，就随便聊，聊熟了就加别人好友。也不一定在意性别，男生也需要送女朋友、女同事什么的。上次加了一个群，发现里面好多同行，你一加进去，人家一看到你的空间，就知道是同行，从微信加，不是通过 QQ 加，通过手机号码加。

小静一边介绍，还一边自嘲道：

　　　　学的东西都忘得差不多了。通过别人介绍，或是自己搞活动让别人给你集赞，现在不是有好多活动嘛，如你转发，集赞，集多少赞，集 88 个赞，就相当于是 88 个人，我就送你一份洗面奶、一片面膜或是两片面膜。（小静，1989 年，江苏宿迁，服务员兼做微商）

　　小静一直非常强调的是她的授权问题，因为当时笔者就是在她爸妈江北的出租屋中访谈的。她拿出一盒她准备送给她妈的面膜，面膜外盒侧面有个二维码，她向笔者介绍说，"你扫这个二维码，就可以查询真伪。然后也可以到那个官方网站，查你有没有授权，微信号输入进去看看。比如你把我的微信号输入进去，看看到底有没有授权的。它会给你授权，保证你卖的不是假货"。小静的微信朋友圈封面就是她所代理的该化妆品品牌的授权证书（见图3-3）。

图3-3　小静微信朋友圈首页

对于小静所从事的这一切微商行为，她的母亲——建筑工吕姐表示自己难以理解，但会充分支持女儿目前的这第二份工作。通常来讲，传统农民和老一代农民工满足于世代相传的生活经验和生产技术，他们学习新事物、新技术、新知识的愿望较低，甚至会带有某种排斥或抵触心理。而作为数字土著的新生代农民工，他们通过与现代信息技术与现代经营模式的接触，可以开阔眼界，更新思维观念。微商这种在他们群体间逐渐普及的个体经营模式，帮助他们获得了现代化的经营理念，提高了与都市人群接触的频次，并且更重要的是，提升了其现代性的特征，如计划观念、信息观念、市场意识、自我实现感等综合素质都会有所增强。相应的，从事微商还能增强他们学习新知识、新技术的需求和动力，微商的职业培训也充分利用了移动通信的特征，小静向笔者详细叙述了如何通过微信接受来自公司的统一职业培训的。

可以建群嘛，他规定时间，比如星期一晚上八点到十点，两个小时，教你怎么去做。全部都是语音啊，就是群里面，微信群，他会把很多人，全部都是做这个的，比如我下面有我的代理，我也可以把我的代理拉进去，一个拉一个嘛，比如说一个团队里面，有十个人，可以把这十个人全部拉进来听课，免费的。老师也是他们这边的代理，不是总代，就是一级代理。公司会给予一定的培训，你觉得你可以讲课了，然后你就讲，都是免费的。你的总代，要对你负责，要教你，一开始接触的时候都是从零开始嘛，他会教你的，有时上课，比如今天专门讲了一个课题就是怎么加微信好友，然后还有的时候讲关于护肤方面的。讲的内容，老师在那边发语音，有问题的话就问，有问题可以打字，基本上不让用语音提问，每个人都用语音的话，这不乱套了嘛！上课期间，只得打字，因为他每发一段语音都是好几十秒的，你也语音，我也语音，不都全乱了嘛。上课的时候，就好像学校上课一样，上课也有上课的规矩。（小静，1989 年，江苏宿迁，服务员兼做微商）

基于手机的微信群组类似于自发的"学习型互助组织"，其间的这种聊天学习模式很鲜明地体现出"协作学习"（Collaborative Learning）[1] 的特征。"协作学习"最早是在 20 世纪 20 年代提出来，是指一种通过多人小组的形式，有序地组织开展学习工作的策略。而微信群组为这些微商参与者提供了一个零成本的协作学习平台。[2] 这种技术上的合理性"是一种执行的合理性而非计划和控制的合理性，它是在使用和改善工具中，建立在交往和学习的自我指涉（Self-referential）的过程的基础之上"。[3] 这些网络空间不仅是新生代农民工获取工作经验、习得技能和知识的地方，还是他们与行内人交流情感、获取城市生存动力的小天地。在这里，大家在一个

---

① 赵建华、李克东：《协作学习及协作学习模式》，《中国电化教育》2000 年第 10 期。
② 赵建华、李克东：《协作学习及协作学习模式》，《中国电化教育》2000 年第 10 期。
③ 安德鲁·芬伯格：《技术批判理论》，韩连庆、曹观法译，北京大学出版社，2005，第 132 页。

平台上寻求帮助，把充电、学习当作一种公开的权利，他们的个人诉求被转化为公共的存在，他们不再感到自己是孤立无援的原子化存在。他们在这个小空间里获得了努力工作的勇气，在同行的支持中渐渐认同了自己的职业，找到了归属，获得了比独立性更坚固的存在。小静最后打的一个比喻让笔者印象非常深刻，因为她知道我是高校老师这一身份，所以说到他们的在线学习过程时，她将微信群组中的聊天模式界定为也要遵循一定的规矩，就和学校上课一样。这种在微信群组聊天中形成的潜移默化的一种规矩，没有人直白地言明这个规矩，但是每个人都无一例外地遵从着这个特定的规矩。现代社会中有各种规章制度，违背会受到各种奖惩的后果，以此得以培育现代人的尚法性人格特质。可以预见的是，日益增多的微商平台的建立以及微商市场的逐步规范，有利于促进新生代农民工尚法性人格特质的发展。

尽管加入微商群的群友们在现实生活中彼此并不认识，但是在手机建构的交流平台上，他们可以共同学习，自由分享信息，交流做微商过程中的经验心得，等等。他们拥有共同的学习兴趣，也会面临着一些共性的问题，信息资源的共享可以帮助他们提高职业技能。并且，在与他人的互助式学习中，他们的社会交往也在增加，从而可以促进其城市适应与现代性的提升。

二 在线教育与自我提升

美国社会学家英克尔斯在《从传统人到现代人——六个发展中国家中的个人变化》中曾经指出学校等现代组织在引导人们走向现代化过程中的作用："学校乃是通过学习课程的正式教育以外的很多活动使人现代化的。这些过程是：奖励与处罚，树立榜样，示范和概括化。"[1] 提升农民工的人力资本将会进而提升农民工的工作能力与工资水平，但是目前中国的培训体系相对不完善，尤其是针对农民工的培训。很多新生代农民工表示，自己在职业院校学到的技能和实际的工作有所脱节，不能迅速上手，而且很多隐性的职业技能是无法通过学校正规教育获得的。很多农民工也因为自

---

[1] 阿列克斯·英克尔斯、戴维·H. 史密斯：《从传统人到现代人——六个发展中国家中的个人变化》，顾昕译，中国人民大学出版社，1992，第205页。

身的工作时间或是经济条件限制，没有机会去接受职业中的再培训。因此，从政策环境来看，需要不断完善针对农民工的职业培训体系，基础教育与专业技能培训相结合是顺利推进劳动力转移并提高其城市收入水平的基础。有学者研究指出，流动人口在获得与提升经济地位的过程中，专业技能教育与培训已经开始扮演与正规教育同等重要的角色。①

服务行业组织和引导职业培训的范围和第二产业相比较为宽泛。就技能培训而言，企业自主培训这种方式就比较正规系统，如讲座传授、跟班实习、外送委培、资格考试，不仅有领导层口头经验传达，还有书面的规则宣示。企业组织通过培训传达职场中的行为规范，要求员工内化为自己实际工作中的准则。培训的过程，也是职业单位向新生代农民工传达职业技能、企业文化、规章制度等重要信息的过程。新生代农民工通过企业提供的培训，获得再教育与技能提升的机会与可能。通过培训，新生代农民工获得了一定自我提升的机会，和未来的同事增进了交流，并且强化了对所处职业单位的认同。而有的培训则不太正规，以基层领导和资历较老的同事传帮带为主，然后靠受训者摸索。有关调查显示，在农民工群体中，颇为流行以师傅带徒弟这种拜师学艺的方式学得工作技能。通过这种方式，作为学徒的农民工能够在短时间内迅速适应工作环境并开始工作。

小倩所在的女子美容院有着正式的技能培训流程，涵盖了从理论性的经络穴位知识到实践性的按摩手法技巧。发型师阿敏也曾经接受单位的委培，赴上海沙宣美发学院接受过为期半年的职业技能培训。职业技能作为一项显性的工具性资源，是员工在组织内得以立足和发展的根基。我们可以看到各种各样的组织，基于自身利害考虑，对员工进行基本的或进阶的职业培训，技能培训的广度和深度根据每个企业的行业属性、经营规模、管理风格、发展愿景的实际情况而有所不同。

在女子美容院工作的小倩谈起当初的入职培训，至今回忆起来都让她依旧觉得苦不堪言，但又很有收获。

我们当时都是坐在课堂里，有老师过来给我们上课，老师讲什

① 赵延东、王奋宇：《城乡流动人口的经济地位获得及决定因素》，《中国人口科学》2002年第4期。

么，我们就记下来。我们平时还会相互练，就是你在我的身上练，我在你的身上练。还要考试，考试有手写的，也有现场操作的。导师会问你，什么穴位在什么地方啊，这个穴位有什么用啊。那个时候每天还要做两百个俯卧撑，累死了，躺在床上一动也不想动。马上我还要去上海去学艾灸，不会影响工作，就一个月抽空去几天。学完了通过考试了还有证书，我们这儿已经很多人拿到证书了。（小倩，1998年，重庆，美容院按摩师）

一天小倩很高兴地告诉笔者，她们终于要去上海的邻近城市昆山接受培训学习艾灸了，她对于即将到来的培训充满了期待。培训课程所需的学费、路费、食宿费一共1000多元，将从她们下个月的工资中扣除。

在严峻的生存与适应压力面前，新生代农民工逐渐感受到提升自我的必要性。对初入城市、毫无独立的工作和生活经验的他们而言，城市是一个增长见识的场所。与老一代农民工相比，他们的闯荡不只是为了赚钱，而是有着更高的自我发展需求。他们希望掌握有用的技能，使自己得到更好的生活和发展。新生代农民工怀揣着美好的期待来到城市，而在遭遇现实碰壁，特别是对照很多招聘信息中的用人要求后，很多新生代农民工会意识到自己的先天不足，萌生继续学习、提高技术的念头。在城市信息高度多元的传播环境中，新生代农民工通过自身经历，或是在与他人的交流互动中，逐渐意识到学好手艺是在城市立足的根本。小倩从昆山培训回来后，绘声绘色地给笔者描述了他们当时培训的场景。

我们六千多人在酒店的一个大会场里面，有来自全国各地的美容师，有南京的、上海的、杭州的，还有黑龙江的。上课前，老师会说，起立，坐下，然后每个人都只能坐在椅子的1/3部分。为什么坐在前1/3呢？这样上课就不会打瞌睡了。每十个人为一排，这次我还当了排长。四十多个人为一个队，有队长和副队长。老师就在台上讲，讲各种经络知识、艾灸的手法等，我们就在下面记笔记，另外还有助教。上课时间是不能看手机的，如果被助教发现，我们整个队就要被扣十分。学完了后，还要一个一个上台考核。（小倩，1998年，

重庆，美容院按摩师）

　　小倩给笔者看了他们队长发在朋友圈的视频，有段视频恰好是小倩在等待考核的过程。她们排着长队，等候着老师的逐一问询和考核。视频中，排在队尾个子小小的小倩还手捧着课堂笔记，匆忙地做着背诵，也算是临考前最后的"抱佛脚"。小倩展示的另外一段视频中，背景是偌大的一个礼堂会场，来自全国各地的年轻美容师们会聚一起。年轻的姑娘们都在自己衣服外面套着统一的红色 T 恤衫，并且齐齐地站在椅子上，主持人在台上带着大家一起喊口号，主持人念一遍，下面几千人再振臂呐喊一遍，持续了好几次，场面颇为壮观。

　　小倩对自己的此次培训过程颇为自得，感觉非常有收获。她告诉笔者说，以前普通民营美容院是禁止用明火艾灸的，而正是该公司的领导去和有关部门沟通，才促成了明火艾灸的推广使用。我问小倩："那你现在算是××国际的员工了吗？"小倩略显落寞地说："我现在只能勉强算是他们的学员啊。他们正式员工每人都一块三十万（元）的手表，每年还必须要出国旅游一次。"（小倩，1998 年，重庆，美容院按摩师）

　　小倩通过此次培训，提高了自己的职业技能，同时在她兴高采烈的描述中，笔者明显感受到她提高了对自己所处行业和职业单位的认同感。考核完成拿到证书后，小倩还在自己的朋友圈发了一条状态。

　　　　四天三夜的结果，我们毕业了，我们不负众望，拿到了属于自己的一份荣誉，这是我们专业知识的凭证，是我们努力的成果，亲爱的刘姐、袁姐以及王姐等我的亲爱的顾客们，我会用更专业的知识给你们带来更好的效果……（小倩，1998 年，重庆，美容院按摩师）

　　小倩的亲身经历深刻表明，新生代农民工中有不少渴望获得职业培训，并从中提高技能，他们不少年龄还小，具有一定自我学习的能力和积极提升自我的念想。"个人积极参加学习，是因为他感到需要学习，看到一种个人的目的，而学习能够帮助他达到这一目的。他之所以要尽力利用一切资源（包括教师和书籍），是因为他认为这些资源与他的需要和目的有关。"①　事实上，很多新生代农民工会发现学校学的知识和现实工作存在脱节，他们深刻感受到需要补充新知，很多职场中的实践技能也必须亲身经历后才能获取，因此，他们会珍惜难得的培训机会，通过各种渠道和方式获得提高。

除了集体培训外，不少服务行业的从业人员也会通过手机的各类应用自我学习提高。笔者和理发店的小孙进行初次访谈时，小孙表示自己经常使用手机登录"美一天"网站。"美一天"是一个美发师交流与学习的论坛，为美发行业人士提供技术资讯与技术交流，提供新潮全面的美发技术信息。作为发型店中的一个技工，他空闲时就会拿着手机研究下最新最潮流的发型设计，虽然当时作为一个技工，他还没有理发的资格，但是他已经下定决心要把这个手艺学好。新生代农民工依靠关系资源进行培训充电主要有两种方式：一是向比自己行业资历高、经历丰富的人学习；二是和同辈或者同辈异质群体交流。通过打下手的方式从基础开始，慢慢领悟工作内容，进而逐渐向核心渗透，逐步掌握工作所需的职业技能。

过了一年，笔者再去找小孙时，他已经升级为发型师了，发型师根据收费价格的不同，也会区分为不同的等级。这一年中，小孙已经从原来只能洗头按摩的技师升级为理发20元的发型师，又进而升级为30元的发型师。虽然不能简单地将小孙使用手机不断充实行业知识与他个人飞速的职业提升建立联系，但是他积极利用信息技术提升自我职业技能的主动意识有了一定回报。小孙非常清晰地认识到，更多的训练和更多的经验将会帮助他获得更高的职位。小孙除了拿手机登录行业网站，还会拿手机拍下店中美发杂志的图片，自己回家再细细琢磨。同样，当小孙升级为发型师之后，他觉得非常有必要记录自己的作品，一来是对自己手艺的不断调整，二来是为未来有所创新做好记录。因为通常20元、30元的价位只是给男士理发，技术含量较低。如果有女生过来找小孙理发，小孙会抓住这次比较可贵的练手机会，好好展示自己的所学。如果今天这个发型小孙做得自我感觉非常满意，他会拍照记录下来，有时也会发布到自己的QQ空间中，向朋友们展示下自己非常自豪的作品。正如前文所述，虽然处于发型师的

---

①　马尔科姆·诺尔斯：《现代成人教育实践》，蔺延梓译，人民出版社，1989，第60页。

起步期，小孙也开始逐渐尝试和一些顾客建立起网络联系，因此，社交媒体也成为小孙秀出自我的平台。小孙甚至表达说，自己目前这个阶段的目标并不是多赚钱，而是勤练手艺，提高自己的专业水准。他非常有效地利用自己的手机以及依托其上的社交媒体来记录自身的成长，记录下来的这些照片成为小孙个人电子简历中的重要组成部分，为其后期寻找更好的就业平台提供了支撑。而且笔者最近一次去找小孙时，小孙已经非常明确地表示，将来学好手艺，积累下人脉，自己未来的职场目标是创业开一家美发店。

不同于老一代农民工，新生代农民工渴望争取一切机会和资源来实现自我发展与超越。在现代城市紧密交错的媒介化社会中，存在基于多种媒介工具和媒介形态的多元充电方式。从网络上各大厨师、美发师贴吧和论坛的长期观察可以发现，网络空间已经变成非常便捷的交流平台。这里有很多新生代农民工中的过来人分享自己在城市中工作、生活的宝贵经验，也有不少关于招工、招学徒的信息。很多新生代农民工聚集在这里，实现信息的共享，从而找到了更好的培训和充电途径。郑欣等在《进城：传播学视野下的新生代农民工》一书中曾经也阐述过一个案例，一位来自甘肃临夏的小白（化名），已经是一家知名连锁咖啡店的准店长。与同行交流、读书、上网查资料、参加培训、听讲座、参加咖啡展览，去不同的咖啡厅实习，都是他不断充实自己的方式。即使下晚班，他也抽出时间看资料，"我关于咖啡的知识大多都是这样自学的"。除此之外，他还常常逛微博，关注咖啡大师和最新的行业信息。另外，手机 App 也是他获取信息的重要手段，"我下了雕刻时光、星巴克（的 App），App 上面有一些好的咖啡厅活动，这样也能借鉴咖啡厅是怎么搞活动和营销的"。[①]

另外一个事例来自一个工厂女工向都市白领的成功蜕变，小雨可谓是新生代农民工中的佼佼者，她中专毕业后先是在上海三星配件厂的流水线上工作，是个非常典型的工厂女工。但是自从投身到城市工作后，她一直都没有放松自我学习和职业培训。原本只有中专文凭的她先是通过考试拿到大专文凭，2014 年笔者初步接触她时，她已经考取了人力资源管理师资

---

① 郑欣等：《进城：传播学视野下的新生代农民工》，社会科学文献出版社，2018，第 228 页。

格证，并正在一家国企后勤担任人事工作，还即将通过成人自考拿到人力资源管理专业本科文凭。但是当时她比较郁闷地表示自己所在企业不承认这个自考文凭，说是和全日制的有区别。2015 年 3 月，笔者第二次见到她时，她已经跳槽到了一家泰式按摩会所做人事管理了，在南京河西万达附近的一家写字楼中工作。但是，小雨说自己从来没有上过任何培训班、交过任何培训费用，她所有的学习就是自己买书、看书并且利用手机当中的学习软件完成的。小雨给笔者介绍了手机中的一个应用——学习宝，"这是我在考人力资源证的时候经常使用的一款应用，有不会做的题目只要扫一下，就可以得到答案"。她介绍自己还有常用的一款应用是德语词典，这是一款德语学习的应用，"我想学好德语，有机会希望能够到德国去留学。我妈说我，以前上学的时候不用功，现在工作了反而拼命学习"（小雨，1990 年，安徽合肥，工厂工人）。

新生代农民工职业上升的愿望要远远高于老一代农民工，但他们受到先天户籍政策、文化程度和知识技能等方面的限制，缺乏上升的渠道和路径，在正规劳动力市场中依旧处于边缘的位置。但他们中有不少人渴望发展自我，获得职业技能的提高。手机丰富的信息资源以及多媒体的呈现形式为新生代农民工提供了有益的借鉴与参照。他们能更加快速便捷地获取行业内的前沿信息，持续性地了解新知，极大拓宽了自身职业技能提高的渠道，丰富了学习行业知识的内容。通过手机媒体和无线互联技术，他们可以自我培训，相应地也降低了学习成本，并且可以利用工作之余的零散时间完成。

小雨给笔者介绍了她在工作中经常用的一个手机 App——有道云笔记，当笔者表示从来没有听说过这个 App 的时候，小雨的脸上露出一丝喜悦乃至得意的神情，她掏出手机，现场给笔者演示这款应用的使用方法。

> 这是一款可以编辑文本、图片的手机应用，我的工作笔记、年度汇总、都可以用其来编辑。是一款免费的应用，非常便于编辑和操作，而且可以非常方便地转发给别人，基本都是我的同事。有时我给领导发一份文件，我就直接把文本的链接发给领导，根据领导的反馈，我可以适时地修改文件，只要点击一下更新，领导就能看到最终

稿。如果是发 Word 的话，就要不停地修改。在路上就可以写，像是坐公交的时候，有时候我需要策划一个事情，在路上我突然有个什么点子，就拿出手机记录下来。这个应用也是同事推荐给我的，非常奥妙，特别方便。（小雨，1990 年，安徽合肥，工厂工人）

通过她的简述，笔者简单了解到这其实是一款将文件存储于云端的应用服务，只要能够读取链接，便可以获取实时更新的文件。从"创新的扩散"角度来看，这些新生代农民工的某些职业形态不仅没有被技术所排斥，而且成为移动通信技术的"尝鲜者"，对技术的采纳不遵循传统的演进模式，从"口耳相传"直接跨入移动通信方式。

2015 年的某天，笔者正在地铁上，突然收到小雨发来的一条微信信息，她问笔者可有时间，想向笔者咨询问题。收到肯定的答复后，她发来信息说，她打算考研，但是对于考研也不太了解，然后向笔者请教。她本科自考的人力资源管理，2015 年 7 月就可以拿毕业证，而且有学位。笔者告诉她说，考研要考两门专业课和英语、政治，她对于要考英语和有的学校要考数学表示担忧，她自己也已经打听过，如果考南京大学的要考数学，复试还要用英语。她向笔者咨询笔者所在学校的考研信息，笔者在学校官网上查询了一下，并向其他学院的同事咨询了她的问题。像她这种情况，可以考工商管理专业，其中有一个方向就是人力资源管理，但是另外一门专业课需要考数学，笔者把这个信息告知她后，她也略有迟疑，表示说将继续考虑。笔者也鼓励她坚持继续求学的愿望，如果可能，也可以去参加一些考研辅导班，这样能够提升得更快些。

小雨的个人成长经历表明了成功的身份转型，教育使最起码的自我发现和反思过程成为可能，受过教育的人能够成为反身性现代化中的行动者。因此，它会要求个人有向上流动的期待，教育成为人们向上流动或避免向下流动的必要手段。此外，在正式教育过程中，个人必须通过各种检定、考试和测验来取得毕业证书和检定证书，以便拥有通向劳动市场的机会和通道。"成为现代的意味着使交流的机会和模式多样化。计算机的意义从一种冰冷的理性信息资源转向一种交往的媒介，这种媒介支持人的发展和网上社区。这种可选择的现代性概念可以被追溯至技术设计的层次，例如，教育软件的观念和'异步讨论论坛'（asynchronous discussion fo-rums）的角色。"[1] 移动通信技术手段帮助新生代农民工形成了新型而又强大的能动性意识，或者至少形成了一个对能动性的权利意识。

在笔者的访谈中，虽然有个别新生代农民工通过自我学习获得了职业实质性的向上流动，但这仍属于个别案例，而且作者的调研延续时间较长，他们也是经历了长时间的逐渐积累才完成职业身份的转变的。从技术流动和资本积累的角度来看，多数的新生代农民工并没有什么上升空间。新生代农民工中的绝大多数，特别是第二产业工人，拥有手机并不意味着工作能力和经济收入的提高，而是更多作为城市生活中的社交和娱乐方式，也即并不能从根本上提高职业产能。他们将职业工作与日常生活相分离，手机媒体在他们看来只是丰富日常生活的一种玩具。

社会学家李强提出，中国大量农民工在进入城市后出现了"技术流动的社会断裂"。[2] 流动人口通过自身努力获得的职业技能有时得不到认可，他们应当享有的社会地位无法体现，长此以往将对中国整体的社会结构变迁带来隐患。因此，从政府管理部门的角度来看，其应采取各种措施鼓励新生代农民工获得再教育和继续教育的机会，通过各类职业培训提高他们的职业技能和人力资本，从而使其在城市中的劳动力市场获得更多的便利条件。维持城乡劳动力市场的稳定，打通农民工职业上升的通道，进而为他们的市民化身份转变创造条件，最终真正融入城市。

本章小结

职业适应的起点是职业搜寻或者职业机会获得，而手机媒体获取信息成为新生代农民工的常规路径。除了家庭及其连带的社会关系网路，大众传媒、劳动力输入地和输出地政府组织、人才市场及劳动部门、职业中介、用人企业等各种组织，都广泛地参与进来，在雇主和求职者之间牵线

---

① Andrew Feeberg, "Modernity Theory and Techology Studies: Reflection on Bridge the Gap," in Thomas J. Misa. Philip Brey and Andrew Feenberg, eds., *Modernity and Technology* (MIT Press, 2003), p. 100.

② 李强：《为什么农民工"有技术无地位"》，《江苏社会科学》2010 年第 6 期。

搭桥。这些不同来源、不同形态的媒介作为一个信息流动的通道，为新生代农民工的就业决策提供信息支持。和老一代农民工相比，他们的职业搜寻渠道变得更为多元，这反映出伴随着社会现代化程度的加深，就业信息市场媒介参与类型的泛化与扩大。新生代农民工跨越了不同的空间形态，需要通过在城市社会空间找到自己的位置来确立自己的身份和地位。他们被裹挟进异质的人际、组织、大众媒介空间中，受到来自不同空间力量的影响。通过媒介空间的不断形塑，这些空间特征作用于其职场观念，其职业认同带有自身的媒介特征和空间特性。

手机在新生代农民工的职场成为发展职业技能、创造工作能动性的信息技术载体。通过移动互联网求职成为新生代农民工这一群体的常态，这种基于新通信技术的求职平台使新生代农民工在职场流动过程中避免了"同质化"的就业趋向，为其提供了跨越不同产业、不同行业流动的可能。以单位成员、职业成员组成的虚拟群体有利于促进现代化职业团队内部组织传播，内部信息资源也可得到有力整合。手机移动通信技术也为中下阶层的自主创业提供了重要的契机，成为下层人群加入、渗透现代经济体系的重要渠道。这里最重要的不仅仅是属于基层的工作机会和经济利益的逐渐向下渗透，更是现代意识的培养与城市文化形态的逐渐建立。

与城市青年不同，新生代农民工的职业认同表现出更多的复杂性。这种复杂性体现在新生代农民工的职业适应上，并不是一个从传统社会走出来的个体适应现代社会大生产的线性过程，而是一个受到个人性格、务工经历、组织规范、社会关系网络、政策制度影响的多维度过程，在这个过程中媒介扮演着积极的角色。新生代农民工从年龄归属上属于青年群体，他们还处于社会化和克服认同危机的关键性阶段。他们从学校毕业后，初入职场，对于未来的职业生涯较为迷茫，因此他们的职业生活也存在着极高的流动性。而在城市中各类传播媒介的助推下，他们可以获取职场进入和职业适应的机会。并且，随着职场历练的增多、职业体验的丰富，他们对自身的认识也越来越深刻，他们不再是单纯在城市传播环境的刺激下做出相应反应、积极地履行职业角色，而是在职业生活中已经开始萌发出一定的传播意识，进行了一系列具有传播意味的社会实践，实现了一定的自我赋权和职业自觉。

在个人层面，新传播科技的迅猛发展，手机媒体的广泛普及使得新生代农民工能够超越初级的人际传播渠道，去获取更多方面的职业信息，往往职业发展得比较顺利的个体，也是更擅长搜寻、筛选和整合信息的个体。通过新媒介的接触与使用，他们可以获取职业信息并做出相应的职业规划，而且由于新媒介技术的草根性，它本身就可以成为新生代农民工开展职业生涯的平台。在媒介建构的环境中，新生代农民工对自身身份的认同、对自身所处的就业市场，都形成了媒介建构和现实就业两种张力的拉锯。这种拉锯有时是对立的，有时又是趋向融合的。而此时新生代农民工职业认同的形塑，便是在这种媒介建构与现实就业的双重环境下进行的。

新生代农民工从农村流入城市，需要找工作、打听薪水行情、学习职业技能、寻求跳槽机会，这些都离不开有效、充分的信息作为支撑。在劳动力市场信息的需求和满足之间始终存在一种张力，而手机媒体成为信息高速流通与交互的重要系统渠道。信息只有在流动中才能够发挥出价值，而手机媒体天然地具有信息支持的性质，为信息在社交网络内的流动创造了条件。依托手机媒体的网络空间为新生代农民工提供了信息交流的平台，他们积极利用这些平台，帮助自己找到适合自己的工作，增强工作的流动性，拓展自己的业务，进而确立自己的职业规划和职业发展路径。他们本身作为青年群体，又都接受过学校正规教育，拥有较强的学习能力和较高的信息素养，积极接受并拥抱新兴的信息技术，查找并利用与自己职业相关的前沿动态信息。手机成为新生代农民工拓展职场实践、提高职业认同的重要手段。

虽然新生代农民工的职业适应受到了种种媒介从外部施加的推力影响，但它绝不仅仅是媒介助推下的工作获得与角色履行，在日常职业生活领域中，新生代农民工不只是工作任务机械化的执行者，而且有着自己的情感、思想和谋略，可以利用媒介帮助自己积累职业经验、扩展工作关系网络、创造新的职业认同。新生代农民工在职场进入过程中，不仅面临着制度性的障碍，也遭遇着来自污名身份和刻板印象的符号性障碍。而大众媒体可以为新生代农民工提供"符号救济"，改变其符号权力的缺失现象。信息素养和职业观念、职业技能之间密切相关，需进一步提高新生代农民工在职场中的信息素养，利用新媒体为新生代农民工传递信息，普及知识，并且教会新生代农民工经由媒体渠道自主表达自己的话语。①

当我们从技术赋权的角度，研究手机媒体为新生代农民工提供职场进入和职场适应的通道时，不可忽视信息传播技术在微观上部分缓解了新生代农民工面对的现实问题。但是要根本解决宏观问题，仍然必须回到劳资关系、产业政策和城市治理的基本面上，需要各个系统的通力合作。政府部门和职业组织应为新生代农民工提供就业指导和职业技能培训，提升新生代农民工的信息素养，在政策扶持方面适当倾斜，为其搭建合理的职业发展平台和服务体系。

① 袁靖华：《大众传媒的符号救济与新生代农民工的城市融入——基于符号资本的视角》，《新闻与传播研究》2011 年第 1 期。

| 第四章 |

媒介化体验：新生代农民工的
城市生活与城市认同

城市对于新生代农民工而言意义非凡，城市虽然不是他们的原生家园，但却是他们追寻梦想、渴望改善生活的地域场所。和老一代农民工相比，新生代农民工的成长环境与所处时代已经发生翻天覆地的变化，他们对于城市的生活也抱有更多希冀和期待。在从乡村到城市这一空间移动的过程中，新生代农民工经历着身份转变和生活场景的切换，他们的思维特征和生活方式也相应发生巨大变化。"推拉理论"可以解释和分析新生代农民工的空间迁移和城市向往。它把人口流动看作两种不同方式的力作用的结果，一种力量推动人口流动，一种力量拉动人口流动，即推力和拉力。[①] 对新生代农民工而言，农村的破败落后、生活的单调无趣形成农村的推力，城市则拥有更多的机遇、更高的收入、更多新鲜有趣的事物，这些因素综合形成城市的拉力。在双方合力的作用下，新生代农民工自然对城市生活充满向往，并实际产生从农村流动到城市的行为。

如今的城市环境中，媒介传播方式高度多元，媒体渠道和媒介信息极大丰富。新生代农民工在电视上随时能搜索到几十个乃至上百个频道，各类电视节目也纷纷开通了互动功能，主持人不时提醒观众拿出手机扫一扫屏幕下方的二维码参与节目互动。城市的户外环境中，他们能在商务区随处观看到闪烁的 LED 显示屏、巨幅的户外广告牌，随时接触到瞬息万变的虚拟网络世界等。整个城市全方位地被媒体信息所覆盖，城市中的媒

---

① 陈倩：《空间流动与理性选择——金融危机背景下农民工迁移的行动逻辑》，硕士学位论文，西北大学，2010。

体不但丰富，而且具有高度互动性。而基于互联网的互动则更为频繁，随身携带的手机上的媒体更是可以随时随地地完成信息获取与信息发布。本章将重点探讨在媒介高度覆盖的城市环境中，新生代农民工如何形成城市认同。

Reitzes 曾提出，城市认同包括个人与环境的交互体验，及以城市参照群体作为标杆的融入过程。个人进入城市生活后，对于其中的情境、文化及个人定位进行主观认识，形成对于城市印象的外在感悟。个体的外在概念在自我融入城市情境的过程中进一步深化。因此，城市认同绝非一个静态过程，更多意义上呈现为动态接受与主观修正的社会化过程。贵永霞提出，"城市认同也就是居住在城市的人群对城市本身的环境、福利、交通等情况的整体感受和认知，其本质在于融入城市"。[①] 如今新生代农民工与老一代农民工所处的外部环境相对宽松，国家也陆续出台了鼓励农民工落户城市的各项政策。新生代农民工和老一代农民工相比，表现出不同的城市认同形态，他们成了"既融不进城，又不愿回乡"的边缘人，他们的城市认同更趋于不稳定和非理性。

第一节　"双重边缘人"的认同困境

法国社会学家塔尔德在其《模仿律》一书中提出过"社会距离"的概念，他用这一概念来强调不同群体之间的客观差异，表征他们之间存在的阶层差别。帕克强调社会距离"描述的是一种心理状态，这种状态使得我们自觉意识到自身与我们所不能完全理解的群体之间的区别和隔离"。[②] 新生代农民工自进入城市伊始，所能感受到的就是城市中的社会距离感。他们内心对融入城市群体的渴望度很高，但是城市群体通过学历学识、文化品位、言谈举止将自身与新生代农民工形成区隔，新生代农民工因此容易感受到来自城市群体的排斥。

新生代农民工从乡村进入城市，虽然通过流动实现了地理空间上的迁移，但农村社会和城市生活场域之间存在着社会意义上的空间区隔，他们

---

① 贵永霞：《农民工的城市认同与城市依恋研究》，硕士学位论文，西南大学，2010。
② 许传新：《新生代农民工城市生活中的社会心态》，《社会心理科学》2007 年第 1 期。

在完成物理性转移的过程中，仍需完成心理和文化层面的转换。城市社会中的距离和排斥一向是新生代农民工顺利融入城市的严重障碍，尤其是户籍身份，成为他们与城市居民之间天然存在的隔膜，对其心理状态和融入意愿都造成了很大程度的影响。社会学领域有大量研究是从社会距离和社会排斥的视角切入的，如有学者通过因子分析方法对社会距离进行测量，发现新生代农民工与城市居民是一种"处于共同地理空间中的精神隔离"关系。[1] 又有学者从社会排斥的角度对新生代农民工生存现状进行的研究认为，新生代农民工在城市融入进程中遭受着"社会关系网络的排斥、二元就业市场的排斥、城市社会制度的排斥等多方面的社会排斥"。[2]

对于新生代农民工而言，进入城市工作的行为不仅是身体所处物理空间的转变，也是价值观念的重新接纳与转换生成的过程。新生代农民工并未拥有过农村的务农经历，他们的行为方式和文化心理也较少打上农村文化的烙印，他们相对容易融入城市的文化价值体系之中。很多新生代农民工在学业结束后就直接进入城市，他们未曾有过任何务农经历，城市特有的价值观念和生活方式对他们产生着深刻而广泛的影响。新生代农民工经过城市打工生活，自愿脱离了原先本土文化的影响，主动迎接并接纳全新的社会文化生态环境。

新生代农民工现有的生活方式，与原有的乡土乡亲间形成了一道鸿沟。他们一方面积极渴望摆脱自己的旧有身份印记，但另一方面短时间内又暂时不被城市人所接纳，这些新型务工人员便成为"双重边缘人"。新生代农民工的城市认同不仅仅意味着可支配收入的提高，更意味着深刻的城市文化转化与新型城市生活方式的树立。和老一代农民工相比，新生代农民工形成城市认同的愿望更为强烈，他们追求并积极模仿城市生活，改变自己的消费观念和行为模式。新生代农民工希望自己的辛勤劳动能够得到认可，自己对于城市的奉献能够获得城市居民的承认，希望能够和城市居民一起参与城市生活，平等地进行社会交往，希望政府相关职能部门能推行与城市居民相平等的政策，渴望得到城市居民的理解和接纳，渴望成

---

① 史斌：《新生代农民工与城市居民的社会距离分析》，《南方人口》2010 年第 1 期。

② 潘泽泉：《社会排斥与发展困境：基于流动农民工的经验研究》，《浙江社会科学》2007年第 2 期。

为城市社会中的一员。[1]

第二节　媒介延伸："流动性"的城市生活

正如卡罗琳·哈森维特在《日常生活中的互联网》一书中写道的那样："网络并不是分离客体，而是正在融入到人们的日常生活环境之中。若研究者不能以'人们的整个生活世界'来看待网络，那么将难以全面地了解彼此矛盾的调查和辩论。同样，也只有在考虑'人们生活世界的特殊性'下，譬如：生命阶段、生活形态、高流动社会的需要、生活中多重角色的多重世界规则、强关系和弱关系的需求与差异、互联网使用与非使用者的人口特性等，也才有可能进行较全面的解释。"[2] 因此，本书将研究手机技术在新生代农民工的城市日常生活实践中的各种体现。

麦克卢汉在《理解媒介》一书中提出了"媒介即人的延伸"这一经典理论，他认为媒介是人的感觉能力的延伸或扩展。李普曼在其著作《舆论学》中提出了"拟态环境"的概念，他指出媒体内容并非对客观事实"镜子"般的再现，而是经过加工后的"二次环境"，人们获取的媒体信息都是再建构后的结果。在城市生活中，新生代农民工通过手机媒体，获得了多元化获取信息的渠道。

齐格蒙特·鲍曼惊呼："我们生活在一个无手机不活的时代。"[3] 手机最大的特色在于其真正落实了无远弗届的连接功能，让个人不受时间、空间的限制而能够与他人保持联系。手机所代表的"流动性"的传播特征完全契合了农民工群体城市生活中的需求。农民工在城市中居无定所和频繁流动的状态带来了信息沟通上的困难，而手机随时随地的沟通性和持续的可接触性恰好解决了这个困境。田野调查发现，一些新生代农民工并未使用工作地的手机电话号码，而是使用异地号码。这些异地号码可能是原来家乡的号码，可能是第一次流入地的电话号码，在高"流动性"的城市生活和工

---

① 刘传江等：《中国第二代农民工研究》，山东人民出版社，2009，第62~63页。

② Barry Wellman, Caroline Haythornthwaite, *The Internet in Everyday* (Malden：Blackwell Publishers Ltd.，2002)，p.379.

③ 齐格蒙·鲍曼：《来自液态现代世界的44封信》，鲍磊译，杨渝东校，漓江出版社，2013，第197页。

作转变中，其他一切都可以更改，但唯独手机号码成为一种固化的个人技术代码。

做销售的宏伟和奶茶店服务员木子如是说：

> 手机对我而言，就是沟通的桥梁，没有它，我就觉得和这个世界失去了联系。如果哪天我忘带手机就出去了，那我一般不出五分钟就会回去拿。如果手机丢了肯定会很着急，但是实在找不回来的话，就会安慰自己：旧的不去新的不来。（宏伟，1993 年，河南省安阳市，销售）

> 现在手机对我来说很重要，我平时出门是一定要带的，万一忘记的话就会很心慌，因为很多事情都要依靠手机，比如付钱呀，我身上平时现金都很少。然后也不能跟其他人联系，我只记得我自己的手机号码。要是手机不小心丢了的话，那就更难受了，手机里面会有很多东西，没有了还要重新下载。现在账号什么的又很多，手机丢了也不安全。（木子，1995 年，江苏淮安，奶茶店服务员）

手机是新生代农民工主动接纳的技术形态，是他们第一个、通常也是最重要的个人传播科技。在整个被调查群体中，能够拥有电脑的只有少数，绝大部分调查对象都是通过手机接入移动互联网或是 Wi-Fi，实现上网的目的。齐格蒙特·鲍曼指出，"现在是更小、更轻、更轻便的东西更能表明'进步'和完善"。[1] 因为移动设备都是"个人化的、便捷的、可以徒步携带的"，[2] 所以，除了主要的通信作用以外，它们很快就被人们应用到了一系列广泛的社会实践活动之中，就像手表一样依附于人体。手机成为他们日常生活中不可或缺的重要媒介物体，手机深刻融入他们工作、生活、情感等日常实践的各个层面。

---

① 齐格蒙特·鲍曼：《流动的现代性》，欧阳景根译，上海三联出版社，2002，第 19 页。

② Ito, M. and D. Okabe, "Technosocial Situations: Emergent Structuring of Mobile E-Mail Use'," in M. Ito, M. Matsuda and D. Okabe, eds., *Personal, Portable, Pedestrian: Mobile Phones in Japanese Life* (Cambridge, MA: MIT Press, 2005), pp. 257–73.

现在生活已经离不开手机了，每天早上第一件事就是打开手机看时间，晚上睡觉前最后放下的也是手机。每天下班后回到宿舍后，就是各自躺床上，各玩各的手机。有时会聊天，但基本工作一天之后就很累，各自玩手机是常态。（阿连，1992年，安徽蚌埠，餐饮业服务员）

手机主要就是方便、便捷，用手机可以买电影票，可以打半折，打八折，还可以打车、交话费。（笔者提示他们隔壁右转五十米就有一家移动营业厅，可以交话费）我很少去啊，这样不用跑来跑去，除非是办业务，否则我很少过去。（小王，1994年，江苏泗洪，零售）

新生代农民工中不少人能够利用手机订火车票，利用手机查看新闻、参与网络论坛讨论、发布个人状态信息，甚至还有一位年轻的的哥告诉笔者他拿手机来炒股。同样，他们平时还会利用手机看视频、听音乐、看小说等，看的视频基本上都是热播电视剧、综艺节目等。在笔者的访谈中，一位青年农民工这样描述他和手机的关系："我认为手机就像人的细胞一样，已经没有办法从身体中移植走了。没事的时候，坐车、无聊的时候，就想着拿手机出来玩玩。"（阿敏，1983年，江苏高邮，发型师）当笔者听到他这样的描述，当时的第一反应是恨不得从凳子上跳起来，告诉他这个比喻笔者曾经在一本研究手机的著名论著中看到过。这位学历只有初中毕业的青年劳工，根本没有意识到他的这番观点和一位著名学者保罗·莱文森对于手机的论断有着异曲同工之妙，他也无须知道在遥远彼岸的这位学者在书中曾经这样写道：

手机的名字十分美妙。在英格兰和世界其他许多地区，它叫作移动电话（mobile phone）；不过"蜂窝式便携无线电话"（cell phone）更传神，因为它不仅像有机体的"细胞"一样可以移动，而且与细胞一样，无论走到哪里，它都能够生成新的社会、新的可能、新的关系。换言之，手机不仅有移动的功能，而且有生成和创造的功能。"牢房"① 这

---

① "cell"一词有3个意思：细胞、蜂窝、牢房——原译者注。

个词从另一个角度描绘了手机的功能，因为它不仅开拓了新的可能性，而且还迫使我们保持联系。[1]

从媒介技术发展的历史趋向来看，最初的电报能够千里传递讯息；电话能使远隔重洋的人们听到彼此的声音并通话交谈；广播开创了由一个主持人对着千百万听众发声的全新格局；电视整体记录声音、图像、视频，以全方位的方式呈现给所有观众；电脑则把人类一切媒介集于一身，开创了一个与物质世界迥然不同的虚拟世界。而在手机之前的一切媒介，即使是电脑，也无一例外地分割了人类的物理时空关系，电脑之前的一切媒介都需要将人束缚在固定的物理空间体系中。过去的电子媒介绝大多数是"单向"的媒介：或发送信息、生产信息，或接收、消费信息；用这些媒介时，你移动就不能说话，说话就不能移动，唯独手机把人从机器跟前和禁闭的室内解放出来。2002年出版了堪称手机社会文化研究的开山之作《永久连接：移动沟通、私人谈话和公共行为》（*Perpetual Contact: Mobile Communication, Private Talk、Public Performance*）[2]，其书名便很好地归纳了这一社会现象。手机的基本特性及功能因此呈现为随时随地（any-time-and-any-where）的可接触（contact ability）与可获得（availability）。[3] 无论走到哪里，人们都像是带着他们那理想上可以随时活化的社会网络。因此，不停地打电话就是一种让人们觉得并确保与他人的联系永久存在的方式。[4] 而农民工本身是个流动性非常强的群体，在笔者调研的对象中，尽管工作年限不同，他们中大多都有过更换城市、更换住处、更换职业的经历，他们本身的流动行为就是现代性的一种体现。

手机给社会带来了全面的结构性变迁与影响，瓦解了曾经僵固的时间框架。卡斯特等指出，这是一种"无时间之时间"现象，无时间之时间产

---

① 保罗·莱文森：《手机》，何道宽译，中国人民大学出版社，2004，第1页。

② Katz, James E. Aakhus Mark A., *Perpetual Contact, Mobile Communication, Private Talk, Public Performance* (Cambridge University Press, Cambridge, 2002).

③ 王佳煌：《手机社会学》，台北：学富文化事业有限公司，2005，第130页。

④ Licoppe, C., "Two Modes of Maintaining Interpersonal Relations Through Telephone: From the Domestic to the Mobile Phone," in J. E. Katz (ed.), *Machines That Become Us: The Social Context of Personal Communication Technology* (New Brunswick, CA: Transaction Publishers, 2003), p. 177.

生于当某个既定脉络——也即信息化范式和网络社会——的特征，导致在该脉络里运作的现象的序列秩序发生系统性扰乱之时。[①] 在 Ling 与 Yttri 的研究中，"微协调"意指日常生活事务随时可以借由移动电话的联系加以调整的现象。[②] 也就是说，不同于过去没有移动电话的年代，处于两地的人们若要协调彼此之间的行动就必须有固定的节点作为导向的终端。因此，一旦中间有任何环节出错，整个互动就会面临失败或巨大变动的可能。个人如今得以以一种较为弹性的时间间隔来组织其活动，而不是依循着一种与特定地理空间相连的时间间隔。[③] 手机打破了新生代农民工人际交往的时间和空间限制，他们熟练地将手机视作一种为了实现特殊目的的交流方式。

> 手机对我而言，这个怎么说呢？现在这个社会没有手机就相当于你不存在啊，还是很重要的。没有它，我就觉得和这个世界失去了联系。如果哪天我忘带手机就出去了？我不可能忘记带的，因为它太重要了，如果手机丢了肯定会很着急，但我会马上再买一个。（李哥，1992 年，河南周口，理发师）

手机"即刻连接"的技术特征实现了人们随时随地根据当下情境动态地协调行动的目的。现代社会中一些职业会对工作过程中的手机使用做出限制，例如授课中的教师、手术中的医生等，所以不能简单把禁止农民工在工作过程中使用手机视作剥削或技术压迫。新生代农民工的工作中也有不少对于使用手机有一定限制，譬如流水线上正在操作的工人、餐饮业中的服务人员等。但是手机对于时空关系的软化可以帮助他们合理安排手机使用的方式，譬如下班后逐一回复信息，和好友商量好具体的通话时间等。

---

① 曼纽尔·卡斯特：《网络社会的崛起》，夏铸九等译，社会科学文献出版社，2006，第 429～430 页。

② Ling, R. & B. Yttri, "Hyper-coordination via Mobile Phones in Norway," in: Katz, J. E. & M. Aackhus, *Perpetual Contact: Mobile Communication, Private Talk, Public Performance* (New York: Cambridge University Press, 2002), p. 143.

③ Green, N., "On the Move: Technology, Mobility, and the Mediation of Social Time and Space," *The Information Society* 4, 2002, p. 287.

可以说手机所主导的移动着的联系方式恰好契合了这一无根群体的特点，手机所提供的沟通的即时性与持续的可接触性克服了农民工群体因漂泊不定和频繁流动所带来的信息沟通上的困难。在调研中非常令人吃惊的是，他们中很多都使用异地号码，而非本地号码。这些异地号码有些是他们原来的家乡号码，有些则是他们第一次流入地的电话号码，在高"流动性"的城市生活和工作转变中，其他一切都可以更改，但唯独手机号码成为一种固化的个人技术代码。手机最大的特色在于其真正落实了无远弗届的连接功能，让个人除了在少数信号不好的地点以外，完全不受时空的限制而能够与他人保持联系。正如特克所言，今天人们已经成了"被拴住的自我"（the tethered self）。也就是说，人们今天不仅总是可以与其通信装置联机（always on），也总是可以借由通信装置被他人联系上（always on you）。① 如此一来，我们可以看到"永恒联系"意味的并不只是联络的可能性，而是同时迫使人们总能够被找到，在这个面向上，移动电话因此也是将我们牢牢地锁定在一个让我们无处藏身、随时待命的"牢房"（cell）之中。②

作为每天日常生活的元素，无线传播技术，尤其是移动电话，被视为现代生活的基本设备。当这些设备失灵的时候，使用者会感到迷茫，因为这些年来，使用者已经对无线传播技术产生了一种依赖。③ 在新生代农民工群体中，也有不少人表达出对于手机接触的种种沉迷表现。

> 平时大家不忙的时候，虽然有电视，但是大家基本不看，都是人人抱着手机在上网。（小杨，1990 年，安徽滁安，建筑工）

> 我的周围朋友中有天天手机不离手、玩手机的人，甚至过马路都看手机，让我拉着她过马路。（小云，1996 年，河南新乡，餐饮业）

> 我闲下来的时候，每过两三分钟就想刷一下手机。（小孙，1990

---

① Turkle, S., "Always-on/Always-on-you: The Tethered Self," in J. E. Katz, eds., *Handbook of Communication Studies* (Cambridge, MA: The MIT Press, 2008), pp. 121 – 137.

② 保罗·莱文森：《手机》，何道宽译，中国人民大学出版社，2004，第 1 页。

③ Ling, R., *The Mobile Connection: The Cell Phone's Impact on Society* (San Francisco CA: Morgan Kaufman Publishers, 2004).

年，江苏淮安，技师，发型师）

我们都有电脑，但都不怎么开。手机比较方便，我现在上厕所的时候一定要带着手机，有时上厕所不带手机就感觉解不出来，或者我即使不盯着手机看，把它放在兜里，摸一下也是好的，现在基本上周围人都这样。（小飞，1994 年，安徽合肥，工厂工人）

青年农民工所描述的自己与手机的这种关系并非特例，也绝非这个历史阶段、这个社会阶层所特有的现象。早在 20 世纪 60 年代，当时的学者在研究电视与青年之间的关系时，也曾发现电视成为当年的青年成长过程中异常重要的物品。人们不仅仅从电视中获得关于身边这个世界的描述，更沉溺于电视所描绘的世界中难以自拔，那个时代的"电视爱好者"被称为"电视人""容器人"。学者中野牧在《现代人的信息行为》中描述了这类人群的主要特征，现代日本人成长于以电视为主的媒介形象中，他们的内心世界可以被视为一种"灌状"的容器，这个容器呈现孤立、封闭的特性。"容器人"渴望摆脱孤独状态，期望与他者接触形成交流，但这种接触仅仅停留于容器外壁的碰撞，不能深入到对方的内部。[1] 而如今，手机取代原先的电视成为全球化进程中青年群体最为青睐的技术形态与媒介工具。很多人每隔几分钟甚至更短时间就要刷新一次自己的社交媒体动态，并且承认自己无法抵挡社会化媒体带来的快感。青年农民工对于手机的依赖也并非将手机作为一个实体进行崇拜，同样也并非迷恋手机的通话功能，这种依赖更多的是建立在手机可以接入互联网，接受移动互联网上的各类信息，尤其是，刷新自己的社交媒体成为他们频繁使用手机的原因。

"离了网我就过不了，以前离了手机还能照样生活，现在离了手机我就有种不能生活的感觉。这么严重，我自己一开始都没有发现。"小慧接受第二次访谈的时候如是说。笔者便回忆起第一次和她访谈的时候，小慧还并没有类似的感慨，小慧很不好意思地解释道：

---

[1] 郭庆光：《传播学教程》，中国人民大学出版社，2011，第 122 页。

那时候才刚离校嘛，你知道吗？（那时）就不经常用手机啊，现在，第一，手机就是智能机嘛，什么都能连，关键是还有个什么，上网啊，看电视啊，干吗的，都很需要，所以我现在离了它，日子过不了。前天晚上，不是没有无线网嘛，本身我流量也用完了。你知道我几点睡觉的？六点多钟我就睡觉了。宿舍不给弄电视，我们都是搁手机上看的嘛，所以讲，离了手机一步我都受不了。（小慧，1996 年，安徽滁州，工厂工人）

海外学者的研究结果表明，人们不断查看社交网络的行为，有可能被两种力量所强化：一是由化学作用引起的与他人心心相印的感觉；二是"追求快感"的行为。[①] 有学者直接将现代社会都市人群过度使用手机的行为定义为"手机成瘾"，或称"手机依赖"（in-mobile phone dependency）、病理手机使用（pathological phone use）。这是由于某种原因过度地滥用手机而导致手机使用者出现生理或心理上的不适应的一种现象。[②] 但事实上，也有人开始努力克制自己对于手机的这种依赖心理，并采取积极的方式来脱离自己和手机的物理关联。

小雨甚至向笔者表达过她对手机又爱又恨的情绪：

有时晚上下班回来，就想看看书，但禁不住就是想时不时地看下手机。其实有时手机看多了，反而心里面感觉很空。有时我就把手机关机，锁在柜子里，但没过几分钟又把它拿出来了。我有肩周炎，应该少用手机，但就是坚持不下来。（小雨，1990 年，安徽合肥，工厂工人）

最后小雨深深地叹了一口气，说："唉，这是现代人的通病，没办法。"吉登斯曾研究过"成瘾"现象，他区分了习惯和强迫性行为的差别，

---

① Adam L Penenberg, "Social Networking Affects Brain Like Falling in Love," *Fast Company*, 2010, pp. 78 – 113.

② Motoharu Takao, et al. , "Addictive Personality and Problematic Mobile Phone Use," *Cyber Psychology & Behavior*, 2009, pp. 501 – 507.

强迫性行为是一种个人感到单单通过意志力很难或不可能戒除的行为，重复这种行为可以使紧张状态得到缓解。吉登斯用到的一个例证是某人为了感觉到干净必须每天洗 40 ~ 50 次手，而现今社会，有数据表明，现代人一天要查看 50 ~ 60 次手机。因此，对于部分新生代农民工而言，把玩手机成为他们在日常生活中的一种"高峰体验"，得以和日常生活的普通的、凡俗的特性分离开来，"高峰体验既是一种松弛的感觉又是一种胜利的喜悦"①，这种体验能够给他们带来片刻的解脱感。并且当他们对于查看手机这种特定的行为方式上瘾后，就会产生"自我沉醉"的需要，但是这种自我沉醉很容易被沮丧与空虚所取代，并且陷入某种循环。② 不像城市中很多数码产品使用者可以有多种接入互联网的途径——台式机、笔记本、平板电脑、手机等，除了网吧，很多新生代农民工唯一接入互联网的途径就是手机。虽然这种接入可以在某种程度上减轻数字不平等，但是仍旧会导致相应的限制，也间接地进一步提高了他们对于手机的依赖程度。

第三节　"城中村"中的信息技术传播实践

用福柯的话来说："空间是任何社会社区生活的基础；空间也是形成任何权力的基础。"③ 如果将城中村放在空间社会学来观察与理解，则它是一个独具中国色彩、有着深层象征意义的空间权力斗争的产物，是城市空间资本化和急剧扩张过程中、在村庄面临被包围之下形成的临时空间。农民利用城乡土地政策的差异，一夜之间实现了从利用土地谋生到利用土地谋利的观念转变，他们在短暂的时间内最大化地占领空间、以出租空间获利并由此形成了与地方政府讨价还价的筹码。这是一个迅速从农业空间向城市市场空间转型过程中产生的"怪胎"，是空间和历史意义上城乡的对峙。

---

① 安东尼·吉登斯：《亲密关系的变革：现代社会中的性、爱和爱欲》，陈永国，汪民安译，社会科学文献出版社，2001，第 94 ~ 100 页。

② 安东尼·吉登斯：《亲密关系的变革：现代社会中的性、爱和爱欲》，陈永国，汪民安译，社会科学文献出版社，2001，第 94 ~ 100 页。

③ 余易达：《福柯的空间权力辩证法：语境、内容及意义》，博士学位论文，苏州大学，2014。

中国的城市化进程，既体现为空间意义上人口的流动与转移，同样也是社会结构与社会关系的重构与再组织。城市是一种维持民众日常活动和集体记忆的社会空间结构。它包括可见的基础设施，如楼房、道路、标牌、电话网，也包括无形的东西（它存在于人的意识里，通过社会组织和信息技术手段保存下来，并可以经由一处街景、一息工厂的味道，或街坊的谈话而被激活）。每个地方的背后都隐藏着一系列权力关系、经济纽带和社会网络。最终决定城市气质的往往是这些无形的信息、意识和感觉。只有有了这些东西，城市才不只是一个抽象的"空间"（space），而是对人有意义的"地方"（place）。因此，很多学者将关注的目光投向城市，考察从农民到市民转变过程中出现的新的社会聚落形态。它们被冠名为"准社区"①、"跨越边界的社区"②和"都市里的村庄"③等。蓝宇蕴给城中村起的"都市里的村庄"形象地喻示了城中村矛盾的空间表征与结构张力。

20世纪20年代，芝加哥学派的代表人物帕克等人就提出了报纸在社会整合中的作用，通过研究揭示了报纸阅读在培养社区居民的参与意识与社会认同中的作用。④ 其他一些研究者，不同程度地证明了媒介技术对人们社区归属感和社区融入的影响。如今的"城中村"已经成为流动人口使用手机媒体与无线互联技术的物理场景，其间充斥了众多与手机相关的各类店铺、经营项目以及信息资源，呈现和城市中其他空间不同的成长轨迹。新生代农民工作为数字土著，自小便浸染于现代社会发达的媒体生活中，他们中不少人日常生活的社区"城中村"会和信息技术产生何种交叉与互融？

关于社区的传播基础设施，美国学者桑德拉·鲍尔-洛基奇在针对美国洛杉矶社区传播而开展的研究项目"转型"中，使用了传播基础设施理论，它包括"邻里的叙事网络"和"传播行动环境"。这两部分其实是由人们在社区所能获得的所有传播资源和空间构成，所以从生态学的角度

① 王春光：《社会流动和社会重构京城"浙江村"研究》，浙江人民出版社，1995。
② 项飚：《跨越边界的社区：北京"浙江村"的生活史》，生活·读书·新知三联书店，2000。
③ 蓝宇蕴：《都市里的村庄》，生活·读书·新知三联书店，2005。
④ Park，R. E.，Burgess，E. W.，& McKenzie，R. D.，*The City*：*Suggestions for the Investigation of Human Behavior in the Urban Environment*（Chicago：University of Chicago Press，1925）.

看，也可称为社区的传播生态——包括所有人们在社区的日常生活中能获得的新的/传统的传播媒介、地方媒体和人际传播渠道。[①]

本节将从城市生活的层面来思考文化表达以及非正式的社会结构，以及研究主体的表意实践（signifying practices）如何反映社会空间特性。场景被理解为一种特定的城市文化背景和空间编码实践。因此，我们可以把新生代农民工的手机使用放在空间关系和社会实践的结合点上予以考察。

田野调查中，笔者进入到位于江苏省南京市玄武区的云西村开展调研，云西村是笔者在田野调查中进入的第二个典型的城中村。笔者曾在曹后村访谈过的一个农民工对象，他因当时的居住地拆迁而搬迁至此。云西村内大多都是砖瓦结构的平房，间或也有楼房。平房房租普遍在300～350元；楼房因建筑较新，居住条件较好，通常要每月500元左右。居住其中的绝大多数都是外来务工人员。云西村符合人们印象中所有关于城中村的印象：道路狭窄，居住空间阴暗等（见图4－1）。

图4－1　云西村内景

由于多数住房并没有淋浴设施，因此，在云西村的村落进口显著位置还保留着一家传统的集体澡堂，阿杰带笔者进入村庄的过程中路过此处，他和老板开玩笑地寒暄道："老板真是黑心，洗次澡要7块钱。"老板也笑嘻嘻地回应道："现在你到哪儿去找更便宜的了。"带着笔者四处参观的阿

---

① 丁未：《流动的家园——"攸县的哥村"社区传播与身份共同体研究》，社会科学文献出版社，2014，第28页。

杰，笔者和他第一次在曹后村访谈后，已经认识有一年半的时间，阿杰居住的一个单间并不是房东主人原本的住所，而是在院落中后期搭建的一间简易水泥房，并且在水泥房一侧又搭建起更小一间作为厨房，厨房留有两个小洞以解决油烟排放的问题。这样的居住环境中承载了许多户籍农村、怀揣梦想前来城市打工的人群，他们蛰伏于此般简陋临时的住所中，却依旧用自己的辛勤劳动建设城市，编织着自己的梦想。即使这样，他们也只能生存在城市的边缘地带，从身份归属看位处整个城市的底层，属于没有城市身份的漂泊者。

进入云西村，笔者首先是被村落上空密密麻麻的黑色线路所吸引（见图4-2），阿杰告诉笔者，这些正是各个运营商拉设的网线，因为当时建筑这个村落的时候，并没有在建筑内埋好相应的网络线路，而近些年随着信息技术的发展，当居住人群有了对网络通信的需求后，运营商便只能直接在空中铺设线路，网线在各个房屋之间纵横交错，彼此割裂出不同的空间体系，再加上晾晒于网线上的衣服，形成一道蔚然的景观。在村内一家小卖铺的墙壁上斜挂着一块中国电信智能公用电话的牌子，已经锈渍斑斑，

图4-2 云西村上空密密麻麻的网线

笔者向店主人询问现在是否还在继续使用时，店主人明确地表示说："现在不用了，已经好几年不用了。"这时，围坐在店铺门口的人打趣说道："现在人人都用手机了，谁还用这个。"店主人继续说道："是啊，线都没了。"

城中村的电线杆和墙壁上，随处可见各种运营商的宽带安装广告，"光纤宽带已覆盖，月均低于30元，咨询办理电话：×××"；"长城宽带，隆重推出光纤200M宽带，高速光纤宽带，20M包580元，两年960元送1年，报装热线：……"（见图4-3）这些海报充斥着来往居住者的视野范畴。拥有电脑的毕竟是少数，多数人开通宽带就是为了手机上网。在村落中，随处可以在墙壁上、电线杆上或是任意一个角落中见到一些小广告，其中有办宽带、维修家电、私人医疗一类的印刷广告，还有一类就是房屋出租的信息，一块简易的牌子，可能是木板，或是纸板，草草写就"房屋出租"或是"有房出租"的字样，再配上一个手机号码，就顺利承担了信息发布的功能。还有些临时性的信息发布，像是寻狗启事，或是出让彩电的信息，这些写有手机号码的小纸板成为社区传播中非常重要的载体，形成了异常丰富的信息交换生态系统。事实上，在农民工居住的集聚地，即使不是在特定的"城中村"，例如建筑工地宿舍、工厂宿舍等，都

图4-3　云西村随处可见的宽带广告

充斥了移动通信技术对于居住空间的深度渗透。在建筑工宿舍的门板有用黑色笔写着"6-12-19人车，131×××"、"8-17位，159×××"等字样，建筑工小朱告诉笔者，这些是在春节前车老板提供的拼车信息。

云西村沿街有不少商铺，其中不乏各式小饭店、糕点铺、汽修店、五金店、水果铺等，从外观上看，这些鳞次栉比的小商铺仿若让人置身于20世纪经济尚不发达的乡镇街道，这些店铺面积都不大，通常在20~30平方米，有些草草写就简单的店铺名称。店铺大多呈现杂乱与破旧的状态，但又相应带着传统社会中街坊邻里、熟人社会的亲切自然。其中在不到200米的距离中，就有两家中国移动的代理店和一家中国联通的代理店。从这些移动通信店铺和村内随处可见的招贴信息、人手一部手机来看，这些建立在社区空间基础上的信息内容构成了云西村流动人口社会关系实践的日常生活场域。布尔迪厄认为，在现代这个高度分化的社会中，存在着不同的文化生产场域，"一个场就是一个有结构的社会空间，一个实力场——有统治者和被统治者，有在此空间起作用恒定、持久的不平等的关系——同时也是一个为改变或保存这一实力而进行斗争的战场"。① 也就是说，一个场域（field）是由附着于某种权力形式（或资本形式）的各种位置之间一系列客观历史关系所构成的，各个场域有自己特有的价值观、游戏规则和各自独特的交换机制，具有相对的自主性。在布尔迪厄的场域理论中，场域既是惯习②养成的地方，也是资本作用的舞台，因为场域的结构"既能加强又能引导某种策略，无论是个人还是集体，这些位置的占有者力图用这种策略来维护或改进他们所处的位置，并且将等级化的原则以最佳的方式强加到他们自己的产品上"。③

这些提供信息服务的小商铺通常都在店铺外有着鲜明的灯箱广告，上面印刷着"入网充值销售，专业维修手机"等字样，商铺的玻璃移门上更

---

① 布尔迪厄：《关于电视》，许均译，辽宁教育出版社，2000，第4页。

② 如何理解"惯习"，布尔迪厄本人曾说，"'文化'可能是比惯习更好的术语。但是，这个过分被决定的术语带有被误解的危险，而且不容以界定其有效性的条件"。文化概念带有过分被决定的特征，因此他便退而求其次地选择了"惯习"这一深奥的术语。这一概念主要突出这样的基本观念：行动是由关于在社会世界中如何运作的"实践感"控制的。

③ L. D. Wacquant, "Towards a Reflexive Sociology: A Workshop with Pierre Bourdieu," *Sociological Theory* 7, 1989, p. 40.

是用红色的大号字体招贴着"入网充值、手机急修"，来往顾客一看到就能明白店铺的经营内容，并且这些移动通信商铺通常还提供多种经营业务，体现出混搭的经营特色。这种混搭从一家联通、移动代理店的店铺门头上密密麻麻的文字中可见一斑："苹果、三星、诺基亚各种品牌手机价格更低，销售/维修/选号入网/充值/回收一站式服务，主营：联通3G入网、贴膜、电池、充电器、蓝牙、键盘、数据线、专业手机维修、下载、手机、内存卡、鼠标、网线、移动电源"，并且将店主人的固定电话号码、移动手机号码、店主人姓名打在最下方一行。这种门头广告让人觉得这是一张硕大的个人名片（见图4－4）。店铺中除了主要承担中国移动、中国联通所授权的运营功能，还有手机、手机配件、电脑配件，以及一系列电话卡、充值卡、SIM卡、Q币、游戏点卡等的出售，更多的，店铺中还会有一到两台座机电话。这些经营业务虽不少较为特别，但都有着自己合理的市场逻辑，以尽量满足当地居民的传播需求。

图4－4　"混搭性"的经营业务

一家店铺玻璃移门上直接贴有一张手写"复印"字样的A4纸，在手机销售柜台旁还贴着另一张A4纸，同样手写着"歌曲电影下载"的文字，这张简易的广告招贴正好直接面对店门外的街道，直白地告知着店铺的附加经营业务。进到店铺内，墙壁上张贴着各种形态的广告海报，整个店铺显得凌乱花哨，右侧墙壁拉着一张横幅，"10M 家庭宽带，一年 299 元，两年 499 元"，左右侧墙壁都贴着各种促销信息的海报，其中中央位置最鲜明的地方贴着一张"长途 7 分 5"的海报，由此也可以看出店铺主营的一个重点业务。操作柜台上的电脑面对顾客的一面，同样贴有一张 A4 纸："免费赠送流量 500M×3 个月，赶紧抢！"这用到了广告文案写作中号召式广告口号的书写方式。在柜台上，还摆设一个纸箱，其中有最新电影和电视剧的盗版光碟的销售（见图 4-5）。社会学家李培林在《村落的终结：羊城村的故事》中提到，城中村"管理控制上的宽松和经营税费较低，特别有利于小本经营和初始创业者的生存"。[①]

图 4-5　云西村中的一家中国移动代理店

来自苏北农村的小智就在其中一家移动代理店中打工，1994 年出生的他已经有了三年工作经验，他向笔者详细解释了他所在店铺的情况。这个店铺虽然挂着中国移动的店铺名头，但是不需要中国移动的运营资格证，因为这个店铺本身并不是中国移动的营业厅，而是代理店，比营业厅要低一个级别。在业务办理方面，有的因为权限就办不了。当有顾客过来办理业务时，代理店的权限是只能升级不能降级。小智进一步解释说："譬如

---

① 李培林：《村落的终结：羊城村的故事》，商务印书馆，2004，第 130 页。

你现有的套餐是 28 元/月，那么在代理店办理业务时，只能升级为更高级别的套餐，金额只能往上增加，而不能往下降级。"

店铺进门左手边还有个半米见方的小隔间，放置着一部橙黄色的公用电话机，笔者在小智的店铺中停留的两三个小时内，只有一位抱着小孩的妇女前来使用。经过咨询后该妇女表示说因为她的手机没电了，放在家里充电，就临时过来用公用电话，和孩他爸讲个事情。结果一开始她拨打电话发现根本打不出去，小智便过去重新拔插了一下线才好用，抱小孩的妇女打过电话付过两毛钱后便走了。这个小插曲也恰好证实了固定电话的衰败与萧条。

通常小智还会到珠江路去参加培训，通常是一个月一次，有时是一个月两次，培训内容包括定期活动更改，或是特定活动结束，近期还会有什么活动等。负责这个区域的业务员会集中到一起接受培训。通常在平时的工作中，有些顾客手机设置出现问题，也会拿过来找小智。小智也非常热情地帮助他们解决各类问题，在问及帮他们解决了手机设置问题是否会收费时，小智很诧异地立马回答，"当然不收了"。在小智看来，他们之间并没有产生任何劳力交换的利益收支，纯粹就是帮街坊邻里一个小忙而已了。在笔者对小智进行访谈的过程中，有位顾客恰好进来，向小智询问可否将自己的手机换块屏，小智打眼一看说没法换了。小智说自己学修手机根本没有去过任何培训学校，或是接受任何专业训练，就是跟着朋友学的，他的这位朋友以前曾经在波导厂工作过，所以对于手机内部构造非常精通。

从城中村种类繁多的信息技术形态来看，信息传播技术不仅深刻浸染于人们的日常生活中，而且还诞生了无限商机，成为云西村这个社区中一项重要的商业活动。森德斯曾提出从农村来的移民通过落脚城市，形成了繁复紧密的联系网络，并且他们会利用其中的空间做生意并经营非正式企业，借此在社会中得以向上流动。[①] 著名社会学家李培林在对广州城中村研究后认为，中国农业社会正经历着"巨变"。在他看来，这种"巨变"就是中国目前"流动民工"所反映的"小农终结"过程和"城中村"所

---

① 道格·桑德斯：《落脚城市：最后的人类大迁移与我们的未来》，陈信宏译，上海译文出版社，2012。

反映的"村落终结"过程——这些无疑是看得到的农民职业身份的转变和城市包围、消灭村落的空间转型。这里，李培林对中国农业社会正在经历的"变"与"不变"——更确切地说是"渐变"进行了思考。"变"是社会形态发展的大趋势、大背景，但"不变"（或"渐变"）是"村落作为一种生活制度和社会关系网络"，也就是村落作为一种文化的内在机理，很难在短时间内发生根本性的转变。而目前来看，这种变可以通过信息技术的渗透逐渐发生。无线通信技术和手机媒体的迅猛发展，使得传统意义上的"城中村"避免沦为一个"信息孤岛"。新生代农民工广泛利用新媒体技术自我赋权，虽然位处与城市相对封闭的物理空间中，但是凭借手中方寸大小的手机，他们可以自由与城市信息互联，积极融入城市生活。

这种种事例表明，新生代农民工对于手机使用与信息通信技术有着广泛而深度的需求。无论是村落中随处可见的手机广告与移动运营商海报，还是村落上空密密麻麻、纵横交织的各大运营商网线，包括其间非常简易但却包罗万象的运营商代理店，手机以及无线通信技术的普及以及在"城市中的村落"里的广泛渗透显示出技术在人类社会中生成的本质，人们在自己的生活互动和社会实践中创造出全新的文化形式。移动技术的应用扩散体现出社会中人类能动者的事务活动，技术应被理解为一个社会过程，社会因素全面涉入技术中，从而打破了技术与社会的边界，形成了技术与社会的"无缝之网"，技术本身由此成为"社会技术集"。

第四节　城市中的数字闲暇生活

塞缪尔认为，"闲暇是生活方式的潜力，是社会关系、社会规范等结构性因素生成、变动的源泉，因为它所引进的价值观有助于指引、支持个人与集体在时间分配上的意愿与选择"。[①]现代社会中，休闲是人类的基本需求，新媒体在新生代农民工的城市闲暇生活中承担着重要功能。和老一代农民工相比，新生代农民工进城打工的终极目的并不停留于"赚钱"层面，和城市青年一样，他们同样追求城市生活中丰富多样的休闲生活，向

---

① 胡杰容：《大众传媒与城市青年的闲暇文化生活——对592名城市青年的问卷调查》，《青年研究》2001年第1期。

往流光溢彩的娱乐活动。他们希望能和城里人一样，自由地消费精神文化产品，从而放松娱乐，更好地发展自我、实现人生价值。国家统计局 2018 年 4 月 27 日发布《2017 年农民工监测调查报告》显示，进城农民工业余时间主要是看电视、上网和休息，分别占 40.7%、35.6% 和 28.4%。选择参加文娱体育活动、读书看报的比重分别为 5.3% 和 3.6%；选择参加学习培训的比重为 1.9%，比 2016 年提高 0.6 个百分点。[①]

新生代农民工在城市中对于闲暇生活的追求成为他们转变身份、表达自我个性的重要途径，也体现出他们对于城市生活方式的积极接纳。新生代农民工和老一代农民工相比，他们的经济负担没有那么重，他们基本不用补贴和反哺农村社会，可以自由支配自己的收入。他们在忙碌工作之余需要放松身心，不少人会去到酒吧、KTV、网红餐厅等场所进行消费娱乐，积极参与城市中丰富多样的消遣娱乐活动，与城市的闲暇时光接轨。而手机作为人们日常生活中随身陪伴的媒体工具，同样在新生代农民工的闲暇时光中发挥着不可或缺的娱乐功能。手机给新生代农民工带来丰富的使用者体验，手机的不同功能、不同的使用方式给予他们替代式的体验，使物质和文化资源相对匮乏的他们获得精神层面的满足。他们积极采纳新媒体技术开展闲暇活动，并且超越娱乐性的媒介化认知，逐步丰富自身的城市生活体验。通过激发起文化自觉意识，利用闲暇时光寻求自我发展的契机。

一 丰富多样的手机 App 娱乐生活

手机媒介技术的发展与进步已深刻浸染新生代农民工的城市生活，影响和改变着他们在城市的生活方式。新生代农民工作为青年群体，热衷于尝试新鲜前沿的事物，体验城市中丰富多样的娱乐休闲活动。空闲时间的匮乏使新生代农民工现实中的休闲娱乐活动也比较单调，但是手机成为他们闲暇时光中不可或缺的重要工具。建筑工小凤是个音乐爱好者，他经常在一款手机应用"唱吧"中录制自己的歌唱片段。为了能够取得高分，提高自己在好友中的排名，他还专门在淘宝上购买了一套手机 K 歌专用麦克风。一次他在朋友圈发布了一条自己的 K 歌片段，下面他的同事小宋就来

---

① 《2017 年全国农民工监测调查报告》，http://www.stats.gov.cn/tjsj/zxfb/201804/t20180427_1596389.html，最后访问日期：2019 年 9 月 2 日。

点赞评论，两人便一起相约某天一起去 K 歌。建筑工小宋说起自己有天晚上看视频看着看着睡着了，忘记关视频了，结果流量就一直在走，那个月话费一共花了 500 多元。工厂女工小蔡谈到了热播剧《盗墓笔记》，因为她非常喜欢其中的男主角，所以就开始追剧，但是爱奇艺采用的是只有 VIP 用户才能下载全集的营销模式，迫不得已，她想方设法从自己的同学那里获得一个 VIP 账号，把所有的集数下载下来，但由于平时工作实在太忙，只能下班后一点儿一点儿地看。

新生代农民工受过一定程度的学校教育，拥有较强的学习能力和较高的信息素养，他们能熟练地使用智能手机和手机中的各项应用功能。而如今无论手机是苹果系统还是安卓系统，App 商店中种类繁多的应用软件均极大丰富了新生代农民工多样化的闲暇需求，为他们提供了一种替代性的享受。甚至对于部分新生代农民工而言，玩手机就是闲暇生活的全部内容。

> 我手机上有微博、快手、抖音、内涵段子这些应用程序，因为微博不是有热点吗，然后就可以看到很多最新最热的消息，不会别人都知道了的我还不知道，跟不上潮流。当然，我主要还是关注一些娱乐的、搞笑的消息，有什么重大的国家大事发生我也是会看一下的，但平时不怎么关注，因为生活中很难接触到这些。而快手、抖音里面的短视频很有意思，就无聊的时候看，能打发一下时间，我现在上班，没人过来的时候，就会刷一刷消息，看会儿视频，我知道里面有一些是不好的，但大部分还是很搞笑的，比较贴近生活的，我是喜欢看这些搞笑的视频的，很逗。我自己是不会拍的，会不好意思，也觉得自己做不好，没什么有意思的可以发。（小黄，1998 年，安徽，奶茶店服务员）

> 我手机最常用的五款软件是抖音、腾讯新闻、微博、腾讯视频、快手，虽然短视频是在最近一年里才大热的，但是我从 2015 年左右就开始看"快手"了，也算是一个"资深用户"了。只是之前用得比较少，现在风靡之后用得比较多，因为我觉得它的内容越来越丰富了，也更符合我们年轻人的口味了。平均每天会花费一个小时左右的时间

看"快手"和"抖音"，主要是在无聊的时候打发时间。我比较喜欢看音乐类和有趣、挑战类的推荐，主要是浏览和点赞，很少评论，更不会自己去发布。（钱帅，1997 年，安徽滁州，汽修工人）

可以看出，新生代农民工在城市中紧跟流行文化的热潮，他们熟练地掌握并应用手机媒体的各项功能，享受全新的媒介环境中丰富多样的娱乐内容。从农业社会到工业社会的转型过程，极大改变了人们对于休闲活动及其本质的理解。乡村社会相对保守，休闲活动较多发生在宽敞开阔的户外，如河流附近、空旷广场等，而在城市社会中，休闲活动通常是在室内，在某个特定的建筑场所或者家中举行。乡村休闲存在较多交流与谈话的内容，倾向于以群体为中心；而城市休闲更多的是欣赏与观看专业人员的表演行为，大众媒体成为信息传播的重要渠道，从个体兴趣出发，以个体作为休闲中心。[①]新生代农民工的休闲行为很好地验证了上述理论，主要表现在他们在农村的群体性、交流性、自然性的闲暇生活逐渐转变为个体的、观察式、依赖于大众传媒的方式。

我手机上有 QQ、微信这些基本的聊天工具，也有优酷之类的视频工具，还有一些工作要用到的软件。我也加了一些 QQ 群、微信群，就是家人、朋友和有工作关系的一些群，还有一些自己感兴趣的内容、话题的群。朋友圈的话，我会发的，但发的不是太多，就是几个月、半年发一条，想起来了才发，基本上发的都是原创的。我不喜欢转发东西，我平常发的就是一些关于自己的生活内容的消息。除了这些，我手机上还有微博、快手这些应用程序，因为微博上可以看到热点推送，可以看到最新最火的消息，就会为平常增加一些讨论的话题，而且快手上面有很多有意思的小视频和一些比较有名的网红的直播，可以打发时间。当然，我还会上网浏览新闻，主要是一些娱乐方面的消息，其他消息也会看一下，但不太会关注。（孙小姐，2001 年，河南，快递点收发员）

---

① 杰弗瑞·戈比：《你生命中的休闲》，康筝译，田松校译，云南人民出版社，2000。

　　除了联系男朋友，我也会用手机打打游戏、刷刷抖音和快手之类的，换班的时候比较有空，一般我都会在宿舍里看看视频、追追剧。我手机里的应用不怎么多，主要就是微信、QQ、快手、抖音、腾讯、B612咔叽之类的，没什么学习软件，都是娱乐软件多一些。哦，还有各种游戏软件，之前有王者荣耀，现在有绝地求生，但主要还是和男朋友组队来打游戏。微信我常用，但是微博我不常刷，我觉得微博很没有意思，都是一些娱乐八卦新闻，还不如刷刷抖音来得有趣一些。（小茜，2000年，江苏连云港东海县，工厂工人）

如今，新生代农民工在城市生活中最重要、最基本的娱乐方式就是"玩手机"。手机成为他们闲暇娱乐的主要媒体工具，基于移动互联网的移动内容成为他们主要的闲暇信息来源。他们通过应用手机的各项功能，充分享受难得的闲暇时光，排解离乡愁绪和工作生活中的压力，驱逐城市生活中的空虚并寄托情感。

　　手机里App特别多，给我好感最强的是书旗小说。这个怎么说呢，因为我就每天看看电子书，其他基本上我也不干啥。书旗小说书城里的资源比较丰富，阅读翻页的操作以及背景色都是我个人比较习惯的。我的娱乐生活大部分用在电子书上，看一看小说。我的电子书里面什么类型的都有，我最喜欢的是玄幻的和修仙的。我最近看的这部小说呢，名字就不告诉你们了，讲的就是最后获得一种东西，一路横推，他就像打游戏一样，获得了系统，相当于开挂一样，反正主角就像是开挂了一样，一路到最后获得想要的东西，属于玄幻小说，细分的话叫作玄幻异界，也是穿越类型的。（小心，1996年，山西，工厂工人）

闲暇不仅是放松心情、调节情绪的重要手段，同样，从深层次理解也更意味着城市生活中的自我选择与自我实现。和工作不同，为了谋生，新生代农民工必须遵守工作要求，按部就班地完成一切工作程序。而休闲完全基于个体兴趣，是种个体能够自由掌控的实践，能够充分表达自我内心的真实想法。休闲与实现人的自我价值和"精神的永恒性"密切相关，是完成个人与社会发展任务的重要的思考空间。在休闲活动中，新生代农民工完全可以做他们喜爱的事情，从而提升生存和生活质量，全面而自由地发展自我。手机媒体丰富的技术实践形成了新生代农民工闲暇生活的主要内容，他们也会通过闲暇主动性地进行信息选择和实现自我。因此，他们事实上是通过闲暇生活的传播实践，选择与建构着自己独特的城市生活方式，并在更高的层面上追求自我价值的实现。在奶茶店工作的木子的手机应用已经和城市青年并无差异。

> 我的手机现在主要用来在店里面收钱，平时不工作的时候就会用它来娱乐一下，看剧还有社交。我手机里面的应用都还蛮普通的，就是一些视频应用，我有三个视频 App，爱奇艺、腾讯还有优酷，平时看视频比较方便。还有就是社交类的，微信、微博。店里工作需要的应用比较多，如支付宝、收钱吧等。拍照的应用也会有一些，美图秀秀、B612 咔叽等。微信群的话，我也有蛮多的，都是认识的人，同学、家人，还有一起上班的同事。我平时也会发一些动态什么的，微博不发，但是朋友圈偶尔会发。一般有什么新鲜事或者好玩的事情就会发，听到好听的歌也会分享。这两天我有发关于蔡徐坤的朋友圈，因为看《偶像练习生》觉得他特别帅，很多人都在看这个节目。我一般不会用手机上网浏览新闻，有的话也是那种比较娱乐性的内容。（木子，1995 年，江苏淮安，奶茶店服务员）

在新生代农民工中有不少偶像崇拜的现象，他们热衷于观看自己喜爱的明星的影视剧，购买他们代言的产品，在手机消费层面也会受到偶像崇拜的影响。"媒体明星，作为一个活生生的人类存在的景观代表，通过一种可能角色形象的对象化体现了一种普遍的陈腐和平庸。作为一个表面生活的专家，明星是那种补偿他们真实生活的碎片化和生产专门化的人们所认同的表面化生活的证明物。"[1]

---

[1] 德波：《景观社会》，王昭风译，南京大学出版社，2006，第 22～23 页。

新生代农民工进入城市后，会被城市生活中的各种新鲜事物所吸引，本身他们作为青年群体，个性中就有对新鲜事物的好奇，而且拥有较高的接受和模仿能力。他们适应城市生活的主要方式就是模仿。他们可以模仿城市的生活方式和对于闲暇时间的安排。虽然这种模仿并不能从实质上表明农民工已经适应了城市生活，但这毕竟是他们融入城市，逐步实现市民化的一个进步表现。①

和城市居民相比，他们的闲暇活动与闲暇范围依旧受到诸多限制，他们是浅闲暇的群体。从乡村到城市，他们休闲娱乐的方式的确发生了革新性变化，从原本无趣的状态变为对手机媒体使用的重度依赖。从他们的闲暇活动内容来看，从乡村到城市，新生代农民工的闲暇生活发生了从单一到多样的变化。他们在城市中生活工作，深刻受到城市中形式多样、内容丰富的娱乐活动的影响，生活方式也逐渐向城市靠拢，这是一个逐渐褪去乡土性、建立现代性的过程。而在闲暇活动的内容选择上存在显著的性别差异。通常来说，男性新生代农民工沉迷于各种游戏，女性新生代农民工则对网络小说和电视剧情有独钟。新生代农民工通过手机媒介，获取丰富多样的闲暇信息，他们在各类网游和聊天中建立新的社会网络，找到现实中无法获得的成就感。

近年来，中国内地影视片市场涌现出不少宫廷剧，引发他们追捧的热潮。2018 年夏季热播的《延禧攻略》成为很多新生代农民工追逐观看的对象。对于电视剧结构性文本的不同解读方式会导致不同的观剧体验，他们在观看这些"爽剧"的过程中，可以暂时脱离现实身份角色的束缚，和剧中角色一起感受快意恩仇的人生经历。这是一种"超现实的互动"，自己深入到电视剧的剧情发展中，体验剧中角色的心理特征与情感经历，与剧中的角色发生隔空互动，这种互动也许是现实世界中暂时无条件实现的。②如今很多电视剧主线剧情都是在架空的世界观中发生，他们热衷观看《三生三世十里桃花》《花千骨》等仙侠玄幻类，或《甄嬛传》等清廷宫斗类电视剧。这些超现实的影视剧为他们提供了超现实的感官体验，观剧过程

---

① 朱永安：《新生代农民工研究》，硕士学位论文，南京师范大学，2005。

② 刘娜：《城市建筑业农民工闲暇生活方式研究——对武汉市建筑业农民工的实证调查》，硕士学位论文，华中农业大学，2008。

中，他们可以暂时逃避现实生活中的乏味焦虑，完成对于现实的超越，获得心理层面和精神层面需求的满足。

工厂工人小高是台湾著名歌星周杰伦的粉丝，他的手机彩铃一共有六首，每首都是他精挑细选的周杰伦的歌曲片段。只要有人拨打他的电话，在等候接听的过程中，他的偶像周杰伦的歌曲便替代了传统的嘟嘟声传达给拨号方，通过这种方式，小高彰显着他作为周杰伦歌迷的身份。同样的，还有位女生，是国内一个新兴歌唱组合的歌迷，她会向同宿舍的姐妹们借手机来给这个歌唱组合的新歌打榜，她告诉笔者，每天如何打榜，百度贴吧里面会有详细的攻略。她每天下班后的第一件事就是打开手机，登录百度贴吧，看今天的打榜要求，她在微信上向笔者发来了每天的打榜要求。

技术逻辑和商业逻辑的双重驱动不仅导致了粉丝群体的诞生及其消费行为，也在无形中促使粉丝建立了一种以寻求身份认同为基础的亚文化体系，明星的时尚形象、前卫行为和奢侈的生活方式所蕴含的商品符号意义正与新生代农民工追求个性、时尚和对中产阶层生活方式的向往心理相吻合，而这些偶像崇拜行为又通过手机平台得以维系并扩散。

二　手机游戏文化

手机游戏消除了传统的物理位置与社会场景间的关联，彻底改变了信息传播的本质特征，打破了以往社会群体的身份藩篱。在手机游戏中，"我们身处的地方不再决定我们在社会上的位置以及我们是谁"，媒介通过"改变地点的信息特征，重塑了社会场景和社会身份"。[①] 日常生活中不同阶层、不同年龄、不同收入群体的所有玩家可以在同一个平台竞技，传统的社会结构因素不再成为游戏玩家群体认同的桎梏，相应创造出一个扁平化的社会交往空间。

田野调查发现，手机游戏是新生代农民工平日娱乐消遣的一种主流方式。甚至他们中有人买手机的第一要旨就是玩游戏时手机卡不卡。手机游戏满足了新生代农民工在枯燥高压的工作以后，追求刺激快感的虚拟感受。基本上受访的农民工都无法享受每周工作 5 天、每天工作 8 小时的常

---

① 约书亚·梅罗维茨：《消失的地域》，肖志军译，清华大学出版社，2002，第 110～112 页。

规工作时间保障，他们的工作时间由于一些特定的职业性质得到延长，一些新生代农民工从事的依旧是纯体力劳动。手游使得他们在枯燥乏味的工作后体验到极大的乐趣和享受，游戏意义的最初出发点也是娱乐、放松和享受。谈到玩手游的动机，很多新生代农民工表示，每日繁重的工作过后，很多人表示就想打打手机游戏放松一下。

每天上班累死了，回到宿舍就想躺床上，什么也不想动，就想打会游戏，放松一下。（阿连，1992年，安徽蚌埠，餐饮业服务员）

工作太烦了，打游戏的时候就不用想工作。（小蔡，1997年，江苏宿迁，工厂工人）

我手机里装了超多App：QQ、微信、支付宝、腾讯视频，还有最近很火的一些游戏。我最近比较喜欢游戏类App：刺激战场、王者荣耀和QQ飞车，使用时长最高的就是游戏。偶尔也玩一玩最近比较火的绝地求生。除了QQ、微信外，我最常使用的是游戏App。玩游戏的时间一般是：早班的话就是晚上8点半下班回到宿舍，洗漱之后开始玩游戏；晚班的话就是下午吃完饭玩，然后去上班。一天一般玩游戏1~2小时，不能玩太久，因为还要睡觉，还要上班。一般和舍友组队一起玩，比较有意思。（亚辉，2000年，河南商丘，工厂工人）

玩王者（荣耀）最主要的原因也是这个游戏类似于LOL（英雄联盟），因为我之前有玩LOL，现在嘛，手游比较方便，基本上都是手机不离手，我也是无聊的时候玩一下，当然也离不开朋友圈！有朋友一起感觉才有意思，"吃鸡"也是一样。这个也得看个人工作压力，压力大的，都常想下班回到家，没什么事情做的都会玩一些手游。也看个人爱好，女生相对于来说会少点，因为她们喜欢追剧呀！男生就不一样。我在线的时候都会看下朋友圈，一起玩！可以一边玩游戏一边聊天嘛。我主要就是和以前的老同学一起玩。（小宋，1991年，安徽六安，建筑工）

现实社会中，社会秩序会与人类的本能快感间产生差异与对抗，快感遭受压抑。巴赫金提出的狂欢节概念体系中，人们可以自由利用身体快感来对抗社会道德与社会控制，通过悬置所有的等级地位、特权、律例来实现一种创造性的、游戏式的自由和解放。当前的手机游戏族正是在虚拟场景中体验巴赫金笔下的狂欢世界，在这个由媒体技术和游戏规则架构的世界里，游戏玩家可以获得最原始的快感以及一次暂时拒绝官方世界的机会。① 新生代农民工可以充分利用自己的碎片化时间玩手机游戏，他们玩的游戏类型各有不同：比较常见的是 MOBA 类②的，如王者荣耀；有娱乐休闲类的，如开心消消乐、卡通农场等；有益智棋牌类的，如欢乐斗地主、开心四川麻将等；还有竞技策略类的，如植物大战僵尸、海岛奇兵；等等，还有大型多人在线（MMO）手游，如梦幻西游、刀塔传奇等。

工厂女工小张说："像我之前玩得一款游戏'天天酷跑'，我是在安卓平台上玩，但一旦在苹果系统上重新登录，什么装备、等级就全部没了。现在在玩'开心消消乐'，这款游戏还挺难的，需要一定的智商，以前玩'天天酷跑'玩得挺多的，现在就基本上玩这个'开心消消乐'，现在什么游戏都是玩一段时间。这个游戏基本上就是需要闯关，一关一关地过。主要就是为了消磨时间，无聊呗。现在这款游戏还是很流行的，坐公交车的时候就看到好多人在玩，像我当时上学的时候，老师在上面讲，我就在下面玩。"（小张，1994 年，江苏宿迁，工厂工人）小张说着，一边拿出手机放在桌子下方，一边做出佯装在看黑板的姿态。

手机游戏这一媒体形态成为青年农民工娱乐休闲的必要载体工具，他们通过投身手游世界，可以暂时摆脱角色压力，无须考虑自我成长过程中的认同危机，进入一个能够自由支配的虚拟个人空间，其中他们可以舒缓内外压力，挖掘自我潜能，实现现实意义中的自我满足，因此手游成为他们喜爱并能感受到自我价值的生活方式。

小智给笔者展示了他喜欢玩的一款手游部落冲突，玩家需要逐步建立起自己的强大部队，守护好自己的部落，还要精心策划排兵布阵，只有这样，才能取得胜利。小智告诉笔者，他其实从小的时候就特别想当兵，但

---

① 袁潇、张晓：《手机社交游戏的传播价值与规制方式研究》，《当代传播》2018 年第 7 期。

② MOBA，Multiplayer Online Battle Arena，中文译为多人在线战术竞技游戏。

由于年轻的时候不懂事，手臂上文了身，就失去了参军的资格。这个游戏给他带来了重新"圆梦"的感觉。手机游戏给新生代农民工带来的不只是枯燥乏味工作以外的欢乐，还会赋予他们一定的成就感，个体可以真实地感受到自我存在感和价值。

如今的手机游戏一般都会借由用户的社交媒体账号登录，多数手机用户如今都有每天登录通信软件的习惯，因此，这种内置的游戏极大地提高了使用者每天定期登录游戏的黏着度。同时，由于依托通信软件平台，游戏者可以看到自己在所有好友中的排名，只要自己的通信好友也安装了同样的游戏。

> 我们宿舍一共5个人，有4个人打"天天酷跑"，还有一个人不玩，他喜欢去网吧玩，打英雄联盟，我现在对电脑游戏过敏，更喜欢打手机游戏。"天天酷跑"前不久更新了版本，现在能够玩面对面对战模式，我们宿舍4个人就经常对战，他们都不是我的对手，基本上每次都能跑个第一、第二，心情不好的时候，觉得放松了一下，刚开始的时候觉得特别爽。（小高，1996年，河南登封，工厂工人）

> 用手机来玩游戏，糖果大战、天天酷跑等，和舍友玩游戏PK，说我们来相互"虐一下"，人以类聚，如果我们是朋友，你玩的东西，我也知道，这样有了共同的话题就更加亲近。（阿连，1992年，安徽蚌埠，餐饮业服务员）

小高是手游"天天酷跑"的忠实拥趸，甚至他还会经常在自己的QQ空间中发出自己的游戏截图，有时是和对方PK后获胜的界面，"得瑟一下"，有时却是抱怨，"我无语，跑的（得）比他远，却没有他分高，这叫什么事"。

这在无形中既提升了"人以群分"的群体认同，又激发了他们渴望排名靠前以获得自我成就的内在心理。通过提高自己在游戏中的排名，个体理想可以得到满足，很多热衷于手机游戏的青少年，不断升级攻克各个关卡，增值个人虚拟财富，攀升自己在同辈群体中的排名，相应获取自我的满足感与成就感。郑欣教授在自己的《进城：传播学视野下的新生代农民工》一书中，也阐述过一个案例，一位新生代农民工在日常生活中是个游戏高手，他曾经的同学都慕名而来，邀请他帮忙刷分升级装备，从而成功缓解了他原本在现实社会中的自卑感。[①]

手机游戏提供了一个需要多重角色行为与之配合的媒介场景，并生产出适合这种媒介场景的时空关系和社会关系。大型多人在线手游可以让许多青少年玩家同时在线玩，在游戏的虚拟"场域"中展开社会互动和合作实践。[②] 在手机社交游戏中，玩家们正是在游戏中积极寻求维持或重新建立社会联系，寻求群体认同。

> 我是"天天酷跑"的铁杆粉丝，每天去贴吧签到，吸取经验，看到别人的截图，看到别人爆分了，哇！牛！太牛了！一共发言过三次，有一次和冰封狼王对战，被别人踩，感觉自己伤不起，就截了个图，发到贴吧里面。上次在贴吧里面看到一个视频，跑了两万多米，保护罩都没掉，太牛了。以前能够开挂的时候，能跑到 3 万多米，现在可惜不能开挂了。（小高，1996 年，河南登封，工厂工人）

手机社交游戏建构出一个转瞬即逝的碎片化世界，原本固化的社会组织分散为单纯以情感维系的零散部落，这些部落根据玩家的不同意指发展出独立的符号表征。手机社交游戏这种全新的社交方式鼓励个体在多个部落间自由流动，虚拟新部落的维持依靠的是成员在社会互动过程中共享情感时的体验，这种体验可以被看作向已经被现代思想所拒绝的前现代想象的一种回归。拟态游戏中的人物所向披靡，成为他们的另一个化身。

新生代农民工在手机游戏中的角色扮演不仅使自我介入游戏文本的书写，从而拥有更多的自我感。在现实的城市生活中，个体的人格成长是个非常漫长的社会化过程。而在社交游戏中，只要玩家愿意持续性地投入时间和精力，就可以拥有某种象征性的权威人格。等级在手机社交游戏中意味着玩家的地位与威信，等级越高、能力越强的玩家越能受到其他玩家的

---

① 郑欣等：《进城：传播学视野下的新生代农民工》，社会科学文献出版社，2018，第 61 页。
② 袁潇：《基于手机媒体使用的青少年亚文化族群研究》，《编辑之友》2016 年第 4 期。

追捧，这就形成了一个循环的过程。① 新生代农民工也希冀获得他人的认可，希望收获成就感与自我满足感，但从现实生活和工作中可能难以实现。相反，手机游戏给他们创造了一个平等的机会，只要投入时间和精力，就会提升游戏等级，就有可能实现从"草根"到"克里斯玛领袖"的转型。这种可以预见的未来会给他们带来强烈的诱惑，他们自愿性地付出时间成本、劳力成本来不断升级，通过这些行为来实现自己未完成的梦想，反照出玩家理想中的自我。② 手游带来的补偿功能有效地弥补了城市现实生活中的瑕疵与不足。

本章小结

新生代农民工正值青春年华，他们与城市青年一样，有着对未来生活和自我理想的渴望与希冀。他们来到城市这个陌生而广阔的空间后，希望在城市立足生根，实现自我的人生价值。城市社会中充斥着丰富多元的信息传播渠道，新生代农民工进入城市后，对城市有了切身的体验与认知，他们积极参与城市生活，不断增强自己的城市实践经历，经由媒体与城市社会发生频繁而广泛的互动。城市的互动性媒介环境，对新生代农民工的信息素养提出了更高的要求，他们也自动自觉地不断提高自身的信息素养，而在这个过程中手机媒体为他们提供着重要的引导与启发功能。

新生代农民工身处媒介化的城市空间，他们经由新媒体渠道接触与了解城市中的各项信息。其观念中的乡土文化与城市中的理性主义和功能主义产生冲突，而媒体的赋权效果和自我行为的期望相互影响、相互渗透，逐渐消解原有的认知惯习。在形式多样、丰富多元的媒介空间中，新生代农民工主动利用手机媒体的特征和空间形态，不断形塑自己的思维习惯，重新寻找自身在城市社会中的定位。对于新生代农民工来说，城市空间中的媒介选择使他们在认同上表现出"双重边缘人"的特征。新生代农民工跨越了农村社会和城市社会两种不同的空间形态，他们需要在城市空间中重新找寻自我定位。而在这个过程中，城市异质空间中的各种元素和各股

---

① 袁潇、张晓：《手机社交游戏的传播价值与规制方式研究》，《当代传播》2018 年第 7 期。
② 袁潇、张晓：《手机社交游戏的传播价值与规制方式研究》，《当代传播》2018 年第 7 期。

力量对其城市认同的形塑产生影响。

亚里士多德曾经提出共同体的概念，人们基于共同的价值观、利益取向、群体需求以及相近的认同观念，和他人、群体和组织产生互动，按照特定的行为模式和社会规范结合成一个高度互联的共同体。[①] 共同体可以通过特定的纽带维系群体关系，形成群体认同。而如今随着以手机为代表的新媒体技术的普及使用，新生代农民工在城市生活与群体交流中，已经不再单纯经由血缘与地缘关系形成连接性的纽带。他们在共同的地域空间内，通过流动性的行动模式，效仿城市居民的行为举止与生活习惯，努力形成和城市空间相一致的精神共同体。

新生代农民工主动褪去了乡土文化的印记，也很难回归农村落后和节奏缓慢的生活，他们已经逐步适应城市丰富的物质生活和快节奏的生活方式，并渴望在城市中安家落户。这个重塑和转型的过程是循序渐进的，新生代农民工最初体验城市生活时，其价值取向和行为准则逐步向社会性价值转变。新生代农民工进入城市后，积极利用自己的新媒体工具重构自己的精神资本，并在其实践过程中随着人生规划的转变不断积累，推动技术实践不断发展，进而推进其城市认同与城市融入的进程。而这种精神资本也在与城市融入的双向互动中，影响着新生代农民工对自我和未来的认知。

进入城市的新生代农民工如何真正地实现身份转变和城市融入，需要将理论探讨落实到行动和政策执行层面。新生代农民工的媒介化生活可以和行动层面挂钩，要积极利用新媒体平台引导新生代农民工转变观念，使其积极适应城市社会生活。大部分的新生代农民工，尤其是产业工人，囿于工作时间的限制，以及居住地点远离商业街区，能够用于闲暇的时间相对较少，而且闲暇程度仍旧低于城市居民。他们利用手机媒体进行娱乐的方式也比较被动，缺乏相应的参与度。但不可否认的是，新媒体已经极大地丰富了他们的闲暇生活，他们将手机视作娱乐工具的同时，也逐渐意识到手机作为价值工具的意义，他们的闲暇生活同样具有精神追求和自我实现的意义。

---

① 张志晏：《共同体的界定、内涵及其生成——共同体研究综述》，《科学学与科学技术管理》2010 年 10 期。

第五章

"准现代性"：手机使用与新生代农民工的自我认同

自我认同是指自我在一定的社会体系架构中，借由与他人之间的交往互动，形成并逐渐建立起对自我的角色定位与认知理解。如今在新媒介情境下，青年的自我认同面临着危机加剧的局面。"在后现代的文化中，主体已经被分化成一种越来越欣快但又支离破碎的变数，而非中心化的后现代自我也不再感受到焦虑，同时也不再拥有深度性、实体性和一致性等。"① 凯尔纳认为，网络时代，现代传媒中充斥着毫无意义和指涉的内容信息，媒体受众容易迷失在光影建构的虚幻空间中，在光影的切换中得到暂时性、虚拟性的满足感，主体呈现碎片化、流动化、彼此间互不关联的特征。

信息大潮中夹杂着多元化的价值观，不断冲击与影响网络时代中个体的自我认同。新媒介情境的分裂性、暂时性、无深度感使人们日益面临自我身份的复杂化和碎片化。网络平台中的混杂多元的信息渠道、海量的信息内容，使个体身份的流动性和易变性成为现实。青年群体的自我认同体现出不稳定和漂移的状态，甚至出现传统身份完全意义上的消解。无身份的身份体现出自我身份的极度模糊和不确定性，对稳定性、连续性、统一性的传统认同框架淡化和拒绝，对当前的社会体验和情境感受持开放性态度。

从这个层面来看，媒介化的虚拟空间成为现代人的迷失之地，但颇为

---

① 凯尔纳：《媒体文化：介于现代与后现代之间的文化研究、认同性与政治的新描述》，商务印书馆，2004。

吊诡的是，社会的媒介化同时又为现代人辨识自我、弥合自我破碎感提供了无所不在的参照。以互联网为代表的新媒体以其海量信息、丰富多样的网络产品，以及便捷获取信息、实时互动的技术条件，为数字时代的人们形成自我认同提供了条件。网络传播使"自我认同"被放置于全新的社会语境背景中，消弭了传统意义上认同的稳定性、普遍性与绝对真理的存在。当人们经由互联网进行信息交互时，他们不仅是文本改写的参与者，也是自我认同的积极重塑者。

雪莉·特克曾经提出互联网已经转变为一座社会实验室，人们可以在许多自我之间任意邀游，建构新的自我，网络中的虚拟环境为自我塑造与自我创造提供了重要路径。[①] Yurchisin 认为个体通过使用网络能重构自我身份，线上、线下身份的确立会影响到个人线上、线下的信仰和行为。[②] Matsuba 认为，青年通过互联网来体验不同的社会角色，任意变换不同的自我身份，互联网进而成为青年人寻求成年人身份的重要途径。[③] 刘中起、风笑天认为网络情境化的交往方式使得网络互动者充分发挥自我潜能，帮助个体自由传播作品、思想、观念，网络互动者的自我呈现角色实践在网络人际互动中得以充分实现。[④] 杨桃莲认为，大学生通过在博客平台上反思与表达、建构自我认同、确立生活情调与生活品位、建构"小资"阶层认同，呈现对于传统家乡和国族的认同。[⑤]

新生代农民工使用新媒体并非停留于简单的使用层面，而是积极利用新媒体维系个人社交网络，并且将其作为展示自我个性、积极表达自我的平台。新生代农民工主动采纳新媒体技术，一定程度上模糊了其自我身份认同，新媒体技术帮助他们建构与管理自己的社会关系网络和混合身份。[⑥]

① Turkle, *Life on the Screen*: *Identity in the Age of Internet* (Simon and Schuster, 1995), pp. 201 - 208.

② Yurchisin, "An Exploration of Identity Re-creation in the Context of Internet Dating," *Social Behavior and Personality* 8, 2004, pp. 735 - 750.

③ Matsuba, M. Kyle, "Searching for Self and Relationships Online," *CyberPsychology & Behavior* 3, 2006, pp. 275 - 284.

④ 刘中起、风笑天：《虚拟镜像中的真实——网路人际互动者的自我呈现》，《安徽科技》2002 年第 7 期，第 47～48 页。

⑤ 杨桃莲：《大学生自我认同的建构》，博士学位论文，复旦大学，2009。

⑥ 李翱：《新媒体环境下新生代农民工自我身份认同研究——以汕头市金平区民营科技园某企业为例》，硕士学位论文，汕头大学，2011。

第一节　新生代农民工的自我认同危机

新生代农民工从年龄维度看隶属于青年群体，他们需要度过埃里克森所谓的"青年认同危机"阶段。埃里克森将人格发展历程划分为八个阶段，第五个阶段"青春期"是自我认同危机出现的时段。青年个体独立进入到社会生活中，开始独自面对社会文化的冲击，这些转变会对青年带来心理层面与价值观念的冲击，这一阶段最容易造成认同危机。[1] 新生代农民工正处于人生这一特殊过渡时期，生理逐渐成熟，心理逐步转型，开始感受到"认同与角色混淆"，该阶段的核心发展任务就是要探索并建立个体的自我认同。新生代农民工在自己的青春期开始寻思自己的人生定位，探寻人生价值所在，追问自己人生的终极目标，逐步形成清晰的自我认知与自我认识。新生代农民工在进入城市后需要解决的核心任务就是要排解自我迷惘与消除角色认知混乱，建立起一定的自我认同感，避免自我认同危机对其产生负面影响。新生代农民工已经逐渐开始发展自我意识，关注自己的心理特征与情感动态，尝试理解自己内心的精神世界。他们比较在意他人对自己的态度与评价，并会根据对方的看法来修正自己的行为，渴望获得他人的认可与理解，寻求一定的身份归属。

同时，他们也需要思考并确定自己在城市中的身份定位。老一代农民工进入城市打工多是源于"生存理性"，务农较低的收入水平"推动"他们前来城市打工。他们通常的打工逻辑是在城市赚钱后，回到乡土社会继续生活。传统的农民工群体比较认同自己的农民身份，相对更乐于接受农民工制度，对于流出地乡土社会有较为强烈的依恋，最终也将回归农村。他们将自身的打工行为视作在城市中的短暂停留，并没有长期居住成为城市中的新市民的打算，他们对城市中的排斥、歧视的敏感度较低。新生代农民工历经城乡流动产生物理空间的迁移，相应会产生居住空间、工作条件、日常生活变化而带来的直观性的问题；同时，也会涉及相对抽象的心理层面的变化，他们会开始追问，"我过去是谁，现在又是谁"，形成对自

---

[1]　埃里克·H. 埃里克森：《同一性：青少年与危机》，孙名之译，浙江教育出版社，1998，第 131 页。

我身份与自我认同的探寻与反思。城乡流动不仅是地理意义上的人口流动，更应该被视作心理意义上的文化移民。新生代农民工的自我认同是其对于自我身份的评价，这包括自我意识以及外部的评价，基于以上思考对"我是谁"这个问题给出自己的答案。

然而新生代农民工在城市融入的意愿与行动方面，和第一代农民工相比存在一定差异。新生代农民工中绝大多数从来没有过任何务农经历，而是从学校毕业后直接进入城市打工。他们中不少早年就有跟随父母在城市生活的体验，甚至有一些就是在城市环境中成长，在城市的中、小学校中完成了学业。早年便外出务工的经历逐渐削弱了他们对乡村故土的情感认同与身份归属，他们也不愿像第一代农民工那样未来依旧回归农村。他们的主要目的逐渐由生存理性转向社会理性，比较迫切地渴望融入城市生活。但由于长久以来横亘于城乡之间的二元结构与农民工身份制度的掣肘，新生代农民工在谈及自己的户籍身份时会较为敏感，在遭受排挤和不公现象时容忍度较低，容易产生强烈的被剥夺感。他们需要在城市生活与社会体验中重新确定自己的身份归属，通过生活形态、消费方式等的自我展示，在自我群体内部或城市居民中告知自己的身份所属，并开始思考他们在社会中处于什么样的位置，归属于何种群体，在相互交流和交往中了解他人的身份特征，最终实现自我身份的认同。因此，新生代农民工所面临的恰好是自我认同的"双重危机"。这两方面的认同危机倘若有一方处理不好，就会对新生代农民工的个体成长造成困扰，进而引发一定的社会隐患。

近些年智能手机等新媒介终端的广泛普及，优化了新生代农民工成长过程中的媒介环境。新生代农民工赶上了信息技术高速进步与跨越式发展的伟大时代，相比较传统大众传媒的被动接触，新生代农民工对于以手机为代表的新媒介持积极主动采纳的态度。在对新媒介的接触与使用中，他们能够有选择性地去探索未知世界，不断加深对自身的理解，形成自己全新的认同模式。

第二节 "生命历程"叙事中建构自我认同

自我叙事与建构自我认同间存在较为密切的关联性，泰勒曾鲜明地提出："自我认同根本就是一种叙事（narration），或者说，自我认同只能是在我们对于自己的生活历史的叙述中获得的。"① 吉登斯曾指出，"一个人的身份认同，体现于一种'能让特定的叙事模式持续下去'的能力。它必须持续不断地吸纳外部世界中发生的事件，并将其分类归入有关自我的、正在进行的'故事'中。"② 此外，麦克亚当斯也指出，个体不是在叙事中"发现"自我，而是在叙事中"创造"自我，人们在叙述中才能够认识自己、审视过去、祈望将来。③

移民问题研究可以借鉴"生命历程理论"，用以探讨社会变迁对于个人生活与发展的显著影响。所谓生命历程，是指"个体在一生中会不断扮演的社会规定的角色和事件，这些角色和事件的顺序是按年龄层级排列的"。④ 在《身处欧美的波兰农民》一书中，托马斯和兹纳涅茨基就率先使用了生活史、生活记录和情境定义的方法，"让外来移民自己讲述自己的生活故事"，⑤ 研究社会变化和移民的流动轨迹和生活状态。中国农民工的城乡流动也可以看作一种内部移民，除了重点关注具体的事件和角色在个体生命历程中的作用，而如今手机作为新生代农民工如影随形、贴身陪伴的媒介工具，我们还需要关注以手机为载体的媒体形式在个体生命历程转变中的作用。新生代农民工的生命历程可以划分为"农民—农民工—市民"三个阶段，媒介会对他们的人生规划产生影响，而这样的规划决定着他们未来的发展轨迹。从这个意义上说，在新生代农民工的生命历程中，其人生拐点会在媒介的效用下出现，从而改变他们的命运，改写他们的人生。

自我认同在现代社会中被设定为一种独特的叙事，是一种连贯发生的现象。为了维持自身完整的自我感，需要将这种日常叙事转变为鲜明的记忆。而自我记录、写作日记成为个体寻求与建立自我认同的重要手段。手

---

① 查尔斯·泰勒：《自我的根源：现代认同的形成》，韩震等译，译林出版社，2008，第75页。
② 安东尼·吉登斯：《现代性与自我认同》，夏璐译，中国人民大学出版社，2016，第50～51页。
③ 转引自马一波、钟华《叙事心理学》，上海教育出版社，2006，第93页。
④ 转引自包蕾萍《生命历程理论的时间观探析》，《社会学研究》2005年第4期。
⑤ W. I. 托马斯、F. 兹纳涅茨基：《身处欧美的波兰农民》，张友云译，译林出版社，2000，第2页。

机成为新生代农民工自我记录与自我叙事的技术载体。新生代农民工的城市生活体现在手机媒体中的绝不仅仅是照片、文本、视频、通话记录等，更有备忘录、闹铃甚至铃声、彩铃、音乐存储，各类应用的变化均彰显着个体用户的日常经历与行为特征。他们的个人身份作为数据空间中的产生内容存在于手机媒体之中，虽然这些记录作为一种存储空间上的磁性模式呈现一种物质表现，其真实性却体现在数字定义的空间领域。手机的存储信息揭示了新生代农民工的自我感知，以及确认个人身份的个人感受。由于人与手机之间的交互作用可以被储存在数字记忆中，人们得以逐字逐句地重复生活片段——任何事件序列都可以作为记录下来的记忆被储存起来，并在以后被我们自己或者他人"重新体验"，这种体验具备原初体验所有的保真度。而且，我们可以与记忆互动，因而可以"改变过去"。通过"切合和组合"，我们可以对时间进行重新组装。在一个如此虚拟的世界当中，过去和现在可以拥有同样的地位并可以被共同体验。①

小慧是笔者在 2013 年开始调研时的第一个访谈对象，因为她的生日和笔者的是同一天，所以虽然是第一次见面，但我们二人却有着相谈甚欢、一见如故的感觉。当时她刚来南京三个月，在她堂哥开设的一家小饭店做服务员，用她自己的话来说就是来城市中"体验生活"。当时她用的是一款国产手机，平时就拿手机上上 QQ、打打游戏等，因为那时她的手机不能用微信，所以她就没有开通微信。而且在刚刚进入城市三个月的情况下，她表示并不想换手机，因为自己"属于比较恋旧的人"。大半年后，笔者打电话给她，想要约定第二次访谈的时间、地点。电话刚打完，笔者的微信就收到了她主动要求添加好友的申请。第二次见面时，她告诉笔者她已经换了一份工作，在江北的一家工厂上班，也算是遵从了自己父亲的意愿。并且在商讨第二次访谈地点时，她主动提出江北某个大型商业街区中有个茶社还不错。当天在茶社中，她拿着她的手机，边翻看着她手机图片集中的照片边向笔者讲述她最近一年的状况。她从 2014 年 3 月开始就不在堂哥的饭店里做服务员，而是在江北一家橡胶厂工作了，因为她的堂姐也在那里工作。工厂里她又认识了不少新的同事，有时会经常一起出来逛

---

① Lorenzo C. Simpson, *Technology, Time, and the Conversation of Modernity* (New York: Routledge, 1995), p. 112.

街，她的手机也是换工作后不久买的，她给笔者看她住的宿舍、在工厂里面认识的小姐妹、前两天她们一起吃了什么，手机相册的照片集里记录着她最新的生活状态，可以追忆她最近一年多的工作动态。而如今小慧可以自由地使用手机更新自己微信朋友圈的内容，经常发布自己最新的自拍照和最近的生活状态。正如辛普森在描绘网络社会时所表示的，使用者可以完全自由地支配时间——可以逆转一种经验，可以维持其在一种无限的当下，甚至可以替代性地颠倒我们生活的片段。① 新生代农民工通过与朋友一起观看手机中的照片集并加以评论，重温共享往日时光或是了解他人的个人生活和经历，从而能够引发集体回忆或洞察对方的个人经历。而与单身的新生代农民工相比，已有小孩的青年农民工们会在手机中存储更多他们子女的照片。许多农民工母亲也一样，都会非常主动热情地打开手机，翻开其中的电子相册，给笔者展示她们可爱的孩子，也事无巨细地告诉笔者关于她们孩子的点点滴滴、表达不能在孩子身边的惆怅与失落。通常来讲，女性已育农民工手机桌面就是她们孩子的照片，互加社交媒体后发现，她们社交媒体的封面也是她们孩子的照片。新生代农民工妈妈们借由这些方式向外人展现她们的"母性可见度"（maternal visibility）。

随着手机技术的日益革新与社交媒体的普及推广，自我书写（self-writing）和书写自我（writting self）使单个的手机拥有者成为多样化的中心，但个体独特的自我创造性又推动了中心的多样化。手机媒体架构起多中心编织的网络交流体系，日常语言成为移动互联交流的必要载体，而日常生活成为其内在依托与外在场景，从而脱离了正式场域的限制。手机技术跨越了城乡之间的藩篱，有移动通信信号的空间都能自由沟通，时间和空间平等使得扁平化的交往方式成为可能。在田野调查中，笔者和数位新生代农民工添加了 QQ 或是微信等网络联系方式，因此，得以进入他们的 QQ 空间或是微信朋友圈，看到他们发布于社交网络的个人社交状态。在访谈中，笔者了解到，大部分新生代农民工都有更新社交媒体的习惯，尽管频次、内容、时段有所不同。他们通常在自己的虚拟空间里记录自己的日常生活、抒发自己的心理感受、评论社会中的热点事件、介绍自己的购物心

① Lorenzo C. Simpson, *Technology, Time, and the Conversation of Modernity* (New York: Routledge, 1995), p. 112.

得或是秀出自己的私房菜等，以此来创造属于自己的独特虚拟世界。当他们遇到开心愉快的事情时，如看了场电影、和同事聚餐、一起出去 K 歌，会通过发布状态的方式留下印记，表达自我满意或认同；当他们遇到烦恼、纠结或内心所想无法向他人表达时，同样会在社交媒体中加以倾诉和发泄。网络交往高度随意性与隐匿性决定了网络主体可以彼此自由交流，这对个性发展无疑具有重要意义。

> 平时的话，会用微信发布朋友圈，但是微博就没有发过了，基本上就是用来浏览的。朋友圈内容一般就是比较日常的事情，然后分享一些新鲜事啥的。就是平时心情好或者心情很不好的时候会发，这个主要看自己了，想发就发了，也没有什么固定的时间。转载的文章和自己写的东西都有，数量也都差不多。平时会用手机在网上浏览新闻，比较方便嘛。新闻内容的话，基本上都有，比较杂，本身手机上内容也多。平时有时候是财经方面的，还有国家大事什么的，还有一些其他的。（小杨，1995 年，安徽，快递员）

> 常用的就是微信和 QQ 了，这两个的话，我还是 QQ 使用得比较多。我平时从来不用微博，就是偶尔会发一些微信朋友圈和 QQ 说说。说说的话，就是一些日常生活的事情，自己写得比较多，还有就是那种游戏的分享。自己倒是不会因为很久不发动态就会觉得在朋友圈没有什么存在感。（小门，1998 年，河北邢台，工厂工人）

从形式上看，新生代农民工发表于社交媒体的个人信息状态单独成篇，关注的是生活中一些零散的事件，而个体的写作与记录是对日常经验重新流动与液化的过程，和日常生活中的变动相契合，处在一种真正的"延异"状态之中，但它依然维持着一个自我确认的中心。[①] 个体作为自我存在的鲜明标志之一便是拥有自己的独特记忆，而记忆的主要功能便在于连接过去之"我"与现在之"我"，从而形塑出一个稳固的自我。个人形

---

① 黄卓越：《博客写作与公共空间的私人化问题》，《文学评论》2008 年第 3 期，第 145 页。

象的塑造与个人身份的建构与个体的过往记忆密切相关，基于手机中的日志记录是对过去的记忆。正如德国哲学家科斯洛夫斯基所说，"自我发现的追求表现了对正确的自我、对有意识有责任的生活方式的哲学努力"。①

对新生代农民工来说，在社交媒体中发布内容首先是一种自我传播的行为，是自我对自我反思、自我和自我对话的过程，他们可以通过记录文字、发布图片和视频等方式来建构自我认同。社交媒体中自我发布的内容形塑着自我成长的轨迹，个体遵从从过去到可预期的未来的时间脉络，自觉"筛选"过去的生活片段，并沿用其过往的经验，记录自我对自身生命中期的阶段性认知。正如吉登斯所言，"自传性思考"是形成个人生命历史的连贯感，是逃避过去之牢笼和对未来敞开自我之首要手段。② 个体作为自我存在的鲜明标志之一便是拥有自己的独特记忆，新生代农民工的自我书写形成记忆功能，连接过去之"我"与现在之"我"，从而形塑出一个稳固的自我。个人形象的塑造与个人身份的建构与个体的过往记忆密切相关，而手机中的日志记录是过去的记忆，是把"个人"写进历史。

生命历程理论中强调个体的两个重要因素：一是出生组效应，主要关注个体的出生年份，隶属于哪个同龄群体；二是地理效应，主要关注个体出生的具体地点，将个体放置于宏观历史背景中予以考察。目前中国处于高速变迁的社会转型期，这种剧烈的社会变迁会映射在单个个体的生命历程中。中国改革开放这一重要历史决策促进了进城务工大潮的形成，而出生在这个时期、出生在农村的新生代农民工，成为被时代赋予独特命运的一批人。事实上，新生代农民工从农村流入城市，这种居住地的迁徙和离开父母独自生活，都是他们生命历程中的重要转折点，使他们在现代化和城市化进程高速推进的社会背景下，被时代所推动，从原本一辈子固守土地的农民命运中脱离出来。

如今，手机已经渗透进这个历史进程。生命历程理论的一个重要研究维度就是人的主观能动性，人们总是在一定社会结构框架内有意识地自主推进自己的生命历程。个体做出选择除了受到特定社会背景与社会情境的

---

① 彼得·科斯洛夫斯基：《后现代文化：技术发展的社会文化后果》，毛怡红译，中央编译出版社，1999，第69页。

② 安东尼·吉登斯：《现代性与自我认同》，夏璐译，中国人民大学出版社，2016，第68页。

影响，还会受到个人成长经历和个性特征的影响。手机媒体通过自我叙事的方式，记录下新生代农民工人生发展道路中一系列的事件，为新生代农民工的人生规划提供了动力支持，增强了其主观能动性，让他们对城市生活的未来有了更多期待，使其在未来城市生活方式的选择上能够更为自主、更富有计划地推进自己的生命历程。

第三节　自我科技与自我反思的虚拟平台

反思性觉知是人类社会中普遍存在的行为特征，并且是现代性固有的大量发展的制度反思性的特定条件。个体会每时每刻，或至少在有规则的时间间隔中，不断地依据正在发生的事件实现自我质问。人类持续性地监控着其自身活动的场景，对于自身的追问要求本体作为一种统一性和连续性存在，使自我认同能够获取足够安全的维系，从而能够经受住个人活动的社会环境的重大张力与变迁，人类也正是通过"自然态度"的采用来避免本体安全感的丧失。

钱德勒研究了互联网时代中的个人主页和"自我科技"手段，并重点考察了个人主页与认同建构之间的关系。钱德勒指出："个人主页有助于确定我是谁。在我注视/书写关于某事之前，我经常无法确定我的感受为何，但在我如此做了之后，至少我更了解我的感受。不知为何，发表我的感受有助于证明他们对我而言的确为真。"[1] 个人主页是种在线多媒体文本，并用于解答"我是谁"这一问题。由于互联网是个全球出版系统，个人主页的作者在塑造个人和公共身份的过程中，从网络公共领域借鉴各种材料，并予以拼贴、采纳和改编。钱德勒特别指出，这可能对某些边缘化群体具有特殊价值。[2]

如今，新生代农民工在社交媒体中的自我撰写无疑是展现自我与得到他人认同的重要方式。老一代农民工由于受到媒介技术的限制，只能通过

---

[1]　Chandler, D., "Personal Homepage and the Construction of Identity on the Web," *Journal of Sociolinguistics* 4, 1998, pp. 419 – 438.

[2]　Chandler, D., "Personal Homepage and the Construction of Identity on the Web," *Journal of Sociolinguistics* 4, 1998, pp. 419 – 438.

纸质日记书写和信件往来诉说自己的存在价值。而现代无线通信技术的蓬勃兴起，提供给新生代农民工自我表达的更佳途径。凭借手机建立起来的虚拟空间和线下社会空间是动态地互相建构的。多数新生代农民工都会在手机中安装了 QQ、微信这些即时通信软件，特别是微信从诞生伊始便主要依托手机平台，由于内容发布的便捷和信息更新的迅速，还包括 UGC①理念下潜力无限的微内容生产与发布平台，QQ 空间和微信朋友圈成为他们自我反思的记录与平台。他们通过微信朋友圈、QQ 空间等社交媒体，不间断地更新自我的生活场景与行动内容，充分展现个人丰富的自我世界和独特的个性想法。因此，基于移动互联网的社交媒体就成为新生代农民工自我倾诉、自我迷恋、自我反思的个性化场所。

他们会在其中抒发"一个人反反复复去想去沉淀""有时你的追求完美，反倒给别人带来负担"等类似的感悟。作为农民工群体中受教育程度较高的精英群体，通常他们的文字表述能力较强，能够比较清晰自如地表达自我真实的想法和状态，而且他们发布状态的措辞和表述有时能体现出一定的文学素养。

> 别把自己看得太低，不如你的人多的是，别把自己看得太高，你不如的人多的是，你要做的，就是努力让前者变多，后者变少。
>
> 知识使自己变得强大。有时候我应该多些淡定、从容，少些浮躁、狭隘。
>
> 而我们的窗外，就有蓝天白云，我们的身边，就有鲜花绿草，没有谁囚禁我们，但我们却囚禁了自己。
>
> 最近事情太乱、太多，等从上海回来一定要把自己的生活好好理理……空出一些时间给自己。（小雨，1990 年，安徽合肥，工厂工人）

他们也会采用转帖的方式来表达自我的内心感受。小雨在朋友圈中转

---

① UGC（User Generated Content）指用户原创内容，是伴随着以提倡个性化为主要特点的 Web 2.0 概念而兴起的。它并不是某一种具体的业务，而是一种用户使用互联网的新方式，即由原来的以下载为主变成下载和上传并重。随着互联网运用的发展，网络用户的交互作用得以体现，用户既是网络内容的浏览者，也是网络内容的创造者。

帖，帖子标题是"你人再好，不是每个人都会喜欢你（所以不管怎样都要好好爱自己）"，自己评述道"人生的路，要活出自我，活出自信"。（小雨，1990 年，安徽合肥，工厂工人）还有会转类似"长期晚睡的危害一览表，今天起拒绝晚睡"的帖子，自己的转帖发言则是"从今以后我要早睡早起"。

小雨告诉笔者，有段时间，工作不是很顺利，感觉做事不在状态，自己非常沮丧。一天，她在一本书上正好读到李中莹对于"自我价值"的分析，非常有感触，就拍了张照片，放在自己的朋友圈当中。图中文字主要是李中莹先生对于"自我价值"三要素的分析，以及关于自信、自爱与自尊的定义与介绍。强调自我要对自己有信心，信赖自己具备相应的能力；要懂得爱护自己，由此才能吸引与接纳他人的爱；同样，也要在尊重自己的同时，尊重他人。小雨在微信朋友圈配图发送的过程中，自己还发布状态："自信了吗？"这是在问朋友圈里面的朋友，其实也是在问自己。

新生代农民工通过基于移动互联网的社交媒体来记忆"个人"经历，可以树立与强化个体的自我认同感。新生代农民工和他们的前辈相比，对自己的故土有一定的距离感与陌生感，逐渐削弱了对于农村社会的"乡土认同"，有较强的融入城市的意愿。他们并不认可官方话语体系中的农民工身份，希望自己的身份有全新的内涵。[①] 新生代农民工在社交媒体中自主书写个人生活，表明自己努力融入城市的决心和奋斗精神，可以对曾经的"自我"进行矫正性的反思，对现实的"自我"实现经验化的叙述，对未来的"自我"展开预期式的期望，从而将自我认同的危机转化为塑造理想"自我"的方式，最终在心理上实现自我认同。建筑工小李就曾在朋友圈发过这么一段话：

> 男人再帅，扛不起责任，照样是废物；女人再美，自己不奋斗，终归是摆设。无论你是谁，宁可做拼搏的失败者，也不要做安于现状的平凡人。造船的目的不是停在港湾，而是冲击风浪；做人的目的不是窝在家里，而是打造梦想。不看昨天谁是你，只看今天你是谁；不

---

① 王春光：《新生代农民工城市融入进程及问题的社会学分析》，《青年探索》2010 年第 3 期，第 5～15 页。

谈以前的艰难，只论现在的坚持。人生就像舞台，不到谢幕，永远不要认输！活着，不是靠泪水赢得同情，而是靠汗水赢得掌声。（小李，1982 年，安徽淮南，建筑工）

同样，阿杰的微信个性签名是："我不是有钱人家的孩子，所以除了奋斗我别无选择！施比受更幸福……"这一个性签名非常明晰地阐明了自己在城市中的个人定位。阿杰家在安徽亳州，父母年纪并不大，在老家种地，他还有个残疾的姐姐。第一次访谈的时候，他的姐姐同样也在南京，从事收废品的工作。第二次访谈的时候，他姐姐因为小孩太小，已经回到老家照看小孩了。在第二次、第三次的访谈中，笔者还进一步了解到，阿杰其实是家中抱养的男孩，自己的养父母当年只生了一个女孩，而且残疾，但又无力再生养一个，便抱养了他。阿杰一直非常感激养父母的养育之恩，也会定期地给自己的养父母寄个千余元钱。作为家中唯一的男孩，阿杰深刻明白自己对于整个家庭的责任。由于自己出生于较为贫寒的家庭，也由于自己的户籍身份，他明白只有在工作中奋斗才能在城市立足。

自我认同的建构是个循环往复的过程，需要经历从不确定到确定的摇摆不定的过程。而自我传播在个体自我认同形成过程中起着主导性的作用，因为个体是根据自己的表现满意度来构建自我认同的。追踪阿杰一年多的微信朋友圈状态可以看出，他在城市生活中会陷入迷茫，但很快又会鼓励自己重新振作，然后有段时间又会陷入消沉，但又会再次自我激励，走出情绪低谷。

（2013 年 6 月 4 日）一直都在纠结中……压力山大啊……

（2013 年 7 月 23 日）为什么心里总是忐忑不安啊！总有吐不完的怨气，路在何方？我该何去何从～～～～太累了，我想休息~！我该怎么办？

（2014 年 5 月 4 日）过了今天又大了一岁，希望自己开心一点，凡事用心去思考，希望以后不要那么肆无忌惮、"放荡不羁"，能够改掉以前所有的坏习惯，不要再这么幼稚！自己以前太过于放肆，导致现在一无所有；希望自己能够给自己一个改过自新的机会，不要再顽固不化，懂得宽容，方能从容，送给自己！祝福自己开开心心每一天，快快乐乐去赚钱！！为自己喝彩，为自己加油（表情）！！

（2014年5月4日）时间就这样过去了，有了你们的祝福我很开心，谢谢你们！今天心里纠结了很久试着去探索自己的内心深处，感觉以前的自己是那么无知，简直可笑至极，朋友经常劝说我：人外有人，天外有天！常在河边走，哪有不湿鞋！现在我很感谢你们，失败不可怕，就怕失败后不敢从失败的过程中吸取教训然后迈向成功，去和朋友分享成功的味道！放下高傲，去走低调的路，高调做人低调做事！为以后想想，不要再盲目了！我应该睡醒了……［奋斗］［奋斗］

（2014年8月1日）试探性地问自己是什么给了自己动力，让自己值得努力，是什么击垮了自己的目标，是自己懦弱无知，还是自己不堪一击……很值得自己深思和检讨……跟自己说一句：对不起！

（2014年10月22日）只有去努力才能找到属于自己的舞台，舞台虽小，只有自己知道自己做的（得）还不够好！只有去奋斗才能够做到更好，才能找到属于自己更大的舞台而去发挥！趁着自己还年轻，努力努力吧！世界很大，舞台更广……加油吧！！

（2014年12月3日）努力不一定成功，但是成功必须努力！！！

（2014年12月4日）随着时间推移，自己还是没有进步，而是一直在原地踏步，应该试着换个新环境！曾经我也有过美好的回忆，曾经我也疯过、爱过！那也只是曾经……我很赞同《北京青年》里面王越说的每句话，句句励志！我应该也要学习何东大哥一样重走青春！到一个陌生的城市去从（重）新开始，去学习，去成长，去奋斗，一切的一切都要去从（重）新面对……［奋斗］［奋斗］［奋斗］［奋斗］［奋斗］［奋斗］

（2014年12月12日）如果生活中迷失了方向，切勿急躁；盲目行驶……试着放下所有得（的）负担，仰望一下过去回想自己最初最想要得（的）是什么再试着去努力也不迟，这样真的可以自我成长，有利于帮助自己……

（2014年12月27日）心烦，谁了解我啊？自我检讨可能自己做得还不是够好……失业了，谁有工作介绍一份？？定有报酬！

（2015 年 1 月 4 日，转发了萧敬腾的歌曲《永远不回头》，在转发状态中阿杰自己写道）"告别从前，永远不回头，努力吧青春……"

（2015 年 1 月 22 日）对不起，其实你没有明白我想要的是什么，平平淡淡才是真……原谅我的离开，如果真的有缘，我相信我们会有一天在（再）相见的!!

（2015 年 1 月 24 日）无论以后的生活会是怎样的一段旅程，哪怕有再多的坎坷，我都会面朝前方，勇敢的（地）走出去……因为我相信总有一天会成功，而且这一天不会太远的，相信自己的努力没有白费！2015（年）是新的起点，也是新的一年，新的希望，也会有新的收获！……

（2015 年 2 月 20 日）新的一年已经开始，是时候为自己以后的路程做打算了，无论以后路程有多坎坷都不能在依着自己的性子去逆行，总而言之，希望自己（在）羊年里会有自己的一番事业，希望自己（在）羊年里爱情事业双丰收……

（2015 年 3 月 9 日）新的起点即将开始，对自己说只有努力付出才能得到自己想要的，只有试着改变自己才能得到别人的认同！认真做好每次得来不易的机会，走自己的路，让别人刮目相看！吸取别人给予的经验，才能得到别人的认同！［奋斗］［奋斗］①

后来笔者在迈皋桥地铁站附近的肯德基和他坐着喝饮料聊天，聊起他2014 年 5 月 4 号的这条信息，我们正好坐在靠窗的位置，明媚的阳光折射在他年轻的脸庞上，笔者能明显察觉到他眼眶中一刹那的晶莹闪烁，虽然只是转瞬的时间，但足以让笔者感受到他回忆起当时事件的心酸痛苦。他用手指着窗外身后的位置说：

当时就在迈皋桥附近，我从脚手架上掉了下来。我身上吊着的绳子老化了，再加上被铁皮磨啊磨啊就磨断了，大概二十多米的高度，左脚的脚面骨折了，后来到医院看，左脚打进去八根钉子，卧床休息

---

① 本部分内容全部原文摘录，原文中一些错别字以括号的形式改正，原文中的省略号用"……"或者用多个省略号的地方，做了相应的修改，其他的未做修改。

了好几个月。因为当时是帮别人干的，帮一个朋友忙，后来也没有去申请伤残鉴定，你看我现在走路还不是很平坦（平衡）。之前是跟着表哥一起做的，后来因为回家参加婚礼，按照约定时间晚回来了一天，表哥就冷冰冰地甩给我两千五百块钱，就说"以后你不用来了"。我就一气之下另起炉灶了。有一次在博览中心遇到他，他对我依旧不理不睬。以前是做散工，干一天拿一天钱，现在自己出来单干了，就不用受别人的气了。［阿杰，1989 年，安徽亳州，布展（先打工后再雇）］

阿杰表示，自己在微信朋友圈里面发发状态，可以"想一下，自己能做什么，该做什么"。"可以反思下今天做了什么，明天会得到什么"。"之前跟着别人做的时候，有时候性子一上来，就不管不顾，也是不知道对不对，以前三句话两句话不对就吵起来，现在就是点头'好好好'，回来骂两句，在没人的地方，或者在朋友圈里。"

> 有时在工作中，生活中有些挫折，我感觉写出来心情就好多了，或者是喝瓶酒，一躺就好多了。以前谈过一个女朋友，女友之前在一家快餐店工作，是个厨师，我们性格合不来，主要还是因为我性格比较倔强，我有时候比较冲动一点。分手之后把所有女朋友相关的信息全部删了，手机号码没删，通过 QQ 空间可以了解到她的近况。她是河南人，现在已经回老家了，她今年（2015 年）正月十八刚生了个男孩。像我这么大的，在老家小孩已经上一年级了，我想着男人三十而立，我是（19）89 年的，今年（2015 年）已经 26 岁了，还可以再奋斗四年时间。［阿杰，1989 年，安徽亳州，布展（先打工后自雇）］

阿杰在自己的朋友圈发布的状态体现出对自我不断思考的过程，从一开始觉得自己幼稚，看不清自己未来的出路，充满迷茫，老是对工作有着各种各样的不满与抱怨。事实上，在访谈中，他也不停地说起以前的自己非常暴躁，有点小事就会发火，但随着年岁的渐长，他开始学会了在人前保持礼貌与客气，回来自己慢慢化解。并且通过自己在朋友圈中状态的更新，明确自己要不断学习、保持奋斗的激情。

虽然笔者在梳理阿杰的朋友圈状态时，是按照时间进展的顺序排列的，但事实上，在其微信朋友圈的界面呈现上则是"倒日记体"的方式，这种时常更新的自我反思并围绕"自己"来展开叙述，揭示个人对自我认知不断深入的过程，通过不断地自我记录和自我反思，总结并反省人生道路中的成功经验与教训缺失，从而更为深刻地认识自我，明确自己未来要走的道路。虽然他们会经历自我认同危机的阶段，但是在社交媒体中的广泛书写，可以帮助个体及早地发现与探寻个性成长过程中的问题，并督促自我随着年龄的增长早日走向成熟与完善。并且，在认同危机的过程中，并非怨天尤人、消沉以对，而是以积极的姿态应对生活中的难题。甚至在遭遇职场中的挫折时，会激起自己巨大的斗志和行动力，坚定目标，推动自我朝向"理想我"的状态进展。泰勒认为，在传统即前现代社会中，由于宇宙按照天道安排的秩序运转，万物运行有其特定的位置序列，因而在这种统一有序的体系中，"我"是连续统一、具有较高稳定性的单一自我。而到了现代社会，认同源于人类自身，"我"作为一个自然人，受到一系列内在的动力、目标、欲望和抱负等的驱使，由此刻画出自我的特征。此时的"我"是"变化不定的自我"，带有后现代的流动性、可变性等特征。[1]

而另外一个女性农民工阿连的朋友圈则是对于自己情感历程的一次记录。

（2014 年 8 月 12 日，品冠的歌词截屏《陪你一起老》）只是难过不能陪你一起到老！！！！？

（2014 年 9 月 7 日）纠结了这么久是不是可以给自己一个答案了？？？？？

（2014 年 11 月 28 日）哀家失眠了！！！！

（2014 年 1 月 21 日）我最害怕的事情，原来不是我无法放弃你，而是有那样一天，我突然不喜欢你了。

（2015 年 2 月 9 日）还是没能说出那句，俄（我）真的很喜

---

[1]　查尔斯·泰勒、陶庆：《现代认同：在自我中寻找人的本性》，《求是学刊》2005 年第 5 期，第 15 页。

欢你！！！

（2015 年 2 月 17 日）有些痛！只有自己知道……

（2015 年 3 月 9 日）连转帖的标题都是，如果，你喜欢上了一个永远无法在一起的人……

（2015 年 7 月 26 日）或许爱情就是这样，不管你愿不愿意到了时间它都会放手，可能当时你无法理解为什么会这样，而时间会带你一起验证一切！只是为了告诉你他还未曾来过。每个人生命里都会出现数不清的过客，俄（我）很庆幸遇到了他……

然后她把自己的微信签名改成了"各自安好！！！"

在进一步的访谈中，阿连和笔者倾诉了这段暗恋的历史，她的暗恋对象也是安徽人，并且也是在同一家餐饮单位工作，每次小伙子在帮客人服务的过程中，阿连都会情不自禁地望向他的方向。但是一直到她离开南京，回到老家工作，她都一直羞于开口，没有向对方表白。现实生活中，很多人会隐藏、伪饰自己的情绪，不敢或不会去表露自己内心真实的想法。但是在社交媒体上，个体在表露自我情绪方面更为大胆自如，就如阿连在自己的微信朋友圈全程记录下了自己的心路历程一样。

与老一代农民工相比，新生代农民工通常自我意识和个性更为强烈，他们会基于个体的兴趣、理想和期待，从自身的利益需求出发，在城市生活中进行自主性选择，"根据社会的、市场的需求，动态地进行自我设计、自我发展，积极追求个人价值、利益和尊严"。[1] 个体的生活历程是个体内在参照性的发展模式，自我在这样的生活历程中不断地被形塑与建构甚至重构。新生代农民工通过在手机建构的虚拟空间中自我书写与自我反思，个体很少需要按照传统性要求去"遵从"，而是必须进行自主选择，体现出一定的主动性与开拓性。新生代农民工在城市社会中，面临着每一个现代社会人都会面临的"个人主义危机"，也就是德国社会学家贝克所说的自己决定、自己负责的风险。在这个过程中，他们逐渐意识到过度依赖关系的负面效应，转而去寻求城市媒介与传统系统的支持。这是一个跨越人

---

① 何瑞鑫：《新生代农民工的价值观变迁》，《中国青年研究》2006 年第 4 期。

际的转变，也是伴随着危机意识觉醒的现代性意识的唤起。

第四节　城市话语权的表达与自我抗争

以往研究表明，农民工在城市的媒体环境中缺乏话语权，在主流媒体的表达方面基本处于"失语"的状态，处于信息传播的相对弱势地位。他们不仅无法对社会舆论产生影响，"甚至会遭到由媒介所制造的主流话语的歧视，承受媒介的话语'暴力'"。① "权力话语"理论由福柯提出，他指出现代社会中的权力通过话语来实现，从某种程度上，话语就意味着权力。社会现实中，各个阶层拥有的不同话语权可以呈现他们的结构关系。传媒现今成为传达话语体系的重要渠道，通过丰富的信息内容，传递话语主体的价值观、情感表征和意识形态，促成权威性意见市场的生成。

而缺乏话语权的新生代农民工群体，他们在社会结构与权力关系中明显属于信息传播的弱势群体。他们拥有的话语空间非常有限，同时缺乏对于社会舆论的参与度与影响力。新生代农民工在政治权益、信息需求和文化生活层面都面临集体"失语"的困境。② 在媒体话语中，新生代农民工是一个矛盾而富有张力的符号。这个阶层鲜明的阶层特征，带有农村和城市的双重特征，而同时，这个阶层却不为农村和城市所容纳。

在20世纪八九十年代，传统农民工进入城市后，自我表达手段通常仅限于直面传播、纸质日记、普通信件等，而如今随着通信技术的蓬勃发展，各种新潮而便捷的自我表达媒介不断更新换代。手机媒体和移动通信网络的发展，不仅革新了大众传播而且革新了人际传播，成为个体自我表达的全新工具，移动互联用户可以超越现实生活中的阶层差异而平等地传达信息，超越现实生活中的身份、地位、收入而平等交往，并且它为新生代农民工提供了更好的自我表达与自我反思的虚拟平台。新生代农民工进入城市后，面临着来自城市生活的多重压力。而新媒体提供了一种自我认

---

① 卫凤瑾：《大众传媒与农民话语权——从民工"跳楼秀"谈起》，《新闻与传播研究》2004年第2期。

② 叶继红、王元元：《城市融入进程中的农民工传媒话语缺失与重构》，《重庆社会科学》2009年第10期。

同建构的支撑，新生代农民工在社交媒体中的书写可以帮助他们表达孤单落寞的心理感受，进行话语的自由表达。

> 越长大，越孤单，最后只留下俄（我）一个人……
> 最近老是失眠怎么办啊!!　［哭］［哭］求解救啊……（阿连，1992 年，安徽蚌埠，餐饮业服务员）

> 真心好烦，心情不美，小宇宙要爆发了!
> 牙疼的（得）想死，不吃不喝不眠。
> 下雨了，一颗心又开始惆怅……
> 一场噩梦，真的很恐怖。（小雨，1990 年，安徽合肥，工厂工人）

> 一个人喝酒感觉就是孤独，一个人喝醉更是寂寞，也许只有喝醉了才能够放开心扉去诉说，可是就只有一个人，我如何去诉说？……
> ［阿杰，1989 年，安徽亳州，布展（先打工后自雇）］

或者是直接复制、粘贴、转发，但这种转发内容也体现出自我心理共鸣后的主动选择。

> 你，有没有这样的时候？
> 突然觉得心情烦躁，看什么都觉得不舒服，心里闷得发慌，拼命想寻找一个出口。
> 你，有没有这样的时候？
> 发现身边的人都不了解自己，面对着身边的人，突然觉得说不出话。
> …… ……
> 你，有没有这样的时候？
> 在自己脆弱的时候，想一个人躲起来，不愿别人看到自己的伤口。
> 你，有没有这样的时候？
> 明明自己心里有很多话想要说，却不知道怎样表达。
> 你，有没有这样的时候？

心中有一股无名的火，很想找个人发泄，很想大声喊出来。（小李，1982年，安徽淮南，建筑工）

自我表达是建构自我认同的第一步，充分的表达可以带给个体极大的满足感，国外学者 Penne baker 和 Beall 指出，写出个人经历有助于个人更深刻地理解自己，并能缓解主要矛盾和冲突。① 爱默生曾说过，"一个人只有一半是他自己，另一半则是表达"。② 一个人必须要经过某种表达才能成为一个人；若脱离表达，就不可能有更高的存在。③ 哈贝马斯相信，"如果我作为一个人的人格获得承认，那么，我的认同，即我的自我理解，无论是作为自律行动还是作为个体存在，才能稳定下来"。④ 通常来讲，贴身陪伴的手机成为他们消解孤独感受的良好工具。现实生活是种封闭"显性"的状态，而虚拟世界则是开放"隐性"的。现实生活中的线下交往通常是直面接触，可以用戈夫曼的"前台"加以解释，个人的言谈举止、行为特征都暴露在他人眼中。然而，个体也可以封闭自己的内心想法，通过自我传播来释放情绪。社交媒体提供了一个相对隐蔽的交往空间。个人不需要直接面对面的交流，而是躲在手机屏幕后面的"后台"中，这种非现场交往可以带给个体更多的安全感受，可以更为自如地表露感情、宣泄情绪。

我们生产线上的工人，很苦的，早班早8点到晚8点，晚班晚8点到第二天早8点，每天12个小时。我平时工作压力大的时候或者闲着无聊的时候会发一些微信朋友圈、微博，经常发，都是关于生活和心情的。发朋友圈和微博一般就是为了发泄情绪，或者遇到比较搞笑的段子、事情，也会在朋友圈或者微博上跟大家分享。朋友圈比较多的是对工作的吐槽。（亚辉，2000年，河南商丘，工厂工人）

---

① Miura, A., & Yamashita, K., "Psychological and Social Influences on Blog Writing: An Online Survey of Blog Authors in Japan," *Journal of Computer-Mediated Communication* 4, 2007, pp. 1452 – 1471.

② 转引自邵培仁《论库利在传播史上的学术地位》，《杭州师范学院学报》（人文社会科学版）2001年第6期。

③ 查尔斯·霍顿·库利：《人类本性与社会秩序》，见凡一、王源译，华夏出版社，1999，第67页。

④ 汪民安：《身体、空间与后现代性》，江苏人民出版社，2006，第282页。

建筑工小李也经常在自己的微信朋友圈抒发感慨：

> 很多事，不是你想，就能做到的。很多东西，不是你要，就能得到的。很多人，不是你留，就能留住的。
>
> 不要把什么都看得那么重。人生最怕什么都想计较，却又什么都抓不牢。失去的风景，走散的人，等不来的渴望，全都住在缘分的尽头。
>
> 何必太执着，该来的自然来，会走的留不住。放开执念，随缘是最好的生活。朋友们早安吉祥！（小李，1982年，安徽淮南，建筑工）

工厂中真正有技术含量的工作不允许新手插手，新手只能做一些零碎的杂活。工厂中日复一日的无聊生活和单调景观，让他们对于工厂工作的幻想几为幻灭。在重复单调的劳作和生产中，有些人感受不到自我存在的价值和未来生活的希望。在繁重高压的现实生活工作中，不少新生代农民工也普遍存在着个人焦虑的情绪，当个体长期处于这种状态时，会削弱自我认同，加剧个人的悲观主义倾向。事实上，在新生代农民工的工作中会有不少遭受困扰、误解、阻挠的情形存在。在工厂流水线工作的女工小张，她所在流水线的小组长便是一个相对强势的领导，按照小张的说法，"你工作中稍微有点小差错了，她能够说死你"。由于新进入这家工厂没多久，小张对整条流水线上的装配亟须一个适应过程，在最初的一段时间，由于小张动作相对较慢，稍微落后于整条线的进度，小组长也不比她大几岁，只因为前年就在工厂干了，就经常说她。那段时间，小张便频繁地更新自己的朋友圈状态，表达对她的不满。在餐饮业工作的阿连在工作中遇到了一个家庭的无理要求，她便当晚在朋友圈发布状态称："碰到你这一家极品！！简直是一种罪过。"事后笔者就这条状态询问她当时的情形时，她说，当时顾客因为一根头发丝，提出了要求菜品打折甚至全部免单的要求，她只能一直赔着笑，但内心已经很不爽了，发了这条状态之后就觉得舒服好多。

这种虚拟空间中的宣泄表达，既避免了现实职场中与客人发生直面冲突，又舒缓了自我的焦虑情绪。移动互联网为个体的情绪宣泄提供了便捷的渠道和无限的空间，在避免尴尬的同时也可以起到宣泄释放的目的，从某种程度上起到消解自我认同危机的作用。另外，还有类似的：

> 这么小心眼的人都有，不站在别人的角度上去考虑一下别人有什么难处，是工作重要还是亲情重要！一句话想我怎样就怎样，考虑过我的感受没有？真心受不了了，小宇宙恐要爆发了，控制，控制……不干了，ok 吧！……（阿连，1992 年，安徽蚌埠，餐饮业服务员）

他们的内心有对未知的恐惧和焦虑，又有对未来的憧憬和期待，他们不能对家人倾诉以免让他们担心。曾经人们用记录纸质日记的方式来宣泄与缓解负面情绪，但是纸质日志仍旧隶属于自我传播的范畴，缺乏人际交流的层面，无法获取朋友亲人的劝慰和建议，较难完全排解。而随时记录的手机媒体提供了一个绝佳的宣泄平台，通过与他人的互动能够及时获得社会支持与人际支撑。个人负面情绪的疏解，可以帮助新生代农民工个体完成自我满足的阐释性理解，接受环境转变而产生的心理风险，重新恢复自我与外在环境之间的连接，获得相对完整的身份认同。"在现代性的情境下，自我之改变则必须被视为个人变迁和社会变迁两者相连的反身性过程的一部分来供人们探求和构建。"[1] 城乡流动意味着时间上的断续与生活场域的继替，不同时空情境的转变对农民工的角色认知产生印记，通过社交媒体的书写表达可以帮助农民工重建身份认同。

正如布劳所说，流动的人不能简单地抛弃旧有的角色属性和角色关系，但他们如果不接受新的角色属性，不建立新的角色属性，那么他们就不能适应他们的新位置。[2] 在移动互联网架构的虚拟空间中，新生代农民工可以摆脱固化的地域认同的约束，消除现实户籍政策与真实身份的限制，从具有固定意义与规则的社会认同限制中解放出来，自由地切换、再造与重塑自我认同。由于社交媒体所拥有的平等性和多元性等多重特性，新生代农民工可以自由摆脱户籍、学历、性别、口音、年龄、外观等社会

---

① 安东尼·吉登斯：《现代性与自我认同》，夏璐译，中国人民大学出版社，2016，第30页。
② 彭远春：《论农民工身份认同及其影响因素——对武汉市杨园社区餐饮服务员的调查分析》，《人口研究》2007年第2期，第81~90页。

标签，获得与城市居民一样平等交往与互动的权利。

第五节　身体展演与"理想我"的数字呈现

戈夫曼将人类的社会生活区分为前台和后台。前台是个体进行表演的场所，需遵从主流社会规范和交往秩序，饰演社会期待的正规角色。而在后台中，人们可以摆脱现实约束，自由地放松自我，充分展现自我风格，和前台正规性的表演行为存在天壤之别。事实上，从心理学的角度分析，每个个体的内在心理都拥有着多重人格特征。而个体在现实社会中必须遵从特定的社会规范要求，进行前台表演，这会相应抑制个体真实的自我个性与人格特性。互联网所建构的虚拟社会为人们带来新的契机，每个人得以从约束的前台转向轻松的后台，随意地进行自我展现——"可以是编造的一个'理想我'，也可以化身为一个'理想我'，甚至是复制一个'真实我'"。[1]

如今的智能手机都带自拍功能，新生代农民工时常使用手机记录自我影像，满足他们用图像记录生活和自我形象的需求。吉登斯曾经论述道，身体作为自我的客体存在，是自我意识得以产生的源泉。自我首先源于对身体轮廓与外在特征的认知，是对整个世界创造性探索的最初起源。同时，身体不仅仅是实体，更是一种富有意义的行动系统，身体是自我体验与应对外在情境和事件的时间模式。在高度现代性的时代，"外表特征是自我之反身性规划的重要元素之一"。[2] 他们的手机相册或是社交媒体中，存留着大量的自拍照片。手机自拍成为新生代农民工群体较为热衷的一种社会文化现象。通过这种方式，他们可以随时随地地记录下自己的图像，建立起自我形象成长的"个人数字档案"[3]。并且，他们手机桌面、屏保图像或是社交媒体的封面通常就是自己的自拍照片。翻看自己手机中的自拍

① 陈明珠：《媒体再现与认同政治》，载《中国传媒报告》2003 年第 4 期。
② 安东尼·吉登斯：《现代性与自我认同》，夏璐译，中国人民大学出版社，2016，第 92 页。
③ Okabe, Daisuke, and Mizuko Ito, "Everyday Context of Camera Phone Use: Step toward Techono-Social Ethnographic Frameworks," in *Mobile Communication in Everydaylife: Ethnographic Views, Observations and Reflections*, edited by Joachim R. Hoflich and Maren Hartmann (Berlin: Frank and Timme, 2006), pp. 79 – 102.

照片成为他们梳理自我成长路径，建构自我认同的一条有力途径，而观看他人手机中的照片集则可以了解他人的生活经历与动态过程。不少新生代农民工购买手机第一要考虑的就是拍照功能。

> 现在我用的手机是 OPPO R11s Plus，蛮喜欢这部手机的，屏幕很大，自拍也很好，能满足我这个爱臭美又有点儿自恋的自己。（小茜，2000 年，江苏连云港东海县，工厂女工）

有学者曾指出，个人照片可以看作自我认同的对等物"我们的照片就是我们自己"。20 世纪 70 年代末，Roland Barthes 曾经论述过认同与记忆间的联系，旧有的照片成为以往外貌的可视提醒物，它们召唤我们回顾曾经发生的事件，也告知我们如何记忆年轻时候的自己。为了适应曾经的照片，人们需要重新塑造自我印象，人们的记忆会经由照片召唤而重新发生，假如照片的确呈现了旧时的复杂影像，人们的回忆也未必相同。① "我自拍就是想记下自己的样子，老了还可以翻出来看看。"小慧在自己 20 岁生日之际，和单位一个小姐妹一起，到一家摄影工作坊给自己拍摄了一组古装写真集，除挑出来部分打印汇集成册，她还把全部的电子文件存在手机里。第二次访谈时，她拿出来一张张向笔者展示，还不停地评点说，"这张笑得不好"，"这张 P 得都不像我了"。通过这种方式，利用手机拍摄的自我照片可以帮助他们追忆以往的生活片段，回顾与评价曾经的模样，反思现今的状态，进而勾勒猜想未来的发展趋向。

自我认同是社会性的建构，具有灵活性和多面性的特征。手机媒体营造的虚拟空间使得新生代农民工能自由表达自己隐匿的或更为真实的人格特征。现实社会中的边缘群体可以在虚拟空间中展现自己的知识财富与能力，甚至能够成为特定领域中的意见领袖，赢得他人的赞许与肯定，从而塑造自身的权威人格。这种虚拟化身"表象上是一种隐藏，实质上是另一种揭露；它所要隐藏的是真实世界被诸多社会规范所约束的理性自我，而

---

① Jose van Dijck, "Digital Photography: Communication, Identity, Memory," *Visual Communication* 7, 2008, pp. 63 – 68.

它所要揭露的正是被压抑潜藏在内心世界的另一个渴望自我"。①

新生代农民工中很多人购置了一件新兴商品，也即被人们津津乐道的"自拍神器"，所谓的"自拍神器"其实就是手机延伸杆，将手机固定在这件物品上，使用者便可以延伸手机与拍摄者之间的物理距离，进而扩大自拍的景深范围，自拍族可以将自己与美食、景点、朋友、家人共同纳入自拍的范畴。前文中所述的小张和小蔡参与了"楚楚街"的自拍神器抽奖活动，过了一段时日笔者询问她们有没有被抽中，她们告知笔者说压根没有，自己花了19.9元买了一个。当被问及为什么一定要买时，她们的观点是"现在大家都人手一个啊"（小蔡，1997年，江苏宿迁，工厂工人）。"自拍神器"在这里又多出来一定都市时尚的意旨。与传统的普通自拍相比，用"自拍神器"积极而又明显地向外界传达出"我正在自拍"的信息符号。在自媒体时代中，青年农民工们已经不是传统意义上信息的接受者和文本的阐释者，自拍被赋予了"观展/表演"的意味。观展/表演范式由传播学者阿伯克龙比和郎赫斯特提出，在如今瞬息万变的媒体环境中，媒体已然渗透到人类日常行为的各个层面。媒体中影像的激增（proliferation of images）推动形成了日常生活中的审美化趋向，诸多类型的"观展"行为（spectacle）得以涌现，这种观展并不仅仅局限于特殊事件、特殊场合、特殊事物等，而是更多地发生于日常生活中的普通事件。② 手机自拍及其衍生物的普及为他们提供了丰富的媒介资源以在公众前"表演"，想象建构自我在他人心中的"观展"，由想象与表演产生自恋（narcissism），而媒介又会反过来关注这些"普通"观展，从而形成一个循环。③

新生代农民工的手机图片集通常都会存储自己的自拍照，而移动通信的技术革新和社交媒体的日新月异，为他们提供了自我形象展示的虚拟平台，他们或多或少会从自拍照中选择部分上传至自己的社交媒体。不少新生代农民工反映自拍仅仅是为了"好玩"，但是这些照片都无一例外地展示出新生代农民工远离家乡后的自我时尚模式。对于他们而言，进入城市

---

① 林东泰：《大众传播理论》，台北：台湾师大书苑有限公司，2004，第572页。

② Nicholas Abercrombie & Brian Longhurst, *Audiences: A Sociological Theory of Performance and Imagination* (London: Sage Publications, 1998), p. 178.

③ 袁潇：《基于手机媒体使用的青少年亚文化族群研究》，《编辑之友》2016年第4期。

同样意味着调整自我的外在形象，遵从建构现代自我的服饰、妆饰和发型。很多女性青年农民工向笔者展示手机中的自拍照片时，会自己不停地评点说，"这张拍得不错""这张拍得好丑"。而且，如果她们还没有孩子，那么通常她们手机的桌面、社交媒体的封面就是自己的自拍照片。通常她们会精心地选择好各种姿势，摆出各种造型，并且广泛使用手机中的图片美化软件。很多手机应用商店日渐兴起各类修图软件，如美图秀秀、天天P图等，通过这些特定的手机应用，可以轻松地美化自我形象，给自己和他人展示出令人愉悦的图像特征，通过美来获得大家的"认同"，期待朝着"理想自我"的方向发展。而"理想自我"就是"我想成为的自我"。理想的自我，可以说，是自我认同的核心部分，因为它塑造了使"自我认同"的叙事得以控制的理想抱负的表达渠道。新生代农民工在塑造自我"身份"的过程中，不再依托先前的先赋条件，而是积极彰显个体的外在形象与外貌特征，由此成为一个自我反思、不断变化的个体化工程。[①]

福柯曾经阐述过，自我形塑技术是权力的核心。个体要在现代社会摆脱旧有的身份，必须摒弃原有的生活，争取人格层面的自立与成长，重新塑造崭新的自我身份。新生代农民工进入城市，不仅是为了获得经济收入的提高，也是为了获取全新的身份认同。传统意义上粗鄙的农民形象，成为他们身份转换的外在障碍。"一个人如果不能正视自己过去的生活，并对其否定的话，那么他们将很难创造新的生活。"[②] 新生代农民工中有一些年轻的群体，在调研中以90后居多，他们会利用修图软件给自拍照片加上特效，起到消解自我的常规形象，产生搞笑戏谑的喜剧效果。"我自拍全是很二的一些造型，我这人平时非常逗比的，所以我拍的照片也想让别人觉得我很逗比。"（小晴，1996年，安徽亳州，零售）他们给笔者展示了一款叫作"美妆相机"的手机应用，这个应用自带上妆软件，有明星妆、搞怪妆、裸妆、韩妆等。新生代农民工积极利用新兴媒体创造性地自我表演，并经由这种表演建构自我身份和寻求他人认同，深刻反映出新生代农民工日益增强的主体意识。手机自拍族展示自拍照的过程中，其实也是对

---

① 余晓敏、潘毅：《消费社会与"新生代打工妹"主体性再造》，《社会学研究》2008 第 3 期，第 143~171 页。

② 潘毅：《中国女工：新兴打工者主体的形成》，九州出版社，2011，第 109 页。

于自我个性、表征、理想的表达。① 发布于自我社交媒体的自拍照片可以与自己的亲朋好友形成互动,获取他们对于自我形象的评价。发布于网络公开平台的自拍照片则可以建构虚拟社区中的自我身份认同,打破了传统的精英垄断文化的局面,促进了虚拟社区的发展。虚拟空间中不仅仅存在商政精英、明星名流的面孔,草根阶层也有自我展示的机会,通过技术赋权的方式增加自我的社会资本,甚至通过自拍照片发布与交换成为网络名人,赢得普通网友甚至普通大众的关注。

新生代农民工通过手机中的拍照功能,来展示和调整自我,成为对应的自我意识、知识与价值的展现,他们更多地通过各种自拍照展示都市主义而非农村的落后状态。喜欢香港潮牌 GXG 的建筑工小宋,其自拍照通常就是他在自己的车中,或者在喧嚣的酒吧中,展示自己帅气英俊的个人画面。他的朋友圈封面就是自己的一张自拍照。照片中他身穿一件黑色小西服,戴着墨镜,手点一支香烟,身后就是车水马龙、霓虹闪烁的都市场景,丝毫看不出任何乡土社会的印记,完全就是都市潮流青年的形象呈现(见图 5-1)。

除了自我身份建构和城市认同建立,自拍照片还被赋予了社会参与的意味。2015 年春运期间,笔者在南京火车站附近访谈了小高,后来互加了QQ,在经过同意观察他的 QQ 空间后,笔者发现小高还参加了由腾讯新闻客户端发起的"微影堂——寻找春运最美笑脸"活动,他自拍了自己的照片,上传至公共空间中,并转载至自己的 QQ 空间中,附言是"在外面的兄弟们,放下手头的工作,回家好好过年吧"。他的自我形象和中国万千春运中一起踏上归途的打工者形象汇聚在一起,形成了鲜活的打工者生活状态记录和蔚然的数字影像资料。过年期间,他们中不少回到老家后,就发布一些自己和亲戚、家人的照片,通常来讲都是自己的同辈亲戚,堂兄妹、表兄妹等,或者是自己以前的同学。"我有时拉着我妈一起拍,说把你照片传到网上去,我妈死活不同意,说她穿得太土了,'不要发,不要发'。"(阿连,1992 年,安徽蚌埠,餐饮业服务员)

---

① Siibak, A., "Constructing the Self through the Photo Selection-visual Impression Management on Social Networking Websites," *Cyber Psychology*: *Journal of Psychosocial Research on Cyberspace* 1, 2009, p. 1.

图 5－1　建筑工小宋微信朋友圈中的"城市形象"

　　作为新生代农民工自我创造出来的图像的主体、客体以及观赏者，新生代农民工使用手机表达欲望、审美和抱负，并且最终帮助他们在一个陌生的世界中建构自我和想象自我。新生代农民工，尤其是其中从事家政、零售、餐饮服务等部门工作的群体，和城市人群有更多的接触，他们对于城市身份和自我认同有着更为深刻的体验。向他人展示自己拥有的物品和经历，以此来确定自己。他们管理自己的外表，从而获得并维持一个"自我身份"。有越来越多的商品作为这一过程的支持资源，身份变得越来越成为个人对自我形象的选择。[①] 新生代农民工向他人展示自己拥有的名牌手机，和亲朋好友分享手机记录的城市生活经历，由此确定自己的身份定位。他们积极管理与展现自己在城市中的外部形象。前往城市打工的经历不仅是单纯地赚取更多的经济收入，而且是为了寻求新的生活方式，是促进个人自我提升的一次机会。并且，作为新生代农民工，这也是他们独立离开家庭、成为社会成员的一种认同。他们深刻地受到都市标准和主体逻辑的影响，大多数人希望自己能够融入现代或都市，或者尽可能地展示自

---

　　① Beck，U.，*Risk Society*：*towards a New Modernity*（Sage Publications Ltd，1992）.

己现代化与都市化的一面。通过各种自我表征与印象管理，获得他人的关注与评价，对他们而言意义重大。

本章小结

新生代农民工积极利用手机媒体，弹性地再建与重构自我认同，完成全新的"自我"延续，对于传统的主体身份进行颠覆性消解，呈现多元化、流动性、动态化的行动者特征，以期融入城市社会场域。手机为新生代农民工提供了自我生命历程的数字叙事系统。依托手机的各类社交网络服务不仅仅体现出技术的变化，更是让原本沉默的新生代农民工得以自我表达，以当事人身份自我叙事、展示个人经历，或是作为草根群体中的一员表达自己的观点与评论，恢复他们在城市生活和工作中受到抑制的个体性和自主性。手机的拍照功能使新生代农民工将自己的身体作为观展/表演的对象，身体成为现代性反思的一部分。在日常生活的互动中，身体的实际嵌入是维持连贯的自我认同感的基本途径，在高度现代性的后传统环境中，身体直接参与到建构自我的原则之中。新生代农民工在其间能够获得自我的社会身份认同，或是扮演全新的社会角色，现实身份与虚拟身份的交织并存形成了一个全新的"自我"形象。

大众媒体可以映射城市社会对于农民工的看法和态度，而新生代农民工也能借由新媒体积极表达自我，将重塑自我认同的信息反馈给其他群体。他们的信息传播模式由原先的被动接受转变为主动表达。他们积极适应媒体形态的进步，通过自我传播和虚拟社交等方式，逐渐改写"农民工"的身份定义，打破城市居民原本脑海中的刻板印象与固有想象。他们重新确认自己的身份认知标准，打破户籍条件和社会歧视的隐性限制，进一步改写自我认同的特征。新生代农民工通过新媒体的装饰性策略塑造全新的"理想我"，建构出一个完全不同于乡村社会的自我形象。新生代农民工通过观看与比照大众媒体中的人物形象，重新认知与了解自身在城市中的身份认同。他们学习和模仿城市中的形象特征，对其身份信息进行内化和重塑。新生代农民工在城市中的自我认同呈现"再社会化"的历程。

尽管新生代农民工作为有着创造世界能力和进行意义建构能力的行动

主体，他们在进城后的长时间内，不断地借助新媒介使用等传播实践进行印象整饰，以便达到身份修复与再造。然而不得不说的是，新生代农民工的自我认同，既是在与作为"重要他人"的同事、城市居民、大众传媒等多元他者的互动中形成的，也是由经济产业结构、城乡二元对立的户籍制度等外部性力量所建构的。对新生代农民工来说，逐渐觉醒的精神诉求虽然在不断涌现，自我实现的追求虽然日益强烈，但理想与现实之间的矛盾和冲突依然让他们迷茫。这也是他们对未来归属不断思考和质疑的关键问题。因此，如何改善现有的媒介环境，为新生代农民工的自我实现提供正面动力，帮助他们顺利融入城市，是我们研究的本质意义所在。总体而言，手机媒体在新生代农民工自我认同的建构中起到重要的作用。手机作为他们在城市生活中如影随形的重要媒体，贯穿了新生代农民工进城前后的整个过程。

第六章

数字跨域网：社会交往中的手机
使用与关系认同

　　柯林斯曾指出，社会学研究中的进展依赖于对一套理论的和实证的转化程序的采用，这套转化程序"把社会结构的经验现实显现为一些重复出现的微观互动形态"。① 这一连串的微观邂逅通过创造和再创造出"神秘的"文化象征符号和情感能量，产生出社会组织的核心特征——权威、所有权和团体成员资格。真人之间的处境性互动是最根本的社会现实。当个体被认为是以此种方式"构造"他们的身份认同和他们的"世界"之时，这并不意味着他们有能力界定意义或者能恰如他们所愿地建构自我。相反，确切地说，自我建构的过程正是在诸多个人的主观性与社会领域的客观现实的磨合当中得以完成的。

　　利奥塔认为，从家园向大都会的转变，意味着人类的生活从诗意化的田园场景蜕变为理性化的技术场景，"它将压缩、抑制人们复归家庭，将人们推向旅游和度假。它只认识住宅，它压制家长，它把家长权压制成平等的公民权，压制成受雇佣者，压制成一份债单和文字的、机械的和电子的公用档案。它丈量登记各种领地，打乱它们的秩序。它打碎了自然之神，破坏了它的归途，不给它接纳祭品和享受优待的时间，另样的时空调谐占领了自然之神的位置"。② 手机媒体的最基本功能就是方便不同地理位置的人们建立沟通与联系，在城市生活中，手机已经成为新生代农民

---

① 兰德尔·柯林斯：《互动仪式链》，林聚任、王鹏、宋丽译，商务印书馆，2012。
② 利奥塔：《非人——时间漫谈》，罗国祥译，商务印书馆，2001，第210页。

工社会交往与社会互动最主要的媒介工具。手机帮助新生代农民工维系既有的社会网络，构建新型的社会关系，安排日常的生活和工作行为，获得社会支持与情感支撑，以此对抗枯燥高压的工作和孤寂单调的城市生活。在宏观的社会文化结构与意义中，新生代农民工的社会 – 技术实践得以充分表达。

基于在中国南方做的田野调查，Law 和 Peng 发现，手机帮助农民工不仅"在扩展的时空背景下维持既有的亲属关系，并且延伸在职场中发展起来的新的社会关联"。① 在工厂和宿舍中，农民工通常和其他省份的工人混住在一起，这也相应打破了之前有关局内人和局外人（insider/outsider）的概念，更进一步的，即使农民工更换了自己的工作，这种关系也能够通过手机得以继续维系，即使这种关系的维系更多地体现在地域层面，而非阶层层面。近年来，关于新生代农民工社会关系的研究形成了一些相互矛盾的结论。一些学者发现，新生代农民工自我选择固守于传统社会资源网络，在城市中依旧生活于封闭的交往状态，拉大了与城市居民的社会距离，进而造成进一步的社会断裂现象。② 但也有学者通过实证研究发现，新生代农民工的社会网络发生着某种变迁与革新，尽管他们仍旧依赖以血缘、地缘关系为基础的初级关系，但他们也在逐步建立起以业缘为基础的新的社会关系，并使之成为其社会网络的重要组成部分。③ 农民工在城市生活中需要解决生存与发展两个重要议题，因此，农民工会主动采纳信息传播技术，创建与管理自己的社会网络，形成自己的多重身份认同。④

在老一代农民工的城市工作与生活经历中，他们居住的环境以及日常交往的对象较多以强关系为主。新生代农民工从农村来到城市，横亘在他们面前的依旧是无处不在的城乡差异。由于制度化标签的特殊身份，他们被城市视为外来人口。城市隔离并非单纯的地域分隔的概念，信息高速流

---

① Law, Patrick and Yinni Peng, "The Use of Mobile Phones among Migrant Workers in Southern China," in *New Technologies in Global Societies*, edited by Patrick Law, Leopoldina Fortunati, and Shanhua Yang（Singapore：World Scientific Press, 2006）：p. 259.

② 郭星华、储卉娟：《从乡村到都市：融入与隔离》，《江海学刊》2004 年第 3 期。

③ 单菁菁：《进城农民工的社会网络变迁》，《城市问题》2007 年第 4 期。

④ 雷蔚真：《信息传播技术采纳在北京外来农民工城市融合过程中的作用探析》，《新闻与传播研究》2010 年第 2 期，第 88～98 页。

通与地理交通的发达逐级消除了城乡空间上的隔阂，城乡二元差异更多呈现在观念层面。与老一代农民工相比，新生代农民工融入城市社会和拓展社交网络的意愿更为强烈。他们要想获取更多的信息资源和社会资本，就必须脱离固化的物理地域与交往空间，拓展与强关系相对的弱关系，生成自己的次级社会关系。而手机为新生代农民工的这种脱离提供了必备的技术条件和媒体平台。

第一节 手机媒体重构社会交往方式

新生代农民工从农村进入城市，其社会交往也经历了一个深刻的转型过程。在乡村，他们处于血缘关系和地缘关系的包围之中，社会交往打上了浓厚的人情色彩，强调交往当中的情感性。21 世纪初针对农民工的一项研究表明，他们较多依赖亲缘关系与地缘关系，利用初级群体的社会关系在城市中立足。[1] 虽然也身处城市空间中，但由于职业特征、经济地位、思想观念等方面的差别，他们依旧选择与内群体开展交往。他们居住在相对闭塞的城中村中，他们的社会交往对象更多是"老乡"、"工友"和"熟人"。他们既缺乏与城市居民全面互动的条件，也缺乏相应的主观意愿。他们的社交网络相对较为匮乏，并且缺乏向外拓展的关系节点。这些负面因素均导致农民工无法和城市居民开展平等的社会交往，通过人际互动培养起城市文明所需要的现代思维和意识，进而难以对所生活的城市社区产生归属感，难以融入城市社会。[2] 因此，新生代农民工在自己的社会认同中既不认同城市社会，又不认同农村社会，只是对自身所处的群体产生认同，产生所谓"内卷化"的认同趋势。而新的历史条件下，新生代农民工进入城市后，面对社会分工所结成的业缘关系，他们必须以正式化的角色身份与城市居民展开交往。在这个过程中，他们逐渐习得城市里的交往法则，其人际交往开始走向工具化、理性化、世俗化。从这个意义上

---

① 陈星博：《区隔与阻断：青年农民工的"问题化"倾向——对我国城市流动人口社会转型过程问题的思考》，《当代青年研究》2003 年第 8 期。

② 陈星博：《区隔与阻断：青年农民工的"问题化"倾向——对我国城市流动人口社会转型过程问题的思考》，《当代青年研究》2003 年第 8 期。

说，他们的社会交往已经开始带有现代化的色彩。

一　拓展社交网络

手机媒体对于新生代农民工而言，革新了以往的社会交往方式，为他们带来了社会交往中的平等性、自主性和多元性。在传统乡村社会中，人情是社会交往的核心，而在基于手机的全新媒体环境中，这一情形正发生改变。乡村社会中，人情是维系社会交往的重要因素。而伴随着个体从现实环境进入手机媒体架构的空间，个体的自主性和流动性得到增强，从而相应淡化了自身原本拥有的社会脉络。以手机为代表的新媒体彻底颠覆了传统的社交模式，手机建构起短暂而工具化的联系，这种连接和传统乡土社会的稳固关系存在很大差异。传统乡村社会依靠人情建立联系，而城市社会交往的核心是建立契约关系，手机媒体流动性的特征正好迎合了这一社交需求。

新生代农民工通常并没有务农经历，他们从学校毕业后就进入城市打工，因此，和老一代农民工相比，他们拥有的乡土认同和农民意识较为淡薄。他们在建构身份认同的动态过程中，更多受到城市生活和媒体生态的影响。其中，手机提供了和他人维持各种社会关系的重要途径。新生代农民工进入城市后，都会建立起自己的社会支持网络，以期帮助自身在陌生的城市解决实际问题。这些切实存在的传播需求使得流动者所属的家庭网络、亲友网络和工作网络通过手机媒体得以维系并快速延伸，形成跨越地域的社会交往的网络结构，以应对现代社会中各种不确定性和可能出现的风险，帮助自己解决工作与生活中潜在或实际发生的难题。

> 社交方面的话，手机简直是我的左膀右臂。我用手机主要是联系亲戚、朋友、同学和同事。和别人联系的频率是不固定的，但是联系城市里的人多一些，因为业务的关系。在南京也认识了一些朋友，但主要是工作关系，和他们不会经常用电话联系的，偶尔在微信上聊聊天。关于找工作，一般是不用手机去浏览招聘信息的，我还是比较喜欢在现实中找，我总觉得利用手机找工作会被骗，而且虚拟的工作待遇太假。在上班的时候手机一般静音，公司也有规定，在开

会的时候手机响会（被）罚款 500 元。（宏伟，1993 年，河南省安阳，销售）

新生代农民工来到陌生的城市环境，从事着繁重高压的各项工作，容易受到城市居民的排挤与歧视，他们需要延伸自己的社交网络，拓展社会支持的多重路径。和传统老一代农民工相比，新生代农民工充分利用手机维系自己的社会关系。他们除了用手机联系家人、亲戚，也联系朋友、以前的同学，他们可能在老家，或者是在其他地方打工、上学，还会联系现在和以前的同事。他们非常普遍地使用微信和 QQ，在问及最常用的手机应用时，他们全部脱口而出的是微信、QQ 类的即时通信软件。这两大应用被他们放置在手机桌面中非常显著的位置，而且每天使用的频次、占据的时间非常高。

（我们）干活不分老板职工，四五个人一队，有老家的，有南京的，都当朋友看，都用手机联系。QQ 中，中学、小学同学都在联系，他们都在大江南北，我们经常在群里聊下家常。[阿杰，1989 年，安徽亳州，布展（先打工后自雇）]

上网的话就是看看别人的空间动态，自己不发状态，觉得没什么好讲的，不像现在的 90 后喜欢自拍上传。我和念书时要好的同学也只能在 QQ 上联系，大家都在五湖四海，打电话话费高。（小黄，1987 年，江苏徐州，工厂工人）

我用手机联系同学会多一些，还有就是家人和家乡的朋友们，因为在外地嘛，平时的话，只能通过手机多跟他们谈谈心、聊聊天。（木子，1995 年，江苏淮安，奶茶店服务员）

智能手机的普及使新生代农民工不再受时空限制，通过手机发送信息、语音、视频或打电话来联系他人，而且目前来讲，他们使用手机更多的是通过移动互联网上网浏览信息、聊天等。雷蔚真教授的调查表明，基本

171

所有新生代农民工的人际交往都包含在信息传播技术中，受访者中有 20.4% 的人明确提到，他们在所在地会使用信息传播技术发展新的社会关系。[①] 在新生代农民工的手机建构的社会关系网络中，血缘、地缘此类初级社会关系依旧是他们社会交往的重要基础，在日常社会互动与情感联系中，安全与信任依旧是他们考虑的重要因素以及社会交往行为形成的最基本单位。新生代农民工除了依托自己的居住场所和职业环境，也可以利用信息传播技术来拓展社交网络。

并且新生代农民工中的大多数都会加入相应的 QQ 群、微信群，这些 QQ 群、微信群通常都是朋友、同学和同事，或是同乡。多数被访者都说他们一般不会和 QQ 上的陌生人交流，当然也有不少农民工说他们有自己的网友。特别是一些老乡群也会组织一些线下活动。在很多途径中，手机通信录和 QQ、微信中的联系遵循了中国的关系建构规则。特别是，随着通信技术的飞速进步，现在的微信组群比起以往的 QQ 群建立起来更为迅速便捷，因其采用的是每个群用户都能"拉人进群"的模式。除了亲属关系，当有共享的身份和个人经历的类型时，关系通常容易被建立起来。这也是关系的一种非常重要的指代，因此，不管是同学、同事，还是同乡，这样"同"的概念是新生代农民工非常重要的一个交往基础。核心关系圈主要由空间性的亲缘关系、居住格局，时间性的交往频率和休闲互动频率这四大因素组成，并没有明显的工具性差序格局的存在，换言之，在交往过程与关系建构中，并不以经济理性为宗旨。当然，和李沛良的研究对象不同，我们所面对的是社会资源和文化资源极其均衡化的群体，群体内部成员在经济和社会地位上的平等，难以产生利益分化并导致交往关系的绝对功利化。总体上，经济理性并没有过多地侵蚀这个社群在情感、道义和文化渊源上的彼此认同，倒是我们现代人常说的思想交流和沟通这一因素，成了保持核心关系圈的一个标志。城市开放的社会交往环境促进了新生代农民工开拓社交网络的期待，而发达的移动互联技术和手机媒体为其提供了技术保障。

---

① 雷蔚真：《信息传播技术采纳在北京外来农民工城市融合过程中的作用探析》，《新闻与传播研究》2012 年第 2 期。

二 延伸次级社会资本

新生代农民工进入流动性极强的城市社会，面临着生活场域的深刻转变，他们的社会交往模式表现出浅层次的工具性倾向。传统中国乡村社会的交往模式局限于熟人圈子，新生代农民工仍旧向初级关系网络寻求信息资源与社会支持，以保持心理层面的连续性与稳定感。事实上，在现实社会中，维系业缘等次级群体关系的成本对于新生代农民工而言相对较高，而初级关系网络经由社会化过程中的人际交往形成，呈现为情感共同体的形态。通常在进城初期，他们会较多立足强关系，形成情感联结，在风险性较高的城市社会中互相支持、驱逐"无根化"的漂泊感。但是在城市生活中，新生代农民工完全依赖初级关系网络并不能解决所有问题。一方面，"新生代农民工的初级群体圈子具有规模小、紧密度高、趋同性强、异质性低的特点"。① 新生代农民工在进城初期，可以通过初级关系资源获取最基本的生存信息，通常是租房、收入等一些基础性的信息，获取较低层次的城市适应。但是随着新生代农民工城市适应的程度日渐深入、自身的经验阅历逐步丰富、对未来的个人发展有了更高期待，这种关系资源就已不能满足他们的需求。另一方面，地缘关系更多停留于强关系的层面，获取资源具有极大的同质性和片面性，甚至某种意义上会增加就业中的风险。随着新生代农民工逐步开拓自己的社会交往网络，他们也有意识地开发自己的增量社会资本，积累自己的社会资源。他们积极利用新媒体维系既有的弱关系网络，如单位同事、因工作而结识的客户等，也会积极利用社交媒体拓展社会关系，在虚拟空间结识素未谋面的陌生人。甚至他们虚拟空间中流露的情感更为直接，展现的自我形象也更为真实，并因此获得来自线上的情感支持和信息支持，从而积累自己的社会资本。

在社交方面，我用手机主要是联系朋友和同事。在南京当然认识了一些很好的朋友，基本上都是工作的时候认识的，我们可能天天都要联系，上班的时候会见面，不上班的时候想去找他们就直接去他们

---

① 王毅杰、童星：《流动农民社会支持网探析》，《社会学研究》2004 年第 2 期。

住的地方，很少打电话聊，有时候会发微信。（小州，2000 年，安徽抚州，工厂工人）

手机在社交方面还是很重要的，我用手机主要是联系亲戚、朋友、同学和同事。和老家人还有现在城市的人联系频率基本上差不多。在南京也认识了一些朋友，但主要是工作关系。你现在看到的那些理发师都是我的好朋友啊，我们基本上天天都要联系，虽然在店里天天见，但是下班后工作上的一些问题还是要沟通的。（李哥，1992 年，河南周口，理发师）

新生代农民工广泛利用手机来开拓社会网络，充分利用各种关系资源。虽然他们的交往对象中仍有大量的初级社会关系，但是他们对于初级社会资本的依赖强度要比老一代农民工低，而且他们能够更为自主地选择利用自己的次级社会资本。由于新生代农民工大多接受过九年制义务教育，其中还有不少读完了高中、中专，甚至大专，或是毕业于专门的职业院校，他们接受教育的年限比老一代农民工长，他们得以利用的社会资本中不仅包含地缘、血缘、亲缘构建的社会关系，还有同学关系资本可以利用，这是老一代农民工群体所广泛缺乏的一类关系资源。因此，围绕着微信、QQ 建立起来的各种班级群、同学群就成为新生代农民工建构和利用次级社会资本的一种必然而理性的选择。格兰诺维特强调曾经存在的联系——高中同学、老邻居、旧日同事等。如今，这些曾经中断的联系比以往更加重要。

新生代农民工流动性极强，曾几何时，地理位置的迁移就意味着旧有社会化网络的抛弃和新的网络的产生，而手机上的通信软件与社交媒体使得这一景象大为改观。在线媒体提供了以低成本维护这些潜在联系的方式，工厂工人阿平表示自己有玩得好的朋友，其中两三个特别好的朋友就是以前的同学，会经常在 QQ 上聊聊，聊着聊着仿佛又"回到以前开心的时候"。

用了微信后，就经常被拉进各种各样的群。去年（2015 年）过年前，被一个同学拉进了一个群，是初中同学的群，在群里面一聊发现里面好多同学，因为群里面大家都是用的真名，有不少名字一看很熟，但却想不起来了，便又重新加了好友，然后再慢慢地私聊。春节回家过年期间，就经常有同学聚会，聚了好几次。大家先在群里面说，哪天哪天出来一起聚聚啊，就几个人一起出来聚聚。结果当天聚完后，又有同学在群里面说，怎么聚会没喊我啊，于是又找机会几个人再聚。（小李，1982年，安徽淮南，建筑工）

除了保持旧有的同学关系，新生代农民工的社会关系网络也开始向城市转移。与他们的父辈相似的是，新生代农民工的社会关系网络仍有很大一部分是自己的家人、亲戚等，尤其是，同辈群体的堂亲、表亲成为他们经常使用手机沟通的群体。而相应的，新生代农民工的关系网络逐渐从血缘、亲缘关系转向同学、同事和朋友关系。这说明新生代农民工的关系网正在逐步开放，社会关系网络的中心正在逐步向城市转移。他们在谈到使用手机频繁联系的人时提到，城市中结识的工作伙伴也成为他们经常联系的对象。他们有时还会经常和自己的同事在工作之余一起开展一些娱乐活动，他们在朋友圈中相约一起去K歌，一起去看电影。小雨曾经在朋友圈发过一条状态，"丢人，走错包间了"，再配合目瞪口呆的卡通表情，配图很明显的是在KTV包间。后来笔者问起她这件事情，她详细地和笔者描述了当时的情形。

当时和同事们一起去唱K，大家就喝了点儿小酒，我就开始有点儿醉意，中途去了一趟洗手间，回来后进到一个包间，正好看到屏幕中放的歌自己会唱，也不管三七二十一，拿着麦克风就吼完了整首歌。刚刚唱完，再定神一看，其他人全部都目瞪口呆地看着我，原来自己进错包间了，还在陌生人面前唱了一首歌，当时就瀑布汗。（小雨，1990年，安徽合肥，工厂工人）

单纯的工作关系不足以产生彼此之间的信任，随着时间的逐步推进与彼此间了解的深入，新生代农民工逐渐拉近彼此的心理距离，进行情感的沟通。个体通过彼此间的互帮互助，了解职业环境中各种正式和非正式的规则。这个过程与企业的行业属性密切相关。服务业规模小，管理相对具有弹性，根据季节时令不同，消费呈现高峰期和低谷期的规律，低谷期工作量小，同事之间有充分沟通互动的时间，因此容易熟络。而制造业因企业经营规模大，员工被各道工序切割得原子化，而且流水线上的工作不允许懈怠，彼此沟通互动的时间也很少。

小晴虽然到南京打工已经有一年半的时间了。"我最好的闺蜜就是我的初中同学，她现在还在老家上学，我和她什么都聊"，"主要是通过微信，微信聊天什么形式都用到，打字啊、图片啊、语音都会用到"。"我和我堂妹就是经常在微信上聊天，有时还视频通话，和以前的同学偶尔聊聊，一些好久不见的朋友我会给他们点个赞。"（小晴，1996 年，安徽亳州，零售）对于通信软件的策略性应用可以体现出关系亲疏的程度，由经常聊天、视频通话到偶尔聊天，再到社交媒体中的评论和点赞，新生代农民工非常游刃有余地管理自己的社交网络。界线分明的亲疏之分，它是以血缘关系和邻里关系（这里包括了流出地和流入地的邻里关系）为基准，再拓展到日常的社交活动，空间上由近到远、活动频率上从多到少，一层一层放大，形成了费孝通先生所说的以"我"为中心的差序格局。手机媒体拓宽了农民工在城市中的生存空间和交往渠道，他们可以依托手机拓展自己的社会资本。在"媒介化社会"的现实环境中，新生代农民工逐步意识到手机媒体在城市日常生活中的显著重要性，理解了手机媒体的工具性特征，并有意识地引导自己的社会交往走向工具性。

新生代农民工渴望扩展自己的社会资本，他们开始在城市社会中培育自己的异质性资本，包括城市中的次级关系群体和社会资源，寻求自己在城市中的身份认同。手机媒体使得新生代农民工可以用更为便捷高效的方式获取社会资本。他们的内在动力与愿望也发生着微妙的变化，最为明显的现实状况是他们对社会关系强弱性的依赖程度正悄然改变。血缘关系和地缘关系依旧是新生代农民工重要的社会支持，但是此类关系的重要性正在降低。许多新生代农民工虽然刚刚进入城市，但凭借手机媒体可以轻易获得租房、找工作等生存性信息。而衡量农民工市民化的一个重要指标在于其和城市居民的社会关系如何。城市居民提供的弱连接关系，能为新生代农民工带来异质化的信息资源。农民工只有拥有来自城市的异质化社会资本，才能给其城市融入和市民化身份的转变带来本质性的改变。

> 我手机最常用的五款软件是抖音、腾讯新闻、微博、腾讯视频、快手。"腾讯新闻"主要是获取一些时事热点和本地新闻，因为我现在工作的地方比较偏僻，平时又没有休息日，所以出门机会比较少，这总会让我有一种和外界隔绝开来的奇怪感觉。我感觉腾讯新闻这样的新闻软件就是连接我和外面世界的渠道，从里面我会了解到国内外时事的最新资讯，也拓宽了自己的视野。（钱帅，1997 年，安徽滁州，汽修工人）

老一代农民工较少从媒体获取信息性资源，对于时事政治、城市生活讯息等也缺乏关注。有限的媒介接触让他们的聊天话题局限于自己的工作和初级群体的小圈子。而在新生代农民工中，看新闻、了解生活与社会资讯已经成为一种生活方式和习惯。他们看似漫无目的的爱好，实际上却成为他们和异质性社会关系交往的议程。通过这些议程，新生代农民工与同事、顾客发生交集，而交集越多，关系加深的可能性越大，进而可以建构其新的关系网。社会网络是农民工获取城市物质资源的主要方式，当农民工在城市复制的乡土社会关系网无法为其提供预期的资源时，再建构社会网络就成为必然。新生代农民工普遍意识到开放的再建构的网络对其城市生活的作用。他们运用媒介提供的信息资源，积极地与同事、城里人互动，维系和延伸既有的社交网，从而为实现更好的社会适应搭建桥梁。

第二节　跨域社会网络的建构

吉登斯在论述现代性的动力源时，曾提出"脱域"机制的概念。"脱域"意指社会关系"摆脱"（lifting out）本土情景的过程，以及社会关系在无限的时空轨迹中"再形成"的过程。① 这种社会关系的"脱域"连通

---

① 安东尼·吉登斯：《现代性与自我认同》，夏璐译，中国人民大学出版社，2016，第 17 页。

了社会生活与其"嵌入"到在场情境的特殊性之间的关节点，也使被脱域的制度极大地扩展了时空延伸（time-space distanciation）的范围。

吉登斯提出，社会从原先传统性的自然联系中脱域出来，颠覆与消解了原有预设的模式标准。人们开始使用人类创造的运行机制取代自然性和经验性的社会机制，用理性化的抽象体系来进行再嵌入，形成理性化的生存环境和社会运行机制。[①] 而在现代城市生活中，新生代农民工使用的手机构成了他们在陌生环境与社会运行中的重要嵌入方式。

一 "链式流动"

不同地域之间的人口流动必然要依托通信技术的进步与发展。前现代社会中同样也存在人口流动现象，甚至是较大规模或者世界范围内的，例如工业化时期欧洲－美洲之间的人口迁移。美国芝加哥学派曾对来自东欧的移民做过深度研究，发现那时空间联结主要以书信沟通为主，并由此留下了大量原汁原味的反映移民如何与遥远的故土保持必要的联系、如何适应新生活空间和现代社会的史料。[②] 近些年移动通信技术等即时、便利甚至廉价的通信工具在中国社会中低阶层中的迅速渗透和普及，使得因劳动力转移而产生的人口流动在规模和效率上发生了很大变化。

流动是个相对复杂的过程。城市和乡村之间的劳动力市场供需关系是一个大环境，流动的初始资源和动力不仅来自传统关系网络，也来自信息、资金和流动决策的经验基础。[③] 当被问到新生代农民工中的大多数为什么来南京打工时，他们通常的回答是："有工友或亲戚在这边。"亲戚和老乡在帮助他们寻求就业信息并能够较为顺利地在南京安顿下来，起着至关重要的作用。他们选择打工目的地为此地很大程度上因为其与已经生活在这儿的亲戚或者老乡有联系。他们会事先通过手机联系，细致地打听这个城市的生活环境、就业前景、工作条件以及薪酬水平等。很多新生代农民工在求职、租房、跳槽、生活等方面得到了来自亲戚或者老乡的帮助，

---

① 安东尼·吉登斯：《现代性的后果》，田禾译，黄平校，译林出版社，2000。
② 丁未：《流动的家园——"攸县的哥村"社区传播与身份共同体研究》，社会科学文献出版社，2014，第255页。
③ 项飚：《社区何为——对北京流动人口聚居区的研究》，《社会学研究》1998年第6期。

包括信息和经济方面的援助。事先的通信联络能够帮助他们迅速在城市找到合适的工作。中国农村普遍重视血缘、亲缘关系。新生代农民工初次进城基本上都是"连帮带"，跟随亲朋乡邻的脚步进入城市。他们首次入城的地点、第一份工作，都与带他们入城的人有极大的关系。有时一个工厂里甚至可以找出一大家子，全是沾亲带故的。① 正如西方学者彼特森表述的："与其他生活领域一样，先行者的主要特征是筚路蓝缕（blaze trails），然后其他人开始跟进，有时跟进者渐渐汇成洪流。于是移民就成了一种时尚，一种既定的模式，一种集体行动。"② 当出现这种半自动的"集体流动"（mass migration）现象时，个人的决策不是来自收益－成本，而是来自一种"社会动力"（social momentum）。③

在访谈中，在追忆自己进入城市打工的过程时，不少新生代农民工都有投奔亲戚的经历。在一次对 4 位建筑工开展的焦点小组访谈中，笔者发现他们的亲属关系互为交叉。建筑工小宋和小杨是他们自称的"亲老表"，小杨和小凤又是远亲，之前都是在一个村落中生活的，当年上学的学校也是同一所。谈到他们为什么要从事建筑行业时，小宋介绍说，自己的姑父早在 20 世纪 90 年代便出来打工，从事木工行当，经过数十年的奋斗打拼，现在已经成为一个小型施工队的承包商，也就是俗称的"包工头"，随后便将自己带进了建筑行业。没多久小杨和小凤也依次进入了这个行业，三个人都是在建筑工地上做木工。他们住在同一间宿舍，一起吃饭，一起 K歌，一起开车出去玩。对于他们这种亲密无间的关系，小凤甚至在描述起三人的关系状态时略显得意，"我们就是一个 team"。钱家四姐妹现在都在南京打工，小雨之前在上海一家工厂工作，后来因为自己的亲姐姐在南京，便来南京投靠姐姐，后来自己的堂妹中专毕业后也到南京来打工。第一次访谈时小雨和小飞共同在建邺区的一家企业工作，而大姐在江北，四妹在江宁。第二次访谈时，小雨又辞掉了原先的工作，在一家服务场所工

① 黄会欣、马前广、刘电芝：《农民工的城市适应及其对社会认知的影响》，《西南大学学报》2008 年第 11 期。

② Petersen，William，"A General Typology of Migration，" *American Sociological Review* 3，1958，pp. 256 – 266.

③ Petersen，William，"A General Typology of Migration，" *American Sociological Review* 3，1958，pp. 256 – 266.

作。她们虽然分居在南京的不同地域，但是她们钱家四姐妹建立了一个微信群，没事就在里面瞎聊。同样的例子也非常多，工厂工人阿平先是来投靠住在南京的姑姑，工作一段时间后觉得不错，就喊自己的嫡亲表弟小唐过来在同一个厂里工作。小唐回忆起为什么过来，很简单，"表哥一个电话我就过来了"（小唐，1995 年，贵州毕节，工厂工人）。工厂女工小张的表述更为直截了当："我是跟我男朋友过来的，我男朋友是跟我哥过来的，小蔡是跟我过来的。"（小张，1994 年，江苏宿迁，工厂工人）

这种"谁跟谁""谁再跟谁"的描述正契合了链式流动的模式。链式流动是美国社会学家查尔斯·蒂利（Charles Tilly）发现的除循环式移民（如季节性移民）和职业性移民之外的第三种迁徙类型，也是数量最多的一种移民类型，呈现为"一个带一个""一个跟一个"以血缘、地缘为主线的流动模式。这种迁徙活动"通过一套社会架构，由迁徙目的地的人口为新移民提供援助、资讯及鼓励，而促成一组组相关的个人或家庭从一个地方迁往另一个地方"。① 文军在对城市劳动力新移民行为选择进行考察后认为，"新移民的社会网络不仅直接导致了移民链的形成，更重要的是它为劳动力新移民提供了一种安全、稳妥和低成本的流动方式"。② 移动通信技术的进步，极大地提高了信息流动和关系链接的速度，使流动群体在异地便可以了解这份工作的基本情况，进而做出决策行为。中国社会学界在研究农民工普遍存在的链式流动现象时，大多将原因归结为农民的关系网络和经济理性。当然究其根本原因，这种"一个电话就过来"的常态流动模式依旧基于乡土社会的关系网络和传统信任。

二 跨域社会网络的建构

尽管新生代农民工对"家乡"的感情已经产生裂变，他们对"乡"不再有太多的情结，但是他们对"家"依然保持着一种心理上割舍不去的依恋。他们在城市中经历过被排斥与不适，和城市居民间仍然存在隔阂，城

---

① 参见道格·桑德斯《落脚城市：最后的人类大迁移与我们的未来》，陈信宏译，上海译文出版社，2012，第41页。
② 文军：《论我国城市劳动力新移民的系统构成及其行为选择》，《南京社会科学》2005年第1期。

乡间的流动生活给他们带来居无定所的漂泊感。他们只能局限于老乡、同事等同质社会关系网络来往。然而这并不足以应付城市生活的所有艰难，他们还会向家人需求情感支持。家庭是新生代农民工社会化过程中最重要的初级关系，但在城乡流动背景下，家庭成员处于不同的地理空间，他们会借由手机媒体来维系情感连接。与家人的联系能为他们的城市生活提供坚实的精神动力，帮助他们树立起在异乡生活的信心，而这一过程也能够反向回馈到家人那里，家人也能获得一种宽慰感。

新生代农民工充分利用手机媒体所固有的随时随地联络的特性，寻找自己在城市社会中的自我定位，维系亲友间的情感联系，排解城市生活中的空虚孤寂。新生代农民工大多没有经历老一代农民工使用书信、交通工具与家人保持联系的阶段，而是直接跨越到手机、网络等新媒体沟通的时代。凭借手机，新生代农民工可以随时与家人建立联系，维系他们彼此间的情感连接和乡土纽带，以此为其提供城市奋斗的动力源泉。

跨域社会网络（translocal social network）横跨两个或多个地方，如以流动者为主构成的村庄、工厂或商铺。它涵盖各地域间一切形式的连接，无论是通过中低端信息传播技术还是通过传统人际交流渠道，抑或中下阶层流动者之间的各种社会关系，以及联系他们的商品、服务、信息、情感。所有这些加在一起，共同构成一个充满流动与意义的延展空间，就是跨域社会网络。[①]

> 我的家乡天长市距离南京很近，我的大多数朋友、同学不是留在了当地，就是来到了南京找工作。之前刚毕业的时候我换工作也不会考虑太多，随着自己的心情，干得不开心了就会辞职。但是今年（2018年）结婚了，8月份女儿也出生了，所以一下子就感觉到了对于家庭的责任和自己的压力。现在是媳妇、老妈和女儿在老家，我一个月会回去一趟，看看他们，每周会进行两三次的视频聊天。（钱帅，1997年，安徽滁州，汽修工人）

---

① 邱林川：《信息时代的世界工厂》，广西师范大学出版社，2013，第155页。

　　新媒体可以帮助人们适应并参与社会变迁，对于每个社会阶层的人群都是如此。但以中低端手机互联网服务为基础的跨域网络（translocal networks）对流动者有特别重大的意义，因为流动人群之间的社会关系"传统上靠面对面交谈、邮寄邮件和电报，如今则得益于中低端信息传播技术而有了更方便、更快捷的表达方式"。① 通常来讲，无线信息及通信技术体现出"远方在场"（absent presence）的特点，即通话双方可以通过传播媒介而产生"虽天各一方，但犹如眼前"的感觉。② 新生代农民工凭借手机可以听到远在他乡的亲人的声音。现今，身处异地的人们可以通过微信拨打语音电话，或者是直接视频聊天。因为这个"家"的感觉已经不是脑海中单纯的图像，而是经过中介的感情传递。

　　尤其随着手机媒体终端的逐步升级换代与通信技术的发展，视频聊天成为他们和家人"直面"接触的方式。不少流动家庭是夫妻出门打工，孩子留在老家，通过手机中的各类聊天软件，他们可以经常和自己的家人视频通话，看到自己孩子的动态画面。这里的家人有时是自己的长辈、自己的父母，或是配偶的父母，有时是自己的直系亲属，如兄弟姐妹等。

　　长途电话的沟通与交流维系了跨地域的家庭关系，留守老人通过这种沟通方式可以获得精神上的慰藉，远在城市的子女也可以获得家中长辈的关怀。随着农村青壮年劳动力流向城市，老人成为农业生产的主力军，他们还要承受儿女无法在身边照看自己的孤寂。对新生代农民工的调查发现，他们中有不少也会定期给自己的父母汇款，出来打工后反而比起以前自己在父母身边时，开始更加体贴关心自己的父母。这种情感羁绊和即时便捷的通信技术结成了跨地域的情感与沟通网络，令身处异地的家庭成员之间的关系得到联结和维系。发型师阿敏在自己的父亲过世后，给母亲买了一部老人机，随后他在自己的微信朋友圈这样写道：

---

① Cartier, Carolyn, Castell, Manuel and Qiu, Jack L., "The Information Have-less: Inequality, Mobility and Translocal Networks in Chinese Cities," *Studies in Comparative International Development* 2, 2005, p. 9.

② Gergen, Kenneth J., "The Challenge of Absent Presence," in Katz, James E. Aakhus Mark A, eds., *Perpetual Contact*, *Mobile Communication*, *Private Talk*, *Public Performance* (Cambridge: Cambridge University Press, 2002), pp. 227 – 241.

　　我妈不认识字，前几天回家给我妈买了老人机，今天我妈打电话过来说："儿子，我会打电话给你还有（你）大姐二姐了。"这老人机真好，还会报时间，每次一报时间就会想我一次。"我儿子真好！是我儿子买的！"瞬间心都化了，眼泪都出来了。（阿敏，1983年，江苏高邮，发型师）

　　手机成为家中老人可以随时随地听到儿子声音的重要工具，手机的报时功能竟然变成了家中老人想念儿子定时定点的"利器"。和异地的家人联系的频率因人而异。90后的小高就说，"多的时候，我一天要给爸妈打三四个电话"，笔者对其较高的频率表示诧异时，小高颇为不好意思地解释说"老爸非要我打的"。阿平来自贵州毕节，和来自苏北或者安徽等地的农民工不同，他和自己的表弟小唐一年只有一次回家的机会。每年春节前夕，他会早早地买好车票，坐30多个小时的火车回到家乡。阿平用的是中国移动每月88元的套餐，用的"全球通"，与其他使用异地号码的青年农民工不同，阿平使用的是南京号码。阿平解释说，因为"我在外面工作，回家时要经过别的省份，所以就用全球通。回去要32个小时，过来要40多个小时，有时过来就坐飞机，单位给补贴1000元"。短暂的几天团聚后，很快就又要踏上归来路途。有时和家人打电话，"越聊越想家，妈妈在那头哭了，其实自己也哭了，但是我都得默默地承受"，"我有一个弟弟，一个妹妹，老大总归要苦一点的"。虽然这种通信技术提供了异地通话甚至异地视频的机会，但还是不能从根本上消弭地域分离带来的情感失落与孤寂感。"我现在用的是OPPO手机，今年（2014年）年底，公司开年会的时候，公司抽奖，我又抽中了一个红米手机，运气太好了，所以现在就两个手机一起用。现在春节回家，我打算把两个手机都带回去，给父母一个，至于给他们哪一个，随便他们，让他们挑，我都无所谓。"（阿平，1995年，贵州毕节，工厂工人）孝顺的阿平这次春运回家还给自己的父母带回一个新的智能手机，准备装上微信，教会父母怎么使用视频聊天。

　　接受访谈的多数人同样都将给外地的家人打电话放在自己手机使用较为重要的地位。事实上，不论是刚刚进入城市的农民工，还是在城市里待了许多年的农民工，都会面临孤独和思乡的情绪。很多新生代农民工在工作中会面临孤立和无聊的境遇，给家人打打电话、聊聊彼此近况成为获取心理慰藉的良好途径。在进城之前新生代农民工满怀想象与憧憬，他们立志要独立自主、衣锦还乡。但他们内心深处依旧有着对农村社会的乡土依赖和情感依托，他们不能完全脱离农村社会，和乡土故人间仍有着根深蒂固和千丝万缕的情感连接。这种心理对于新生代农民工而言是一种正常的情感状态，因为人不可能只生活在具象的地理场域中而脱离社会文化场域对自身的影响。① 因此，他们试图找到一个最好的解决方法，在陌生的城市里与家人通过电话等联系，一方面维系了亲情，另一方面排解了内心的孤寂。

由于流动人口的急剧增长，"留守儿童"成为社会发展中的一个重要问题。在如何和自己远在异地的子女保持联系方面，手机发挥了衔接母亲－子女的突出作用。根据新生代农民工的年龄界定，她们中的不少80后已经成长为母亲这一特定社会角色。她们中不少把自己的小孩放在自己老家或是公婆家中，定期地和自己的孩子通电话，通视频成为他们紧张繁忙工作后最快乐的时光。家政工小刘跟随老公一起前来南京打工，老公在南京从事装修行业。她自己本身是辽宁人，自己的爸妈都还在辽宁，回辽宁火车票400多元，有时在手机上买飞机票，提前点买，也只要700多元。孩子则在浙江的公婆家留守，孩子上小学之前，他们一直带在身边，但是孩子开始上小学后，自己和老公实在不能保证每天都能在固定的时间段去接送孩子，所以放在公婆家也是无奈之举。小刘非常鲜明地表明自己和孩子的关系："在一起也烦，不在一起就想"，"还好现在高铁一个半小时就到了"。高铁的发展为流动人口往返城乡提供了极大的便利。孩子上小学后，家里的开支陡增，"虽然学费没有，但是校车接送要两百元，订书报杂志要四五百元"。小刘介绍说，基本上每天都会给小孩打电话，问起怎么督促孩子的学习时，小刘向笔者介绍说，"现在都有一个'校讯通'软件，当时是老公去办的，月租费10元/月，每天学校会通过这个'校讯通'把短信发到老公手机上，基本就是今天布置了什么作业，作业都有哪

---

① 汪国华：《移植、结构与抽空：新生代农民工对中国传统文化的实践逻辑》，《人文杂志》2010年第3期。

些要求。老公再把短信转给爷爷，爷爷再按照短信要求督促小孩完成功课"。凭借着"校讯通"这么一个手机软件平台，两地三代的关系得以维系。

手机媒体成为新生代农民工情感联络的重要仪式性工具，进城初期，他们会遭遇困惑迷茫的过渡期，甚至还会遭受城里人的排挤歧视。手机在连接乡土社会的过程中扮演了重要角色。手机媒体为新生代农民工架构了一个跨地域交往的家庭关系网，他们在进城打工的过程中，与留守老人、留守子女维持紧密的联系。目前，城乡人口的流动造成了农村大量家庭的分离，而手机的普遍使用与手机流量资费的逐年下降，为他们出外谋求发展解除了部分后顾之忧。与此同时，城乡之间信息的飞速流通，新生代农民工通过手机与家乡频繁互动，建立起多层次的跨域社会网络，存在促进自身以及农村社会现代性进程的可能。

Rich Ling 曾经引用一项欧洲的研究，并且发现移动的语音电话和短信已经"相当于个人社交网络中面对面交往的一种代理"。[①] 电话被新生代农民工用于联系在祖国各地的朋友，也用于联系在地理上无法接触，即使是在同一个城市中的朋友。在这种意义中，手机为新生代农民工提供了跨越长时间工作周期的边界、嘈杂的生活条件，以及遥远的地域距离来维系他们的社会网络的条件。长时间的工作和较少的休闲时间意味着他们通常和朋友间有较少的面对面交往的机会。加之从事的职业不一，休息的时间也存在差异。餐饮业服务员阿连表示，他们一周可以休息一天，但这一天绝对不是周五、周六、周日中的一天，因为这通常是他们最为忙碌的时间段。她有好闺蜜同样也在南京工作，但是一直都没有机会一同出来逛街聊天。即使两个朋友同时间休息，也因为他们住在巨大城市的不同地方，所以直面接触的机会还是较少。另外，即使他们同一天休息，但由于平时工作体力消耗的确比较大，他们也宁愿待在家里睡觉。但是这些时间和空间的限制，却可以通过手机的非移动的移动性得以解决。事实上，不少新生代农民工的友谊是通过手机而不是直面接触来维系的。

---

① Rich Ling, *the Mobile Connection*, *The CellPhone's Impact on Society* (San Francisco, CA and Oxford: lsevier/Morgan Kaufmann, 2004), p. 111.

第三节　手机媒体主导下的虚拟社会交往

新生代农民工进入城市后，自觉性地学习和模仿城市中的生活方式与生存法则，也开始尝试走出"信息孤岛"，主动融入城市。与老一代农民工不同的是，新生代农民工很多是在互联网时代中出生的"数字土著"。手机作为新媒体终端的典型代表，在其构造的虚拟交流空间中，用户可以抛却现实生活中的身份地位，自主隐藏或选择性呈现自己的身份角色。手机深刻拓展了新生代农民工社会交往的范围、内容以及效应。手机媒体主导的虚拟交往状态，有助于新生代农民工走出"信息孤岛"的困境。

一　虚拟场域中的社会交往

在正式的直面交往场合，双方都需要按照理想的角色规范来表演；而在私下场合，虽然可以不受现实身份的限制，但是交流双方的姿势、神情、语气依旧可以传达许多信息。戈夫曼将人们的日常生活比作舞台，个体都是舞台上按照剧本进行互动的演员。因此，我们在人际交往中所呈现的内容是虚实相间、真假结合的。但是手机所构建的虚拟空间，隐匿了现实生活中真实的身份信息，这也间接消除了阻碍农民工和城市居民现实交往的户籍身份差异。新生代农民工在虚拟平台中可以维持与初级群体的关联，在网络空间中延续他们的日常生活交往，保持他们在现实社会交往中的风格。而此外，面对网络中素未谋面的陌生人，他们也会拓展一种新型的社会交往关系，采用更为外显、更为真实的自我呈现方式，甚至是展示许多在现实社会中不会轻易表现的人格特征，这可对孤岛生存的压抑状态起到舒缓的效用。

新生代农民工通过在微信朋友圈、QQ空间更新他们目前的生活状态来表达最近的情绪感受，而朋友们也会用相类似的情感和移情来回复这些状态。因为工作的关系，虽然可以挂着QQ，但多数新生代农民工不是时时刻刻都可以打开手机查看自己的信息动态。另外，如果使用QQ、微信，则新生代农民工就感觉到自己具有控制力，他们把微信聊天和电话聊天与传统短信做了比较：

电话里你得一直说，有时你不知道要说什么的时候，就有点儿尴尬。在微信里面聊天的话，晚一些回信息，就没关系。没什么重要事的话，我有时忘了，也没回，也没什么，因为这不会显得不尊重对方。但是如果是通电话的话，就没有那么多考虑的时间。（阿伟，1985 年，江苏泗洪，快递员）

Licoppe 和 Smoreda 解释说这种"在缺席和共存之间的游戏"，从社会关系上说，是"一场缺乏关注与全神贯注、安全与脆弱之间的游戏"。[①] 在社交网络上，访问朋友网页、查看有什么新信息或是偶尔添加评论代表着一种管理和保持这种伦理距离、重复联系、建立一种在线方式、一定程度上保持距离的方式。可以推迟回复，也不是必须要做出回应，也不需要对短时间的不在线进行解释。

青年群体出于能够随时随地地和他们的同龄人保持联系的强烈欲望推动了在线和移动沟通的发展。互联网有力地推动了现有的社会联系，而不是起到了削弱作用。[②] 通过一对一在线沟通方式提供的个人信息会更重视亲密性，因此也更能增强这种联系。为了增强他们的关系，他们经常用手机来进行"超协调"或者是"电子礼物馈赠"。像腾讯公司的 QQ 提供了电子礼物的新形态，就在 2015 年笔者生日的当天，还收到了被访者中的两位给笔者发来的虚拟生日蛋糕和生日祝福。

新生代农民工在日常生活中广泛使用腾讯旗下的 QQ 和微信等产品，尤其值得注意的是，QQ 群已经成为他们排解生活苦闷、寻求职业帮助的平台。较为常规的，在我们所熟知的在 QQ 空间或者是微信朋友圈中，每发表一条状态，就会有好友过来评论，对自己发表的内容进行点评，或者直接点赞，表示一种赞许与肯定。在新生代农民工群体中，笔者观察到一种较为特殊的点"赞"文化，就是 QQ 个人页面上的点赞，这种点赞无须

① Licoppe, C. and Smoreda, Z. "Rhythms and Ties: Toward a Pragmatics of Technologically mediated Sociability," In R. Kraut, M. Brynin and S. Kiesler, eds., *Computers*, *Phones*, *and the Internet: Domesticating Information Technology* (Oxford, New York: Oxford University Press, 2006), p. 311.

② Mesch, Gustavo, S., "Social Relationships and Internet Use among Adolescents in Israel," *Social Science Quarterly* 2, 2001, p. 2.

依托任何的内容发布平台，单纯就是为了"点赞"而"点赞"。笔者是开始接触几个建筑工的时候了解到这一现象的，后来发现这种"点赞"行为在这个群体中具有一定的代表性。建筑工小李在手机中给笔者展示了他的QQ聊天界面，打开他的个人页面，在个人封面的右上角有一个"拇指竖起"的图案，图案后方还有一个数字，小李非常得意地说："我现在已经有2000多个'赞'了。"当笔者对这个数字表示惊奇，说笔者只有几个"赞"时，小李说："我这还不算什么，我有一个网友有十几万个'赞'。这个'赞'每人每天只能点一下，我基本每天闲下来手头没事的话，就会给我的好友们挨个点个'赞'。"时至今日，笔者打开小李的QQ个人界面，发现点赞数已然达到了惊人的十一万多个（见图6-1）。不少新生代农民工都表示这在他们的手机QQ使用中是种非常普遍的现象，甚至当笔者讲起笔者听说有人有十几万个"赞"时，工厂工人阿平的第一反应是，"哦，那这人人缘特别好"。这种虚拟空间的较为枯燥的点赞行为看似没有任何意义的生成，体现在QQ个人主页上无非就是一个单个数字的日益累积和增长，但是在他们看来，这个数字的大小居然可以和人缘好坏画上等号。这个点赞数字增长的背后，意味着个人拥有一定数量的QQ好友，并且这些好友能够

图6-1　小李QQ个人资料页中的"点赞"数

和自己形成某种程度的互动，这种点赞也成为某种"虚拟礼物"的流动。

日常生活中，他们也会凭借各类社交媒体积极地展开"虚拟互动"。建筑工小李、小朱和吕姐是多年的好友，虽然三人来自不同的省份，但由于常年在同一家建筑公司从事比较接近的工种，久而久之就成为好友了。小李、小朱也会去吕姐江北的家，和吕姐的家人一起吃饭聊天，与吕姐的老公、女儿、儿子都非常熟悉。一天，吕姐给笔者发来一条微信信息，"偶叫张××，编号2399，叔叔阿姨快点进来给我投票吧"，点开一看是由南京某本地网络公司发起的"南京萌宝大赛"，原来吕姐女儿也把自己心爱的宝贝女儿优优小朋友的照片上传到网页中，准备参加此次"萌宝大赛"。因为笔者同时添加了他们的微信好友，所以当笔者打开朋友圈时，发现吕姐、吕姐的女儿小静和小李、小朱都在自己的朋友圈中转发了这条状态。小李在转发这条状态的时候，还特别加入自己号召性的评论："都来为宝宝加油吧。"文字后面还加入若干拳头的图形符号。自己的亲朋好友看到此条状态后需要关注官方公共账号，在微信中直接回复"萌宝#编号"即可投票。但每个微信 ID 每天只有 1 次投票机会，票数越多，宝宝的排名就越靠前，其他人就可以在首页的"宝宝秀"中看到自家宝贝的照片，并且还有赢取苹果电脑、平板电脑、拍立得、索尼微单、空气净化器等的机会。

事后笔者再接触到小李谈及此事时，他说，自己还把这条状态转到自己的同学群中，让以前的同学们也来帮忙投票。"平时吕姐对我们夫妻俩非常照应，这个是肯定要转的。"当笔者把其转发到笔者的朋友圈后，小李、吕姐和吕姐的女儿也过来评论，小李表示他也投了，小静表示感谢。当吕姐表示感谢并且希望笔者在接下来的两天继续投票的时候，小李便打趣道，要吕姐请吃西瓜，吕姐也非常爽快地表示要买个 20 斤的。然后当天，吕姐真的买了个十多斤的西瓜，邀请笔者到他们宿舍工棚中一同吃西瓜。最后，2399 号优优小朋友一共获得 162 票，在所有参赛的小朋友中排在第 254 位。小静在朋友圈发出感谢："感谢之前大家在百忙之中抽出时间给优优投票，正是你们的支持才让我们也出现在获奖名单之中，虽然不是大奖，但是重在参与，只是想给她一个纪念，再次感谢大家"〔双手合十〕。没过两天，小静又晒出了宝贝获奖的奖状："在2015××第二届南京萌宝大赛中，获最萌宝宝称号。""第二次的鼓励，这要多谢给我们投票的叔叔阿姨呢，留个纪念。"后来小李也曾经向笔者拉票，让笔者关注"凤台在线"这个微信公共号，给他的弟媳投票。

这种点赞与转发的背后体现出一种礼尚往来，维系着新生代农民工人间一种持续不断的关系，体现他们所处的社会网络关系和互惠回报。这既有中国传统社会中内涵博大精深的"人情"成分，又体现出现代契约社会的工具性关系。移动互联网中点赞、集赞以及各种类型的虚拟礼物交换，不仅明确了社会所认可的人的界限，而且有助于创造那种"地方道德世界中社会来往（transactions）的主体际媒介"[①] 的个体经验。

二 网友：纯粹关系的建立

新生代农民工有意识地追求增量社会资本的提高，并逐步发展外倾型的交往趋势。手机这种新兴的媒介形态打破了传统的物质地点和社会场景的关系，模糊了以往的群体身份，通过改变信息的传播特征，重塑了社会场景和社会身份，身体的所在点和信息源的分离导致了原有的固定场所与所对应角色行为间的意义改写。手机媒体所延伸的社交网络平台，使农民工在城市中的社会交往变得更加积极和主动。而与城市居民之间人际关系的成功建立与维系也是新生代农民工城市融入的有力路径。

与老一代农民工"规模小、紧密度高、趋同性强、异质性低"的社会网络相比，新生代农民工建构的社会网络地域更广、规模更大，并且其紧密度相对较低。[②] 之前有关新生代农民工的研究基本将其社会网络区分为两种，以血缘、亲缘、地缘为纽带的同质化较高的初级群体和基于业缘、友缘等异质化较高的群体。笔者在田野调查中发现，在他们的社交网络中出现了一个既往研究中普遍没有提及的一个群体，即通过网络技术在虚拟世界中结识的朋友，也即"网友"。"我用微信加好友，都是随便摇一摇的"（阿连，1992 年，安徽蚌埠，餐饮业服务员）。虽然他们在现实生活中并不熟悉，并且多数从未谋面，但是在网络空间中却已然成为彼此熟知，甚至可以交心的朋友。这种"新的关系"并非建立在高度同质化的、

---

① 阎云翔：《礼物的流动：一个中国村庄中的互惠原则与社会网络》，李放春、刘瑜译，上海人民出版社，2012 年，第 21 页。

② 王毅杰、童星：《流动农民社会支持网探析》，《社会学研究》2004 年第 3 期。

强关系的基础上，已经逐渐开始脱离原有的关系模式和文化习性，人际关系的生成机制仍旧依赖于乡土社会的血缘、地缘关系，但新生代农民工已经开始通过新的技术实践手段，建构新的社会交往关系和新的城市社区生活。很多新生代农民工会在网上结交一些朋友，平日在网上聊聊天。他们中不少人都有结交网友的经历，只不过交往程度不一，一些就是在网上聊天、聊家常。小高说他自从参加了一款手游"天天酷跑"俱乐部的 QQ 群，就经常和大家在 QQ 群里探讨游戏经验。

阿杰很坦率地告诉笔者说，他有一个女性网友曾经在蚌埠财经大学上学，比他年龄稍小，因为他回家时会经过蚌埠，他奶奶家就住在蚌埠，所以他到了蚌埠后就会约她出来一起吃个饭或逛逛。现在她已经大学毕业去杭州工作了，但他现在有时候依旧会在网上问候一下。他有个网友已经交往 8 年时间了，当时是通过 QQ 漂流瓶相识的，她现在人在滁州。阿杰感慨道："我工作是好是坏从来不说，我经常一两个月不给家里打电话，基本上都是家里人打电话给我。""我就是这种要强、不服输的个性。"除了不向家人倾诉，阿杰有个现实生活中的好友在宁波，当时也是在宁波打工时结识的，虽然二人通过各类通信软件保持了密切的联系，但是阿杰也从来不向他抱怨工作中的任何失意。工作与生活中有了什么烦恼，他却第一时间向这位女网友倾诉。

> 心情不好的时候，我会第一个和她说，她会经常开导我，我有什么事都和她说。有段时间，我打算戒烟戒酒，她就会安慰我："真正的朋友是不会强迫你吸烟喝酒的，除非是酒肉朋友。"今年（2015年）过年后，我想离开南京，她就劝我说，"新到一个地方也需要适应，还不如待着"，我就选择继续留在南京了。我是 2007 年和她互加好友的，现在已经有 8 年时间了，我们有时在微信上聊聊，有时也会视频聊天。但事实上，我和她从来没见过面，我对于她的家庭、生活、职业一无所知。我就知道她在家带小孩，她小孩已经十几岁了，我也不去了解她，我从不刨根问底。我们相互之间会点赞，会相互关怀、问候，我会把自己软弱的一面表现在她面前。（阿杰，1989 年，安徽亳州，布展）

阿杰所描述的这一交往对象已经几乎类似于吉登斯描述的"纯粹关系"。目前依托手机的即时通信软件具有"多元性"和"虚拟性"的特征，线上用户通常可以隐匿自己的真实身份信息与社会阶层。新生代农民工可以以自由、平等、便捷的方式与其他外群体包括城市居民交流。这有利于他们在城市环境下拓展自己的社会交往范围，建立新的社会支持网络，有助于重构新生代农民工在城市生活中的社会关系以及形成弱关系的关系丛。用手机屏幕作为隔离界面，新生代农民工通过"后台"的交流方式，可以与城市中人群形成交往，甚至能够建立一种亲密的关系，从而接触到城市现代文明的特质。

本研究发现新生代农民工从虚拟世界中的"网友"那里寻求感情支持的情况较为普遍。但是也有在网络交往中出现风险、差点酿成大错的例证。小明是江苏淮安人，从事糕点制作工作，之前曾经在扬州学习厨艺，因为技艺比较精湛被老板高薪聘请，但是因为平时自己爱喝点小酒，所以他笑称自己平时几乎存不下什么钱，每月四五千元的收入基本上月月光。在微信"摇一摇"功能中，他结识了一位女网友，两人聊得相当投缘，两人聊过一段时间后，还互发了照片，并开始视频聊天。小明还给店老板、其他工友们展示了女生的照片，女孩子的确看上去比较白净清秀。而唯一遗憾的是，这个女网友却是在距离江苏较远的吉林长春，小明非常想要和对方确定关系，对方也再三邀请小明前往。

> 当时我身边所有人，老板啊、同事啊，都劝我不要去，说隔得这么远，两人都没见过面，太不靠谱了。我当时就是一根筋，平时手上也没多少钱，就问老板借了3000块，买了一张飞机票，就直接飞到长春了，见了面，感觉很好，那姑娘的确长得还行（笑）。我们晚上一起吃饭，吃完饭后，她说带我去个地方，去到那边一看，好多人在一起，中间还有人讲得很激动，我这才明白，上当了（小明，1983年，江苏淮安，餐饮）。

见笔者似懂非懂，小明解释道：

就是传销啊，拉你入会做传销的那种。那里面的人个个像被洗脑了，我看不对劲就找个借口连忙走了，回来钱也不够，又让老板汇了1000块，回头从工资里面扣。（小明，1983年，江苏淮安，餐饮）

手机媒体等新媒体技术给新生代农民工带来革新性的变化，虚拟人际交往带来了积极的社会效应。虚拟的社会交往能给新生代农民工提供信息性的、情感性的支持，工具性的支持则比较匮乏。此外，虚拟人际交往也会给他们的现实生活带来困扰，网络上的人际欺骗，沉浸在网络人际关系中而带来的交往异化，都是他们需要面对的问题。可以说，虚拟人际交往通过为他们提供社会支持而带来同一感，有同化的一面，但也会因局限于自身而对现实人际交往造成不良影响。新生代农民工由于缺乏防范意识，在社会现实中可能遭受来自虚拟空间的欺诈行为，造成个人财产的损失甚至威胁到人身安全。

在手机平台所搭建的虚拟空间里，强加在新生代农民工身上的身份枷锁松动了，他们能够更为真实地进行自我呈现。新生代农民工可以实效性地隐匿自己的身份，使自己成为网络中一个真实的主体，并与其他主体形成平等的互动。尽管虚拟人际交往内容是虚实相间的，但这对于他们摆脱孤岛生存中的"面具"交往仍大有裨益。他们能在手机建构的虚拟空间中隐匿自己的现实身份，自由表达个体的意志，肯定自己作为主体的存在状态。他们在现实中囿于农民工的身份限制，缺乏和城市居民交流的途径，而他们在虚拟空间中可以自由建立起平等互动的社交关系。

三 虚拟社区中的互动

虚拟社区不是因共享的地理空间而形成的社区，而是基于共同的兴趣而建立的社区，[1] 其最重要的要素是"共享的资源、共同的价值观和互惠的行为"。[2] 学者拜恩（Baym）将虚拟社区的形成归因为沟通的结果。首

---

[1] Licklider, J. C. R. & Robert W. Taylor, "The Computer as a Communication Device," *Science and Technology* 4, 1968.

[2] Rheingold, H., *The Virtual Community: Homesteading on the Electronic Frontier* (New York: Addison-Wesley Publishing Company, 1993).

先，社区内部出现包括文字符号在内的各种不同表达形式；其次，社区成员开始形成各自独立的身份特征，并为其他成员所认可；再次，成员之间经由互动形成特定的关系；最后，成员间的关系发展到一定程度，成员间建立起共同的"行为规范"，用以维护社群内的秩序。① 丹尼斯·麦奎尔曾经提出，虚拟社区同样具备现实社会中真实社区的许多特征，包括认同、凝聚力、分享的规范与见解等，网上社区完全能够形成认同型的社区群体。②

在新生代农民工的日常生活中，他们经常登录各种基于移动互联网建构的虚拟社区，其中包括粉丝类社区、交友类社区、职业类社区等。他们中不少表现出偶像崇拜的亚文化行为，会经常登录偶像的百度贴吧，获取最新、最快的偶像资讯。粉丝迷文化同样成为新生代农民工这一群体中一种重要的自我表达方式，展示他们共同的兴趣、品位、喜好，由于有着共同喜爱的明星或其他事物，他们能够在社区生活中生产出亚文化群体中独特的意义和话语，形成内在的认同感。手机为新生代农民工提供了接入网络的物质条件和文化条件。他们在基于虚拟社区的互动过程中，根据个体兴趣而非功利性的目的结交朋友。在与他人接触交流的过程中，不断地发展与提高自我，拓展自身的视野，进而培养城市文明所需要的思维意识。

新生代农民工常用的一款手机应用是陌陌，和传统的 QQ、微信的熟人虚拟社交网络不同，陌陌正如其名称所展示的一样，是一款基于陌生人之间交往的软件。据建筑工小凤介绍，最关键的一点是，陌陌可以看到两人之间的距离。芬伯格在分析计算机应用于交往时提到，经常参与在线讨论的人会发现他们生活在"真实"和"虚拟"的双重世界中。"在虚拟世界中，社会联系的发生却与地域没有关系，唯一的基础就是共同兴趣或工作。"③ 而手机基于全球定位系统却能识别交往对象之间的物理距离，甚至陌陌这样一款社交软件已经被多数人冠以"交友神器"的标签。工厂女工小蔡说自己会经常看看陌陌帖吧中的一些有趣的故事，也会学着如何来配衣服、化彩妆等，还有经常去逛的就是明星贴吧，这里全部都是"有共同

---

① 陈东国等编《传播媒介与生活》，台北：台湾空中大学，2005，第516页。
② 丹尼斯·麦奎尔：《麦奎尔大众传播理论》，崔保国、栗坤译，清华大学出版社，2006，第417页。
③ 安德鲁·芬伯格：《技术批判理论》，韩连庆、曹观法译，北京大学出版社，2005，第123页。

兴趣的人"。看到小蔡同时也加入了"文身刺青"群（见图6-2），笔者便回忆起之前的访谈对象建筑工小宋同样也加入了该群，并且也的确有在自己身体上文身的情况。和小蔡交流后，她连忙解释说，自己并没有文身，纯粹只是好奇而已，之前自己去参加某个厂的招聘，招聘人员直接就说，"有文身的，你们走吧"，所以她是坚决不会文文身的。他们会经常利用手机中的陌陌应用查看陌陌帖吧，但工厂女工小蔡表示自己很少参加同城活动，原因是"他们都不靠谱"。虚拟社区中允许他们尝试新的角色，允许在不用暴露真实身份的情况下来挑战真相和玩笑、信息和想象、真实与非真实之间的重要界限。通过所有这些方式创造和散布在线内容正变成一种管理个人身份、生活方式和社会关系的不可或缺的手段。虚拟社区有着自身独特的交往规则和社区体系，为新生代农民工提供了全新的社会交往方式，社区成员即使没有现实中的血缘、地缘和利益联系，也都能广泛而持续地参与其中。

而建筑工小宋则会去参加陌陌里面组织的各类线下活动。笔者看到小宋的陌陌应用加入了一个"文身刺青"群，便好奇咨询说是不是他也有此爱好，小宋还没回应时，他的好友们就开始起哄说，"把你的右胳膊上的

图6-2　新生代农民工小蔡加入的陌陌吧

文身露出来给老师看看"。小宋也是略显羞涩地承认了他的确在右臂上有文身这样一个事实。小宋接着介绍说他还参加了几个烘焙群，因为自己以前在西餐厅上过班，所以对于烘焙非常感兴趣。陌陌中还有同城服务、游戏等。小宋自己表示，会经常参加陌陌的线下集结活动，偶尔会去玩一下，反正去了那儿谁也不认识谁。"在南京这快半年的时间中，我在陈奕迅的贴吧里面还认识了南京某高职院校的一个女孩，有时一起去泡吧。不一定是我们两个人，有时她会带着她的一个闺蜜，我们三个人一起。"（小宋，1991 年，安徽六安，建筑工）笔者问起说这些女孩是否知道他在老家有家属的情况，小宋说"当然不知道了"。小宋还很腼腆地承认，"有过一次"婚外性经历，他的好友们于是又开始起哄说，"我们都知道，就在江北的那个餐厅嘛"。小宋用这几年打工赚的钱买了一辆现代的 SUV 汽车，每次出行大都开着自己的私家车，在虚拟社区的线下活动中，小宋的各种外在特征完全隐匿了他内在的职业身份。

新生代农民工拥有较为特殊的成长经历，他们自幼生活在农村社区，但在青少年阶段又进入了城市社会。在内心深处，他们既缅怀初级社群的基本价值，也对个人的理性解放极为推崇，但却难以同时获得共同体的庇护和行动表达的自由。而虚拟社区的出现，为他们现实处境的这种矛盾的调和提供了一种可能性，身份隐匿成为虚拟社区中的主要特征，鲍曼曾经表达过"自由"与"安全"是人类"同等迫切而不可或缺的需求",[①] 虚拟社区的出现恰好调和了人类的这两类需求，虚拟社区的成员一方面追求个性自由和个体独特性的存在，另一方面又渴望加入群体来获得归属与安全感。"这种对自由与安全、个人与社群、隔离与连结的爱恨交织，体现出虚拟社群中流动的个体性和集体性，而这正是其交往互动的本质。"[②]

建立在新媒介基础上的人际关系，通常只能存在于虚拟空间中，线上人际关系发展成线下人际关系存在不小的难度。前文说过，在传统社会交往的现实状况中，人际交流必须以相互认识、了解彼此的真实情况作为基础。而虚拟社区隐匿了参与者现实的身份信息，新生代农民工可以自由展

---

① Bauman, Z., *Community: Seeking Safety in an Insecure World* (London: Polity Press, 2001).
② 黄彪文、殷美香：《在个体与集体间流动：论虚拟社群的参与动机与交往基础》，《国际新闻界》2014 年第 9 期。

示理想中的自我形象，进行后台中的角色扮演。

本章小结

手机媒体为人们提供了随时随地交往的可能性，彻底打破了传统时间、地域等维度的限制，新生代农民工的社会交往发生革新性变化。手机成为新生代农民工在城市中重构社会交往方式、操控社会关系的重要方式，同时，也是形塑新生代农民工的关系和社会资本的主要元素。手机是和远在他乡的亲朋好友保持联系的重要工具，使家庭成员之间的沟通更为平等。同样，手机也用于建构社会网络资本，主要用于建立横向的社会网络联系和发展潜在的关系。新生代农民工平时工作时间僵化、社交生活空间有限，手机能够帮助他们跨越空间、时间和结构的藩篱。手机提供的各式社交手段，无论是传统通话，还是各类即时通信应用，抑或各类通信群组和社交媒体平台，都可以帮助他们接触无论远近的朋友、家人、同学，消除城市生活中的孤寂感受，抒发内心的真实情感。

手机媒体事实上促进了新生代农民工与城市居民之间的社会交往，为农民工完成市民身份转变提供了契机。新生代农民工需要正确地认识媒介在社会交往中的积极作用，利用好手机媒介创造的有利平台，转变传统社会交往观念，全面缩小自己在交友、求职、交流等方面与城市居民之间的距离，为自己的城市融入创造更多的机遇和可能，这是农民工完成心理和身份双重融入的关键所在。对城市居民来说，新媒介平台也是他们避开刻板印象，通过直接交流改变其对农民工的偏见，或者对农民工表达关怀的有效路径。

手机媒体对新生代农民工而言的重要作用在于其构建了一个平行于现实空间的虚拟空间，这个空间淡漠了乡土人情，隐藏了城乡差异，新生代农民工在这个虚拟空间中能够摆脱现实身份的困扰，缓解城市现实生活中的矛盾与冲突。新生代农民工对于城市生活的希冀，对于自身发展与拓展社交的期待，能够在虚拟的空间关系中得到暂时性的满足。在这个富有弹性和张力的空间中，新生代农民工可以突破现实的壁垒，自由自主地与城市居民平等、纯粹地进行交往，消除日常可见的歧视与误解，积极享受城市的生活氛围和居住体验，逐渐推进本群体市民化转变的进程。手机媒体基于特定的共同的兴趣爱好，或者基于特定的地理范围，可以帮助他们扩大并丰富社交网络与社会交往方式，从虚拟线上向现实线下扩展，使交往更趋于工具理性，对外部交往持更为开放的态度。

在虚拟空间里，新生代农民工无论是浏览新闻，还是参与论坛互动、群组聊天，抑或是玩社交类游戏，都可以自由接触全球范围内的匿名网民，这些网民身份迥异，来自不同的职业、阶层、地域，甚至还会包括国际友人。这是新生代农民工在现实交往中远远不能实现的。新生代农民工的社会交往在新媒介环境下已经产生巨大的变革。但这种变革从总体上来看是积极乐观的，但其达到的效果并非我们想象中的那样翻天覆地。交流的无奈不仅是农民工，也是人类发展过程中始终无法避免的问题。但无法避免并不等于不需要去面对和解决。从社会学的角度来说，我们应该思考媒介在这些社会矛盾中起到什么样的作用，手机媒体能够以及怎样为农民工的社会交往和身份认同带来积极的影响。

第七章

新市民想象：新生代农民工的消费认同

消费是现代社会中的普遍现象，新生代农民工进入城市后，他们所面临的是与农村社会中截然不同的消费图景与消费模式。城市社会中商品品类丰富多样，消费形态高度多元，品牌广告铺天盖地，这些均调动着新生代农民工最本真的消费欲望。

消费成为一种社会分类标识，在消费实践中存在某种修辞策略，用以创造和表达更为合适的身份，"在可达到的时空内，个人利用消费来诉说他自己、他的家庭、他的位置……消费是个能动的过程；在这个过程里，所有的社会范畴都不断地重新定位"。[①] 布尔迪厄将消费文化视作用于连接主观存在与社会结构、符号体系与社会空间的重要桥梁，是具体的社会实践。消费已经超越了传统的经济学范畴，更是对于商品文化与表征意义的消费，日渐成为一种常规性、日常化的行动方式。新生代农民工借由自身的消费实践，传达出自身的价值意义与生活方式，重新定义自身的社会成员身份和消费意义，通过自主性、选择性的消费选择，映射出个人或群体的身份认同和理想延伸。新生代农民工在城市生活中积极践行消费行为，期望借由消费积极主动接纳城市主流文化，融入城市日常生活。

第一节　媒体说服与消费认同的关系

在现代社会中，消费成为人们自我建构中的重要组成部分，消费实践

[①] Douglas, Mary and Isherwood, *Baron*, *The World of Goods*: *Towards an Anthropology of Consumption* (Harmondsworth, Penguin, 1979), p. 68.

为身份认同提供了丰富多样的素材来源。物质商品符号意义的选择，与人们界定个人身份的象征意义紧密相连。① 西莉亚·卢瑞认为："商品的表达功能，相对于其使用或工具性功能而言，有越来越重要的作用。"② 人类学家乔纳森·弗里德曼同样也强调消费对认同架构的重要意义，他说："在世界系统范围内的消费总是对认同的消费。"③

消费与认同间的联系是一种清晰而外显的社会事实。"消费在社会学意义上的重要性之一在于它既是用于建构认同的原材料，又是认同的体现和表达。"④ 首先，消费方式可以表现个体的身份特征和身份意识。其次，消费方式与个体身份之间是一种互相制约、互相建构的关系。个体虽然有多元性的消费选择，但这些选择都是在与其个体身份相符的内在框架中发生的。再次，消费方式及其身份认同功能本身是一个不断演变的过程。⑤ 现实生活中，消费者可以根据所处的社会语境选择不同的消费认同框架，并且可以将其分为四种类型。一是继承性认同框架，消费者将其社会化过程中习得的规则作为认同依据；二是诱导性认同框架，由媒体与广告展现商品信息，形成告知、说服、提醒消费者的认同图景；三是示范性认同框架，消费者通过消费建构自我认同，并且将期待的理想群体作为参照标准与模仿对象；四是制约性认同框架，人们的消费认同会受到外在宏观环境中政治、经济、文化的客观限制，以及身处社会阶层的影响。⑥

如今手机媒体全面渗透进消费者的日常生活，媒体建构的消费图景号召人们不间断地进行消费。当代数字社会中，手机媒体与消费间紧密交织，相互依赖，基于手机媒体的消费使得传统的信息流和物流合二为一，二者同时到达消费者，手机媒体的全天候使用同样带来了消费活动的持续性。正如保罗·威利斯所说："人们把身份认同带入商业与文化商品的消费中，也在其中形成认同。他们在进行商业活动时，带入了经验、感觉、

① 戴安娜·克兰：《文化生产：媒体与都市艺术》，赵国新译，译林出版社，2001，第 40 页。
② 西莉亚·卢瑞：《消费文化》，张萍译，南京大学出版社，2003，第 12 页。
③ Friedman Jonathan, *Curtural Identity & Global Process* (London: Sage, 1994).
④ 王宁：《消费社会学：一个分析的视角》，社会科学文献出版社，2001，第 53 页。
⑤ 姚建平：《消费认同》，社会科学文献出版社，2006，第 4 页。
⑥ 王宁：《消费社会学：一个分析的视角》，社会科学文献出版社，2001，第 63~64 页。

社会位置与社会归属。"① 消费连接了个人与群体，使人们通过消费界定自身。罗杰·西尔弗斯通指出，媒介消费过程有商品化（Commodification）、想象（Imagination）、占有（Appropriation）、客观化（Objectification）、合并（Incorporation）、转换（Conversion）六个环节，它与消费意义密切相关，也为身份确认和自我表达提供了基础。② 消费并非简单的购买与使用，更为深层次的是消费者对于商品意义的挖掘与生产的过程，这些诸多环节，其实质是关于商品意义的改造与创造活动，它们是不同程度的身份体现手段与表达方式。

新生代农民工具备社会身份的双重性与社会地位的边缘性，容易在城市生活中生成认同危机。因此，他们会关注城市中的社会比较性信息，并且与以城市人群作为参照群体的消费行为形成趋同。随着新生代农民工在城市工作、生活时间的增加，城市化的过程其实也在悄然进行，他们的一些观念也发生了改变。这些观念主要表现在个体经济理性的增强、现代信任意识的产生以及个体独立性的萌发。

新生代农民工进入城市后，希望改造并重塑原有的社会形象身份。而他们对于城市文化的模仿和趋同更多是通过践行消费行为来实现的，也即通过商品的外在消费来表现个体的身份、地位、形象和个性特征，从而达到转变身份、融入城市的目的。如今的消费社会中，消费并不单纯呈现为物质功能的需求满足，而更多具备深层性的符号象征意义。新生代农民工会主动性地采用符号消费的方式来实现城市文化的认同。新生代农民工在城市生活中，自主选择与践行各种消费行为，彰显自我形象、个性特性和个体的生活方式，消费成为新生代农民工融入都市生活的重要维度。他们有意效仿城市中的消费行为，通过自身主体性的消费方式来书写城市中的生存体验。张兆伟研究得出，新生农民工身处相对混乱的身份认同，希望通过符号消费实现城市中的社会认同。他们符号消费的动因包括"示差炫耀"和"模仿趋同"两个层面。地位消费便成为新生代农民工融入城市社

---

① 约翰·斯道雷：《文化消费与日常生活》，张君玫译，台北：台湾巨流图书公司，2002，第65页。
② 罗杰·西尔弗斯通：《电视与日常生活》，陶庆梅译，江苏人民出版社，2004，第184～195页。

会生活的一种必然路径。[①]

　　另有研究表明，新生代农民工在城乡流动背景下，经历了从生产主体到消费主体的结构性变化。珠三角大都市的消费主义深刻浸染并影响着新生代农民工的日常生活，为其提供了全新的消费范式与参照，极大冲击着这一群体传统的消费模式，促使他们由生产主体向消费主体转向。消费开始成为新生代农民工一种去"农民工"身份的主体行动，强化着他们体验、想象和建构新身份的主动选择。[②] 另有研究发现，新生代农民工借由显性的炫耀性消费行为来弱化其农民身份，通过模仿城市人的消费方式来形塑城市人的外在形象，他们会对自我的身体进行选择性消费，以此解构和重组既存的身份秩序、实现自我身份的转换。新生代农民工的城市身份建构映射了农民工群体对污名化身份的抵抗以及试图消弭阶层差异的自我感知。[③] 新生代农民工不应仅是城市物质财富的生产者，也应是现代文明与都市生活的积极参与者。

　　在如今的城市社会语境中，光怪陆离的各式消费符号和消费文化通过数字媒体广泛地传达给新生代农民工，深刻改变着他们在城市中的消费实践。新生代农民工在城市中的消费行为，已经不仅停留于其原本的经济意义，因而更应该将其视作新生代农民工社会生活和文化形态的重要表征。新生代农民工在主动调试消费行为的过程中，也在积极地调整自己的身份转型，形塑自己城市中的"新市民"想象。

第二节　手机消费：手机拥有者的个人宣言

　　国外学者研究发现，个体对于移动技术的选择已然深入到身份建构的过程中，手机不仅仅是一种用于交流的实用性工具，更是"一个微型的具有美学意义上的关于它的拥有者的宣言"，[④] 在城市社会的消费语境中，手

---

① 张兆伟：《新生代农民工的符号消费与社会认同研究》，硕士学位论文，山东大学，2008。

② 周贤润：《从生产主体到消费主体：消费认同与新生代农民工的身份建构——基于珠三角地区的分析》，《福建论坛》（人文社会科学版）2018 年第 8 期。

③ 王亮：《新生代农民工的城市身份建构——基于消费与认同理论的分析》，《福建行政学院学报》2018 年第 1 期。

④ Katz, J., & Sugiyama, S., "Mobile Phones as Fashion Statements: Evidence from Student Surveys in the US and Japan," *New Media & Society* 8, 2006, p. 321.

机并非一个拥有通话功能的物质实体工具，而是彰显出使用者的个性特征与生活风格，具有丰富的表达内涵与意指。

手机目前已经成为城市生活中的显性符号，手机的不同品牌、品质可以形构出个人外在形象与符号象征上的重大区别。作为一个可以时刻外在展示的物品，手机消费帮助新生代农民工突破与城市居民之间的现实身份差异。他们可以凭借消费特定的手机品牌，努力接近城市居民的现实消费水平，通过手机消费这一客观象征符号来彰显自己的城市认同。城市居民也会对新生代农民工的手机品牌形成一定的价值评价，而这些评价对新生代农民工来说同样意义重大。新生代农民工积极表达自身在信息技术接纳过程中努力融入城市的尝试，弥补现实社会中的城乡身份差异与情感鸿沟。

如今，中国的手机消费市场可谓品牌林立，新兴的款式和型号层出不穷，并且和手机诞生伊始的状况不同，手机并非权贵阶层专属使用的奢侈品，而是普罗大众广泛运用的媒介工具。近年来，随着技术不断革新进步，数码类产品的价格逐年下降，通信运营商的收费标准也逐年下调，购置与更换手机成为新生代农民工城市融入中非常普遍的现象。在笔者的田野调查中，新生代农民工虽然收入各有差异，但基本月收入都能达到3000元。因此，他们在购买手机的过程中，绝非单纯从价格、功能等因素出发进行衡量，品牌、款式、外观同样是他们着重考虑的因素。

> 我现在用的手机是 iPhone 8 plus，是两个月前，也就是2018年4月我过生日的时候，我男朋友买了当礼物送给我的，当时价格是五千左右吧。如果是我自己的话，我是买不起的，因为买这部手机基本上会花光我一个月所有的工资。而且我对于 iPhone 的看法，就是没有什么特别的，感觉和别的手机在功能、使用方面没有太大的区别。如果非要说的话，就是 iPhone 比其他手机外壳好看一点儿，牌子有名一点儿吧。（孙小姐，2001年，河南，快递点收发员）

> 我现在使用的手机是苹果6SP，今年（2018年）一月份买的，价格是3688元，这个价格大概是我现在每月工资的90%了。就是因为好用才买的这一款，手机性能都挺好用的，到现在（2018年10月）

九个多月了，感觉和刚买的时候一样，耐用。我对于苹果手机的看法就是，以后有钱了我肯定要去买苹果 XS MAX，就是超喜欢这个牌子的手机。我不怎么在意手机是不是新款的，所以新款的手机也不会让我想要直接去换，现在用的苹果这个款的就是很多年前的，好用就行了呗。（小门，1998 年，河北邢台，工厂工人）

在新生代农民工中还有一种围绕着苹果手机使用的特定现象，这可能也是青少年群体中较为普遍的一种现象，即 QQ 会员通过付费的方式可以更改自己发布 QQ 空间状态的手机客户端，不少青少年虽然使用的不是苹果手机，或者是型号较早的苹果手机，但可以通过这种方式将自己的手机端显示为较新的苹果手机型号。

"我的 QQ 还是黄钻会员，200 多元/年，如果绑定银行卡的话，就打 9.1 折，我一般都在淘宝上充。"因此在小高的 QQ 账号信息后便出现了"年 SVIP4"的字样，小高介绍说，"买了这个黄钻会员后，每天的 QQ 等级升级就可以加速，看空间就有更多功能和特权，还可以改变字体，改变手机"。笔者对于改变字体表示非常容易理解，对于改变手机表示了一定的疑惑。他进一步解释道："就是在说说发表状态的时候，可以更改自己的手机终端呈现状态，比如 iPhone 6、iPhone 6 plus 等。"他以此彰显自己拥有最为新潮的苹果产品，标志着自身拥有一定的消费水准，期望周边同辈群体对自己的"果粉"身份产生认同，满足了他们"炫耀"的心理需求。

在平日的虚拟民族志观察中，笔者发现他们也会时常参加 iPhone 免费抽奖类的营销活动。笔者和小高在访谈结束后互加了 QQ，某日，笔者看到他的 QQ 空间里面接连转发了两条状态。

沈依依：转发了这条说说并艾特我就可以获得苹果 6 或 6Plus 任意颜色。6 月 1 号准时发货。

任性姐：任性姐第二期活动火爆来袭，只需转发本条说说，即可获得粉色 iPhone 手机一部，你转得起，我就送得起。

当笔者后来在 QQ 聊天中问起他，转发成功后有没收到苹果 6 时，小高说"当然没有了，当时也就是试试看而已的"。无独有偶，小雨也曾在微信上给笔者发来一张图片，她在别人的朋友圈里面看到这张图，想起笔者是研究手机使用的，便转发给笔者了。图片采用上文下图的方式："iPhone 6 免费送，搜索关注微信号：×××，立马免费领取 iPhone 6 手机一部，100% 拿到！无需（须）任何费用，包邮哦！"小慧也曾经给笔者转发过类似的信息，"添加微信×××送两样礼物"。小慧说觉得不可信，但是又想试试，但填的资料实在太多，填到一半她就不高兴填了。他们身上日益凸显的现代性已经告知他们这是一次无效的活动，但是他们却又抱着侥幸的心理想要尝试一下，这种矛盾交织的张力在他们身上体现得异常充分。

在工业社会，个体的身份更多由职业或专业来决定；进入后工业社会后，随着休闲活动的日益增加，经济和政治价值与文化价值开始脱离，身份日益建立在生活方式和消费模式上。[1] 严翅君通过实证调查发现，当前农民工的消费方式正在悄然转型，消费结构从简单转向复杂，消费工具从传统转向现代、消费行为从保守转向开放、消费心理从后卫转向前卫。[2] 接受访谈的绝大部分新生代农民工均购买了价格不等的品牌机，而非以前为老一代农民工所普遍使用的"山寨机"。新生代农民工对于手机品牌的认知度非常高，他们能清晰地知晓自己手机的品牌。城市空间中随处可见的户外广告牌，大众媒体中随处可见的广告信息，以及手机终端中动辄弹出的小窗广告，使新生代农民工的消费心理和消费行为受到品牌广告的深刻影响。

我现在正在使用的手机品牌是 vivo，这个大概是在 2016 年夏天买的，当时是因为跟好朋友一起去买手机，然后我就跟他挑了一样的，用的同一款，当时没考虑太多。vivo 的广告那么多，大家都知道，反正手机本身也都差不多的，就买了这个手机。当时我记得应该是 2500

---

① 转引自杨嫚《消费与身份构建：一项关于武汉新生代农民工手机使用的研究》，《新闻与传播研》2011 年第 12 期。

② 严翅君：《长三角城市农民工消费方式的转型——对长三角江苏八城市农民工消费的调查研究》，《江苏社会科学》2007 年第 3 期。

元左右吧，现在好像这个也不再出了，手机更新换代这么快。这个价格的话，应该是我现在每个月工资的一半吧，或者再少一点，不太好说，因为我们的工资也都不是很固定。（小杨，1995 年，安徽，快递员）

目前我使用的手机是 vivo X9，我是半年前买的，买的时候两千多（元）吧，它广告打得比较厉害，我就看着广告买了。我是在零几年的时候拥有自己的手机的，那时候还在打工，还挣不了多少钱，大概花了一千（元）。关于换手机的问题嘛，还是要看具体情况，我之前用的苹果 6，它是外国货，后来我就不用了，换国产的，后面觉得需要支持一下国产品牌嘛。（李哥，1992 年，河南周口，理发师）

他们中不少人会追求款式新颖的国外知名品牌手机，不少人购买了市场上普遍流行的苹果手机和三星手机，这些手机的价格都在 3000 元以上，其中也有极个别购买了较新款的 iPhone 7P 和 iPhone 6P 等。同样，他们中也有不少人购买了华为、小米、中兴、oppo 等国产手机品牌，这种消费图景背后的市场逻辑是国产智能手机的崛起以及普遍的低价销售策略，配合大规模的营销策略，积极开拓国内手机市场。不少国际品牌也积极拓展中低收入阶层市场，推出统摄于同一品牌下的不同机型，这些手机外形上与新款手机差别不大，甚至在 CPU 内核、配置参数方面也非常强大。这个过程充分体现出国产手机在市场中的日渐崛起。当然在访谈中，不少新生代农民工也表达了支持国产手机品牌、相信国产手机品质的民族主义情怀。

在笔者的访谈中，甚至还有对手机品牌如数家珍、精通各类手机最新产品资讯的手机达人。小高是个非常腼腆的男孩，他是河南登封人，现在还在河南漯河上大专，2015 年放寒假时到南京来打工，遵循"链式流动"的模式，因为有工友在这边，所以他也过来打工。2015 年春运前夕，笔者在南京火车站南广场、玄武湖畔看到有一群操着外乡口音的务工人员，共有七八个人，其中年长的几个正在打牌，两三个人正在围观，唯独小高没有加入其中，而是坐在一旁，默默玩着手机。一开始笔者和他访谈时，他显得很酷，对于问题基本上都是以两个字作答。在问到他目前使用的手机，为什么要买这款而不是其他品牌时，他一下子打开了话匣子，侃侃道来：

2014 年 12 月我买的这个华为荣耀 4X，当时在网上预订的，就是直接在华为公司的官方网站——华为商城上订的。之前华为出过其他版的，这个是移动版，先在网上预订，给你一个编号，到了发售日就凭这个编号购买。花了 999 元，我买这个手机就看中了它电池耐用，用个一天半没有任何问题，有些手机电池标个 3000 毫安、4000 毫安，但根本没有这么多，都是商家骗人，我的这个也是 3000 毫安。（小高，1996 年，河南登封，工厂工人）

小高对于国产的各类手机可谓如数家珍：

像是 oppo、vivo 这些都是音乐手机，所以在音乐播放方面强于普通手机。现在做手机 CPU 的有好几家，如联发科、高通骁龙等，小米 3 用的就是 805，小米 4 用的是 801，三星高端机用的也是高通骁龙；而华为手机用的是麒麟，自己研发的 CPU，经济实用；HTC，价格太贵，不耐用。联想充电功能太菜了，苹果是照相最快的手机。……因为我自己要买手机，所以就在网上先做功课。（小高，1996 年，河南登封，工厂工人）

目前中国正处于全球化的经济体系中，消费主义日渐成为中国经济转型过程中的重要价值取向。既有的城乡差距被国家和市场共同建构出一种消费性话语，从而不断激起一种力图消除这种差异的社会性欲望。[1] Donald Slater 声称："消费的最琐碎的物品组成了我们的生活意义，并且连接了我们的亲密世俗世界和社会论证的领域。"[2] 消费不仅体现社会需求，也是特定生活方式、特定社交关系的意识呈现，并且宣称着特定的权力形态。中国城乡间不平衡的发展过程推动着城乡间的人员流动，并催生了新的消费模式。

---

[1] 郑广怀：《社会转型与个体痛楚——评〈中国制造：全球化工厂下的女工〉》，《社会学研究》2007 年第 2 期，第 211～227 页。

[2] Slater, Donald, *Consumer Culture and Modernity* (Cambridge：Policy press, 1997)，p. 3.

为什么这个时间段买，你知道吗？过年的时候，经常要和亲戚啊、同学啊，一起吃饭，吃饭的时候大家都会拿手机出来，要是你的手机太破了，就不大好意思啊。（小高，1996年，河南登封，工厂工人）

手机消费在特定情境下可以被阐释为地位符号，因此，手机消费成为新生代农民工在城市生活中象征性确认身份地位的重要方式。购置手机背后蕴藏着资本符号的象征，可以用其解释新生代农民工购买动机以及拥有和体验手机实践的深层次影响。购置一定价位的名牌手机成为新生代农民工宣扬自我生活方式的路径。手机消费深刻折射他们想要打造的都市形象和独特的文化姿态，以及他们想要维系的社会关系。而这些都市文明象征与传统农村的落后形象形成巨大反差。

不少新生代农民工购买手机的时机恰好是过年前，这固然有着发了年终奖要去消费的意指，同时，究其原因，还有着通过购置新潮手机在相对贫困的家乡中，展示他们在城市中获取的财富的心理。通过购置昂贵的手机，这些新生代农民工以此来宣称他们想要传达的生活方式，同时，这也是他们希望用以维系的社会关系，并且，他们用一种特定的方式来创造自我，而不是他者所看待的贫穷落后的形象。

我现在用的手机是小米 Note 2，这个手机是我在2017年购买的，当时花了3000元，是工资的1/3左右。作为一个年轻人，我很喜欢小米这个国产品牌，算是一个忠实的"米粉"。从小米公司2011年出第一代手机开始，基本上每一代我都会去抢购，最近几年小米手机确实做得越来越好了，支持者也越来越多。手机，我比较偏向于，出新款就想换，会比较注重体验，想看看每一代新手机究竟改进了哪些方面。对于苹果手机，我觉得早期的苹果（手机）确实是创新的代名词，但是最近几年苹果手机的进步的确不明显，缺乏创新，系统固化，甚至质量问题最近几年也频频被媒体报道出来。而且，现在国产手机发展得这么好，性价比也很高，总之，对于我（来说），我会长期支持国产手机，不会考虑苹果。（小陈，1994年，江苏无锡，外卖配送员）

目前我使用的手机是 vivo X20，关键是我觉得全面屏用起来舒服、大气。这部手机是我在 2017 年 11 月份买的，价格是 3399（元），当时付钱的时候还是心疼了一下，觉得有一点儿贵，因为这个价格差不多是我工资的 45%。这款手机除了它自身的一些优势吸引了我，更重要的是我之前的手机报废了修不好，而我平时业务挺多，那就不得不换手机了。我基本没用过 iPhone，贵是一方面，还有一方面是对它不感兴趣，我觉得国产的品牌就挺好的啊，像现在华为和小米的崛起，还有 oppo、vivo 也发展得越来越好，而 iPhone 推出新款式的频率越来越高，但实质上没有什么大突破，我觉得苹果手机，已经快要成为一个过去的时代了。（宏伟，1993 年，河南安阳，销售）

新生代农民工的手机消费实践不仅仅停留于物质层面的分析，而是深刻呈现日常生活的主体性，并且折射出特定的城市文化与社会关系，体现出一定的"凡勃伦效应"。新生代农民工借由消费展示自己城市生活中的地位符号，同样展示自己的个体形象与品位特征，体现出布尔迪厄所谓的"审美趣味"。布尔迪厄曾经提出，人们的日常消费实践已经成为社会区分的重要方式。特定的"审美趣味"暗含意识形态的话语体系，标识着特定的社会等级区别。人们通过自己的审美趣味来表达自己的社会身份和社会地位。手机的消费体现出新生代农民工这个群体特定的社会需求，展现出其特定的生活方式，同样也体现了背后深层次的权力关系。新生代农民工通过手机消费展示自身的现代都市感、摆脱贫困落后的自我形象，展示现代性主体的欲望，这种欲望与对商品的消费欲望共同表述，绝大多数的新生代农民工都对手机一类的新潮数字产品抱有较高的消费欲望，消费社会中的商品逻辑与光怪陆离的品牌诉求唤醒了新的欲望主体。

第三节 符号性消费：移动电商平台上的消费

进入后现代社会以来，个体的认同问题颇具戏剧性和休闲性，以前需要确认自身的民族、阶级和宗教属性，而如今风格和形象已经取代现代的身份认同，认同更多取决于自身消费的对象，以及个体的形象与风格。正如让·波德里亚所言，消费并非为了满足实际的需求，其终极目的在于满足被创造出来、被刺激起来的欲望。人们所消费的，不是商品和服务的使用价值，而是它们的符号象征意义。新生代农民工的认同实践中，商品的使用价值已经让渡于交换价值，他们在符号的世界中通过消费建构和确认自己的身份地位和品位旨趣。现代社会中，消费的逻辑已经逐渐取代工业生产的逻辑，符号意义成为消费逻辑中的重要组成部分，符号编码中的排序代表着现代人塑造自我感和身份差异的手段。

截至 2019 年 6 月，我国网络购物用户规模达 6.39 亿人，较 2018 年底增长 2871 万人，占网民整体的 74.8%，手机网络购物用户规模达 6.22 亿人，较 2018 年底增长 2989 万人，占手机网民的 73.49%。① 目前移动电商和社交媒体应用呈现彼此融合的态势。不少新生代农民工都热衷于在手机的移动电商平台中购物，工厂女工小飞说："我有事没事就打开淘宝看看，哪怕什么都不买。"小飞说她发工资的前后几天基本上就全部趴在手机上看淘宝，"发工资前看，发了工资后买，所以那几天快递特别多"。新生代农民工工作时间长、强度大，其中一些居住的地方离市区还较远，加之近些年各大移动电商的发展，手机购物成为他们积极融入城市生活的重要方式。

　　和大多数年轻人一样，我也喜欢在网上买东西，主要是图方便，会买一些生活用品，例如这两天因为天气热了，刚买了一个空调扇，用后感觉还是很不错的。（小陈，1994 年，江苏无锡，外卖配送员）

　　我平时是很依赖于在手机上买东西的，因为我很少有时间出去逛街，除非放寒暑假。因为在学校里面工作嘛，寒暑假的话学生少，工作也不忙。我平时所有的东西都是在网上买的，主要是没有空出去。（木子，1995 年，江苏淮安，奶茶店服务员）

　　我会时不时地在网上买一些东西，主要是用淘宝和拼多多。我在

① 《第 44 次中国互联网络发展状况统计报告》，http://www.cnnic.net.cn/hlwfzyj/hlwxzbg/hlwtjbg/201908/P020190830356787490958.pdf，最后访问日期：2019 年 10 月 18 日。

新港这边工作，这里大多都是一些工厂，购物场所很少，而且我的工作很忙，平时也难得有时间出去逛、买东西，还是网上购物方便一些。现在的购物平台很多，但我还是喜欢淘宝和拼多多，好用又便宜。尤其是拼多多，可以和朋友、家人一起拼单买东西，蛮方便的。但我不经常逛淘宝之类的，有需要的时候才会去逛一下。（小茜，2000年，江苏连云港东海县，工厂工人）

新生代农民工对于城市生活抱有更高期待，希望通过自己的努力与奋斗在城市赢得一席之地，完成"新市民"的身份转型与社会融合，获得城市居民的认可与尊重，从而能够像城市居民一样享受城市资源。但因为工作条件与居住场所的限制，新生代农民工可能没有大段时间用于逛街，去实体店消费。而移动电商中消费选择的丰富性向他们呈现了现代生活的另一种图景。

我经常从淘宝买东西，因为网购真的很方便，而且东西又多又便宜，去实体店还要一家一家地挑，麻烦，还不如从网上买，偶尔也会买到不好的，但大多数时候还是可以的。作为一个女生，我会装饰我的手机，比如贴钻、换手机壳之类的，毕竟女生都是爱美的嘛。但我对手机铃声没什么太大的要求，就随意，手机自带的就可以。（小黄，1998年，安徽，奶茶店销售）

我满意度最高的 App 是淘宝，因为我们来到南京，人生地不熟，买东西也不知道去哪边，而且每天工作时间长，空余时间少，也没有精力去逛商场、逛超市，这时候用淘宝就会比较方便，我在床上躺着就可以买自己想要的东西，货到了，只要去门口取个快递就解决了，就是特别方便。（亚辉，2000年，河南商丘，工厂工人）

新生代农民工正在世界资本的驱动下成为能动的产业劳动者，同时，他们也积极投身其中成为消费市场中的一员。他们也渴望经由符号消费成为值得膜拜的主体，摆脱贫困落后的自我形象，将自身打造成主体工程与权力工程中的基本元素。第一次见到小张、小蔡的时候，她们正在南京新港开发区的某家日系企业中等待面试，简单聊了两句后，我们互留了联系方式。第二次访谈是在新港开发区附近的一个"大排档"中一起吃饭时进行的。她们非常充分地向笔者介绍了她们平时使用手机消费的详情。"我们经常用的一款手机应用就是'楚楚街'，这个应用当中的所有物品的价格分为三类，9块9，19块9，以及29块9。这个应用当中，还会有0元礼物赠送。"（小张，1994年，江苏宿迁，工厂工人）清晰的价格定位也十分符合工厂女工的消费水平。当时小蔡看中了App中"0元礼物"一栏中的一款韩国"自拍神器"，非常期待地按下了"抽奖"的按钮。小张说："这种自拍神器哪儿都有啊，夫子庙哪儿都是。"小张还向笔者解释了这个手机衍生物的功能，"'自拍神器'就相当于是懒人支架，只不过稍微改装了一下，其实大多也就卖几十元钱，而且淘宝上也都有卖"。虽然自己去买也不需要支付太过高昂的费用，但是这种免费获得的可能性依旧激励着年轻的打工妹们不断地登录软件，并一次次地按下"0元抽奖"的按钮。通常这款应用还通过各种方式鼓励用户每天签到。应用中有个功能叫作"挖矿"，简而言之，就是在手机界面中放置一张本月的日历，手机用户需要每天在当天日期的小方框中点击一下，就完成了"挖矿"行为。登录次数越多，每天登录不间断，相应的奖励也就更为丰厚（见图7-1）。

　　就在访谈现场，小蔡一边接受访问，一边打开手机中的楚楚街应用，本来她只是想向我展示一下这个应用的界面的，结果她打开后发现正好有个活动，也即答题来获得相应的抽奖机会。小蔡打开手机界面，正好有个问题："今晚八点开始抢购的宝贝是什么？"坐在一旁的小张就快速地打开楚楚街应用，查到相关信息后，告知小蔡说是"超萌MINI电饭锅3份"。小蔡就在问题下方的空白题框中输入了相应文字。但是她们从来没有抽中过什么大奖。在访谈过程中，小蔡获得了一次抽奖机会，通过电子刮刮卡的形式，就是日常生活中我们常见的纸质刮刮卡的电子形态，同样也是通过手指在手机屏幕上摩擦，产生了一种仿若将纸质彩票上的锡层覆盖面刮开的视觉效果。小蔡当时抽中了一张五元的现金券，笔者询问："是不是通过使用这张现金券，购买9块9的物品，自己就只需要支付4块9了。"小蔡回答说："不是这样子，这张优惠券，必须要购满50元以上的物品才

图 7 - 1　打工妹们热衷于"挖矿"

可以使用。"

新生代农民工的消费实践中蕴含着对于城市生活美好的期待与梦想。"消费者的商品是通向希望和理想的桥梁。人们利用商品恢复被置换的文化意义，培植超过我们能力范围之外的其他东西。"① 正如阿普杜拉所言："当前的事实是，消费是一种社会实践，透过消费，人们进行着幻想工程。透过消费此日常实践活动，怀旧与奇想在这商品世界中连接起来。"② 在这种幻想的鼓动中，在满载象征意义的商品话语的诱惑中，他们借由消费创造并维系着社会意义，开始了对身份认同的角逐定位。

建筑工小朱回忆起自己刚来城市打工的时候：

　　不怕你笑话，我刚来的时候，别人送给我一片面膜，我都不会

---

① 刘燕：《媒介认同论：传播科技与社会影响互动研究》，中国传媒大学出版社，2010，第83页。

② 刘燕：《媒介认同论：传播科技与社会影响互动研究》，中国传媒大学出版社，2010，第83页。

用。我还问人，是不是塑料那层是糊在脸上的，她们就都笑我老土。现在经常在淘宝上看看，自己学着买买面膜啊，面霜什么的。（小朱，1985 年，安徽淮南，建筑工）

新生代农民工充分发挥自己在消费过程中的自主创造力，提高自己的物质消费水平，展示自我的生活方式。商品作为文化资源发挥作用的各种方式的意义是从日常生活层面、通过对集体意义的铭刻产生出来的。事实上，消费者创造与满足欲望的自反性成为个体生活方式的重要彰显，并且成为个体制造与重造自身的形象身份的重要路径。第一代农民工更多关注的是收入最大化，而新生代农民工则追求效用最大化，他们除了关注自己的收入水平，还会关注自己生活的舒适程度，以及生活中的闲暇时间。与老一代农民工相比，他们在成长阶段中所处的经济背景要更加富足，家庭经济状况也更好些，受过较高程度的学校教育，因此，对于未来的工资预期也相对偏高，消费水平也相应较高。

消费文化的内涵蕴藏在商品符号中，消费将人们进行类别化的区分，成为区隔社会身份差异性的象征。而对于新生代农民工而言，城市消费不仅意味着丰富的社会文化意义，也为他们提供了多种自主选择的路径，打破了原来固化的社会秩序与城乡差异，消除了外在的隔阂与差异。

第四节　装扮与改写：身体的自我呈现与身份抗争

传统农业社会中，农民的乡土气息不仅体现在其行为表现和思想观念中，更外在地显现于他们的身体气质上。在传统社会中，农村居民和城市居民较为容易从身体形象上辨识和区分，农民通常皮肤黝黑粗糙，穿着粗陋简朴，说着比较土的方言，而城市居民则穿着洋气体面，紧跟时尚潮流，这种身体界限也深刻地体现在老一代农民工与城市居民的形象对比上。

而如今，新生代农民工普遍渴望展示出时尚潇洒的都市形象，他们会在自己有限的收入中拿出一大部分用于自我形象的装饰与提升，特别是女性农民工，她们会经常购买时尚服装、各类护肤品、化妆品等。对于打工妹而言，她们希望即使不能带来都市认同，也能给她们带来一个崭新的城里人外表。[①] 从笔者的访谈来看，新生代农民工较为注重外在形象的修饰，积极而且善于装饰自己，在服饰穿着方面尽可能向城市靠拢，力求摆脱城市居民刻板印象中农民工土气的形象，渴望塑造时尚的形象外表，期待以此消退乡土气息。在对时尚潮流的追捧中，他们尽可能学习模仿城市中的现代生活方式。其中，服装是向他人展示社会身份、个人认同的一种重要符号，不仅彰显着个人的经济收入水平，而且体现出个人对于时尚潮流的独特眼光，进而表现出自己与特定类型人群的认同与归属。在新生代农民工消费认同的建构中还存在着个体认同，他们通过消费来表达个性，追求差异与独特，强调品位与生活质量的自我实现。吉登斯认为，个体所生存的情境越是后现代的，生活风格就越多地关涉自我认同的真实核心，即它的生成或重新生成。[②]

一天，笔者约了小雨、小飞在南京河西的一家商场聚餐，吃完饭后我们仨就在商场中一起逛街。小雨当时穿着一身淡紫色的长款羽绒服，衣服的下摆还有一些绣花的图案，小雨说是淘宝上买的，虽然只有 200 多块，但她非常喜欢，她向笔者解释说非常喜欢淡紫这种颜色，显得比较淡雅而高贵。

他们中有不少人利用手机 App 进行自我交易。小雨给笔者介绍了一款二手物品交换的应用，叫作"闲鱼"。小雨说，"就是二手淘宝，这个应用有个功能叫作鱼塘，可以检索到临近地点的二手物品出售情况"。小雨打开她的个人账号，介绍说："我前两天刚刚卖出去一条裙子，主要穿着这条裙子像个欧巴桑一样，所以就 40 元出售了。我目前有十件物品出售，但现在总共只卖出去一件。"（小雨，1990 年，安徽合肥，工厂工人）"欧巴桑"是日语中老妇女的意思，小雨用这个人物形象来描述自己穿上这条裙子的感受，表示了对于老一辈农民群体穿衣风格的不敢苟同。

新生代农民工中的女性更乐于接纳城市中的消费方式，尤其体现在身体消费上。"新生代打工妹"的社会身份在生产领域被建构为廉价、卑微、次等的"生产主体"，而在消费领域被打工妹们努力再造为更自由、平等、

---

① Pun, N., "Subsumption or Consumption, The Phantom of Consumer Revolution in Globalizing China," *Cultural Anthropology* 4, 2003, pp. 486 – 487.

② 安东尼·吉登斯：《现代性与自我认同》，赵旭东、方文译，三联书店，1998，第 93 页。

有价值、受尊重的"消费主体"。① 新生代女性农民工进行身体消费的参照群体不仅仅是城市女青年，更来源于大众媒体塑造的女性形象。她们可能是舞台上光彩耀人的女明星，也可能是影视剧中打扮得体的女白领，新生代女性农民工渴望通过消费式装扮获得同样优雅时尚的都市身体。

新生代农民工希望培养"去农村化"的女性气质，他们期待再造与重塑自己的外表特征。首先，他们通过时尚的穿衣打扮来确认自己的女性形象，希望扭转城里人负面的评价与刻板印象。他们趋同于城市女性的审美观念，模仿城市女性的穿衣风格和性别意识。他们同时积极模仿大众媒体展现的消费内容与消费观念，有意识地改造自己的女性性别形象，以符合城市他者对于女性的期待。但是，她们在整体社会收入水平中依旧属于中下层，在消费层面依旧受到现实经济条件的诸多限制，她们虽然拥有较高的消费欲望，但其消费行为仍相对理性。经济收入、日常生活程式与社会关系网络等结构性因素制约着打工妹的消费行为。②

手机作为身体的附属，同样成为他们装饰与改造的对象。

我倒挺喜欢装饰我的手机的，之前贴了一个很好看的膜，上边还贴了一些好看的贴纸，但是有一次手机掉地上，把钢化膜摔碎了，后来就没再去贴了，而是换了一个普通的膜。但是，我喜欢经常换手机的外壳，在网上看到很好看的手机壳我就会买回来，经常换换手机壳挺有趣的，感觉经常拿的是不同的手机。除了外在的这些，我还喜欢设置有动效的手机主题和壁纸，每次用手机的时候，看着这些萌萌哒（的）的壁纸，心情都会变好一些。当然，我也会用自己喜欢的歌来当彩铃，基本不会用手机自带的铃声，太难听了。（小茜，2000 年，江苏连云港东海县，工厂工人）

前文提到的做微商的小静用的是 iPhone 手机，并且她很贴心地用了

---

① 余晓敏、潘毅：《消费社会与"新生代打工妹主体性再造"》，《社会学研究》2008 年第 3 期。

② 王宁、严霞：《两栖消费与两栖认同——对广州市 J 工业区服务业打工妹身体消费的质性研究》，《江苏社会科学》2011 年第 4 期。

Hello Kitty 的保护套，"当时看到这个手机套，觉得非常卡哇伊，就买下来了"。小静脱口而出的"卡哇伊"其实是个舶来词，来自日语，表示可爱的意思。

新生代农民工受到城市消费文化的全面改造与洗礼，在城市生活的流动体验中，突破了以往传统固态的生活方式，逐渐形成自身对于未来生活的规划，开始反思自我的城市认同形态，而生活规划的重建就包含了更多身体的具体成分。[①] 城市生活对新生代农民工心理的影响较多发生在隐性层面，而对身体和形象的重塑和改造却是一种外在显性的行为。城市中的职场领域对新生代农民工身体规训的重要方式在于严格设定上下班时间，要求他们在流水线上按部就班地完成分内工作，工作程序和生活节奏都受到严格限制。新生代农民工在职场中受到压抑的身体，却在消费领域得到了极大解放，他们投身城市中开放多元的消费生活，学习城市化的身体装扮，积极地再造与重塑自己的身体和身份，赋予其身体时尚与现代的都市化气息。

在笔者的田野调查中，对于自我身体的打造也绝非女性的专属，不少男性农民工同样对电商购物报以浓厚的兴趣。小高将淘宝购物列为他第三类频繁使用的手机应用，仅次于通信工具和手机游戏。"我是感觉什么好就买，衣服买的不喜欢，穿两天就扔了，鞋子也是。我的淘宝账户11月花了700多元，12月花了1500多元，1月花了600多元。'双十一'没怎么买，'双十二'倒是买了不少。"（小高，1996年，河南登封，工厂工人）建筑工小宋是男装品牌"GXG"的拥趸，他会经常打开天猫商城中"GXG"的虚拟商铺，看看最近又上了哪些新款服装，他笑称自己辛苦赚的钱大半都用在衣服上，而这个来自香港的潮牌笔者之前甚至都没有听说过。

马歇尔·萨里斯曾着重分析现代消费社会中物质商品的符号价值及其膜拜现象。在马歇尔·萨里斯看来，现代消费社会依旧存在图腾崇拜，"现代社会已经用生产出的产品代替了物种或自然物体，换句话说，被生产的物体是现代社会中的图腾；而消费群体就相当于传统社会中的部

---

① 马杰伟：《酒吧工厂：南中国城市文化研究》，江苏人民出版社，2006，第17页。

落"。① 通过对各类服饰的研究，萨林斯指出，它们已经超越了本身的物品属性（如衣服的保暖性能），成为区分社会地位、界定自我身份和群体归属的一种符号标识。

衣服和妆容成为新生代农民工在城市中装扮与改造身体的重要因素。在对新生代农民工的田野调查中，他们较少提及农村人和城市人之间经济地位的差异，对于服装、举止、口音和个性等方面的城乡差异则予以较多关注。他们在各种穿着打扮上尽可能朝着城市人身份的实践转变，力求摆脱以往的乡土气息，多些城市中的时尚意味。特别是对于女性农民工而言，她们的对话闲聊中会经常有对自己曾经多么"老土"的自嘲，以及对周边好友服饰装扮的点评。即使在中国偏远贫穷的村落中，消费主义和物质主义俨然成为生活中的重要组成部分，而在城市中，这种消费方面的竞争显得更为激烈。这也导致了城市居民更容易受到市场逻辑的影响，对于衣服、食品和休闲等消费客体的重视与追逐。这些个人外在特征有时不仅被视为社会地位和身份的结果，甚至有时也被视为其决定因素。

本章小结

个体可以利用消费来展示差异，彰显独特的个性特征与自我形象，也可以借此融入群体，标明自己是群体中的一分子。基于不同的消费动机，消费者可以自主选择个体期待的关系类型，社会连带与社会压力也可能影响个体透过消费来表达某种认同。② 消费并非一个媒体营销活动自上而下的单向行为，消费者自主通过消费过程确立自我身份和社会认同，展现个体的理想期待与自身努力的方向。而新生代农民工自身所秉持的认同框架界定了其消费活动范围，他们选择性地借由商品的符号意义，装扮与改造自己的身体特征，在城市生活中展示理想中的自我形象。

新生代农民工进入城市的打工行为，不仅意味着其职业场所和生活场景的转变，他们也同样期待能够获取身份，积极地适应并融入城市，真正

---

① 西莉亚·卢瑞：《消费文化》，张萍译，南京大学出版社，2003，第15页。
② 卢岚兰：《媒体消费：阅听人与日常生活》，台北：韦伯文化国际出版有限公司，2005，第212页。

地在城市落地生根。消费成为他们"象征性"融入城市的一个重要路径。在现代城市的社会语境下，手机媒体营造的城市意象与消费文化渗透进新生代农民工的城市体验与日常生活中，他们的消费观念与消费行为发生着革新性变化。和老一代农民工相比，新生代更为渴望融入城市，对于城市生活和自身未来发展有着美好的希冀与期待，他们主动采纳城市中新潮时尚的消费方式，通过模仿城市居民的消费行为来追寻城市社会认同。事实上，新生代农民工积极效仿城市消费生活的行为特征，折射出他们渴望融入城市的期待和完成市民化身份转型的憧憬。

新生代农民工学习和模仿城市居民的消费方式，希望从外在形象层面消弭城市社会与乡村社会的区隔与差异，自主性地塑造着共同体的消费文化内涵，消费日益成为他们建构和维系共同体身份认同的重要手段。通过消费营造的想象，新生代农民工的城市融入有了更为深入的进展，他们通过符号性消费展示个性特征和自我的生活方式，积极改造与装扮自己的身体形象，重新表达、建构和再生产共同体文化身份，从而在日常生活的微观层面靠拢城市居民，逐步推进自我和城市间的融合过程。

新生代农民工的消费方式受到来自外部宏观环境的制约，经济、社会、技术、文化等因素在其间联合发挥作用，同时，他们的消费行为受到个体微观层面的影响，个体能够获取的资本、在社会空间所处的位置等，都会对其消费策略产生影响。消费方式与身份认同之间的关系极为紧密，城市社会中的商品消费已不仅停留于具体物质功能层面，而是形成了一个差异性符码之间的交流体系，新生代农民工通过自身的消费行为表明自己的文化身份，获得、维持并整合特定的符号认同。基于手机媒体的移动电商平台不仅是以丰富的物品体系、种类多样的品牌文化激发了新生代农民工的消费欲望，而且在更深层次的意义上使他们自主融入了现代城市的消费体系，"个体从他者的角度获得自己的身份，其首要来源并不是他们的工作类型，而是他们所展示和消费的符号和意义"。[1]

移动消费颠覆了传统社会中由阶层决定消费的隐秘逻辑，新生代农民工利用消费表达自身对于城市市民身份的乐观想象，消费成为他们希冀实

---

[1] 波斯特：《第二媒介时代》，范静晔译，南京大学出版社，2000，第145页。

现阶层流动和身份转型的外在途径，成为一种与现实身份抗争的隐性资本。"隐含在他们主流化、前卫化的消费化诉求之后的，不是基于历史、指向过去的'农民工'共同体想象的强化，而是基于现时、面向未来的'新市民'想象的充满主体意识的流动性叙写。"[①] 消费为他们提供了城市认同的符号内涵与身份意指，这些表征体系帮助他们暂时性地抛却户籍身份，重新塑造城市生活与新市民身份的追求。

新生代农民工通过各类基于手机媒体的消费活动，主动寻求城市融入与文化适应的可能性路径，形塑着新生代农民工关于"新市民"共同体身份的想象，标志着新生代农民工在日常生活的微观层面自我建构与主体意识的觉醒。手机媒体更作为一种隐性资本存在于新生代农民工的日常生活，由此表征他们对于身份和不平等社会地位的隐性抗争，进而推动这一群体的城市融入与文化适应。消费为其编织了一个"城市梦想"，并敞开了一条通往梦想的现实通道。

[①] 郑欣等：《进城：传播学视野下的新生代农民工》，社会科学文献出版社，2018，第356页。

| 第八章 |

数字边际人：新生代农民工的社会认同

新生代农民工的社会认同问题不能脱离中国目前的社会、文化以及信息技术背景予以考察，本研究将新生代农民工的社会认同放置在宏大的媒体世界中，重点探究了手机媒体与新生代农民工社会认同的关联。关注手机媒体与新生代农民工社会认同的关系，不仅包括一般意义上的大众传播媒体的工具意义，也包含自我传播、人际传播和组织传播等多重传播形态对其社会认同的影响。信息的流通传播印证媒体的存在价值，作为个体的新生代农民工及其所处的组织结构都是其中重要的技术实践者。基于手机媒体的多元传播形态与新生代农民工城市生活的绵密交织和互动，形成了手机媒体与其社会认同间错综复杂的关系。

第一节　新生代农民工手机使用的社会 - 技术实践

本课题首先探讨了手机的技术合理性对新生代农民工的社会情境和文化心理造成的冲击，进而研究了新生代农民工使用手机的社会 - 技术实践，他们的情感、惯习、话语以及各种行动组成了这一丰富的实践图景，这些动态的技术实践模式折射出他们在城市中社会认同形塑的过程。

一　职场优势与职业认同的建构

城市社会重构了新生代农民工的职场格局，单位培训和大众媒体的信息渗透促使他们的就业观念发生变化，形成了一种全新的职业认同观。手机媒体从信息传递、资源分享、技能提升等层面推动着新生代农民工的职业认同。之前的研究强调个人的社会关系在农民工求职中的作用，虽然现今仍有不少新生代农民工经由亲友介绍，获得城市中的首份工作，但基于移动互联网的各类求职招聘类 App，同样可以发布工作信息，促进职业信息迅速流通，为新生代农民工的职业获得与角色适应提供了技术支持与实际利益，其就业能力得到显著提升。并且，新生代农民工在职场流动中可以规避基于初级关系的"同质化"的就业趋向。

单位建立的虚拟通信群组有利于促进职业团队内部信息的组织传播，内部信息资源可以得到高效传播和有力整合，在客观上也为新生代农民工提供了职业身份转型的契机。新生代农民工的城乡身份日渐模糊，而在具体的职场实践中，手机媒体在职场内部维护着最基础的情感沟通，实现了组织内人际关系和谐，建立起个体对职业生活的熟悉感和安全感；同样，手机媒体建立的各种通信群组，也能帮助个体确认自身职业价值，以获得对职业组织的归属感和认同感。新生代农民工在职业行为中，从过去主要依赖传统的血缘、地缘关系转而被纳入现代职业团体的组织化传播和管理的路径，为职业身份的转变提供了可能和现实有效的途径。

媒介系统规范着新生代农民工的组织行为表现，推动着他们适应性或创造性地与职业组织匹配、融合，从而成功地完成组织生产目标。与此同时，他们也会主动利用新媒体技术，在职业适应过程中采取各种实践来培养职业意识、锻炼职业心态以及提升职业认同，实现个人层面的信息赋权、人际层面的情感赋权和组织层面的物质赋权，并在各种传播实践中逐步培养着自己的职业自觉。工作时间对于手机限制使用的规定成为现代职业组织中一种新的组织纪律。

他们积极利用新媒体提升自己的职业技能，重构与丰富自己的社会资本。手机通信技术让新生代农民工在"大众创业、万众创新"的时代中如鱼得水，无论是在各类移动平台发布手机号码，还是自己跻身微商的行列，都是他们加入、渗透现代经济体系的重要渠道。这里最重要的不仅仅是属于基层的工作机会和经济利益的逐渐向下渗透，更是现代意识的培养与城市文化形态的逐渐建立。利用手机媒体自我提升本身就带有自我效能的意味，而互动过程提供的情感支持，以及带来的素养技能的提升，促进了新生代农民工对自己职业和努力的认同，削弱了原子化的疏离与孤寂感，强化了现代感、归属感和满足感。

二 城市认同中的"社会技术集"

农村生活场域与城市生活场域之间存在着激烈的冲突和碰撞，新生代农民工作为两个场域中的共同行动者，他们凭借自身积极的行动方式，努力实现平稳和顺畅的过渡过程。在进入城市生活场域之后，新生代农民工通常缺乏先赋性资本，他们相对于城市居民只能屈居于边缘化，这种身份地位的落差也隐含着力量的对抗，而对抗必然涉及资本和权力重新分配的问题，同样涉及身份和认同重新塑造的过程。新生代农民工身处发达的城市媒介环境中，其自身的传播实践也日渐多元而复杂。手机成为连接新生代农民工和城市文化生态的重要工具，新生代农民工经由手机媒体，接受并内化城市的思维习惯和意识观念，模仿城市居民的行为举止，最终期待完成市民身份的角色转型。

随着城乡流动的逐年增多，新生代农民工的个人传播需求日益强烈，这种需求通过手机以及依托于手机的移动通信技术和数字媒体技术等多种技术形态得以满足。这也弥补了传统媒体技术对于这一群体缺乏关注的不足，手机提供的通信互联以及移动互联网等增值业务将进一步促进城乡之间的人员流动与信息流通。手机所主导的移动着的联系方式契合了新生代农民工漂泊不定的无根状态，所提供的"永久连接"和"随时随地"的沟通克服了他们频繁流动所带来的信息沟通上的困难。手机以及移动通信技术在"城市中的村落"里的广泛渗透显示出技术在人类社会中生成的本质，人们在自己的生活互动和社会实践中创造出全新的文化形式。手机媒介成为新生代农民工建构文化的重要方式，为其构建了城市生活中专属的文化空间，最终促进了其心理层面的社会认同。手机媒体如今已经成为新生代农民工闲暇时间文化消费与娱乐的最主要工具，也是其在面对现实压力与寂寞空虚时调节情绪和消解压力的重要手段。

推动农民工群体城市认同的因素众多，手机绝非其中唯一的一项，他们投身城市的流动体验与生活工作经历对他们的城市认同有着深远的影响。手机作为现代信息技术中的重要组成部分，内嵌于整体的社会机构与城市文化，已经深刻渗透到他们的日常生活中。

三　社会交往方式的重构

当新生代农民工从农村生活转移到城市场域，他们会主动调适自己的社会位置，在新的生活场域中积极改变旧有的惯习开展城市生活实践。通过城市经验的日渐积累和城市交往的拓展，他们会主动积极地习得城市生活的经验和模式，并将其内化为自我意识，进而调整与他人的社会交往行为，在社会交往的选择上逐渐向城市靠拢，外在行为的转变进而影响了其内在意识。

无线通信技术的发展革命性地扩张了新生代农民工在城市的社会交往实践，手机成为他们在城市中操纵多种社会关系的重要方式，也是形塑新生代农民工的关系和社会资本的主要元素。在最基本的层面，手机是和位处不同地理位置的亲朋好友保持联系的重要媒体工具。同样，手机也用于建构社会网络资本，主要用于建立横向的社会网络联系和发展潜在的关系基础。他们也通过手机媒体互动的过程与城市社会积极发生互动。此外，基于移动端的社交媒体，新生代农民工可以作为传播主体，通过人际传播实践构建关系网络。新生代农民工凭借手机，建构起更为多元化和多层次的社会关系网络，打破狭隘的"先赋性"社交网络，拓展城市的生活与交往空间，获取城市生存与自我发展所需的社会资源和社会支持。

职业相关的通信群组广泛建立，新生代农民工也积极参与其中，寻求广泛的人际交流和信息互动。这种互动立足于最简单的职业信息分享，彼此间解答职业发展中的困惑，还可获取和提高职业技能，寻求同行或者群体的认同。这是一个不断拓展就业资源、社会关系网络以及寻求心理归属和自我认同的过程。他们交往的对象，既包括血缘、地缘关系的亲戚和老乡，又有城市居民，还有基于业缘关系深刻拓展的同事。移动通信群组汇集了散落在城市的同行们，这种异质性的关系网络和资源渠道，丰富和延伸了他们的信息资源渠道，提供了情感支撑和必要时刻中的社会支持。

新生代农民工平时工作时间僵化、社交生活空间有限，手机提供的各式社交手段，可以帮助他们消除城市生活中的孤寂与孤单。手机为其搭建了一个理想的虚拟交流空间。尤其是一些新的手机移动应用，基于特定共同的兴趣爱好，可以帮助他们扩大并丰富社交网络与社会交往方式。新生代农民工中除了特定行业的从业者与城市居民有较为紧密的接触之外，其他大部分职业的人员都和城市居民处于浅层交往的范畴，以手机为载体、以移动互联网为中介的虚拟网络互动成为新生代农民工常见的交流方式，他们中的大部分人开始逐渐接受基于虚拟时空的这一崭新的互动模式。手机建构的虚拟社群打破了空间地域的自然限制和阶层等级的社会限制，可以帮助新生代农民工自由地交流互动，作为"嵌入"到社会系统中的这种虚拟网络互动已经广泛和持久地影响了新生代农民工的日常生活，并从虚拟线上向现实线下扩展，交往更趋于工具理性，使其对外部交往持更为开放的心态，愿意而且积极与城市居民发生联系。

手机作为现代社会中最普遍使用的媒体工具，重构了新生代农民工的社会交往网络，具有积累资本和资源再生的作用，这种资本是关系、组织、制度资本外的潜在资本。他们如何使用手机媒体，使用手机中的信息，利用手机发展自我和拓展社交的主动性，将导致他们的资源获取能力、资本积累形式和程度的差异，而这种差异会深刻影响新生代农民工社会认同的不同层面。

四 建构自我认同与重塑自我形象

传统大众媒体时代，电视、报纸等强势媒体将主流意识形态传达给公众。哲学家福柯曾提出"自我科技"的概念，和早期人们通过纸质日记或书信的书写来证言个体存在一般，如今的个体借助媒体中介叙述和再现自己。"自我科技"已经成为一种衬托、体现、创造主体身份与认同的科技手段，互联网曾被视作最典型、最强有力、最具影响因子的"自我科技"手段的代表。传播学者钱德勒指出，"这些'自我科技'让我们不止思索我们的认同，并且转换我们思考自身的方式，但也将我们改变为我们意欲成为的人"。[①]

如今，信息技术的日新月异使得以手机为代表的"自我科技"成为主导性的自我呈现与表征手段。Kenneth Gergen 曾经假定手机挑战了西方意义中的"有界限的自我"，通过强调关系以及"强调关联而非自治的重要

---

① Crispin Thurlow 等：《电脑中介传播：人际互动与网际网络》，谢光萍、吴怡萱译，台北：韦伯文化国际出版有限公司，2006，第 144 页。

性，向外看而非向里看，朝向网络而非自给自足"。[1] 而在中国，手机看上去是恰当地补充了自我与自治的文化概念。手机与新生代农民工的交互已经构成了他们记述个人生命历程的数字叙事系统。大量手机互联网服务，包括各类社交网络服务让原本沉默的新生代农民工自我表达，以当事人身份自我叙述个人经历，或是作为草根群体中的一员表达自己的观点与评论，恢复他们在城市生活工作受到抑制的个体性和自主性。依托移动互联网建构的社交媒体为新生代农民工提供了一个便捷、自由、几乎零成本的表达平台，遵循着话语权力分配的全新规则，发生于其上的自我叙事与话语表达突破了想要在传统媒体上发声的壁垒与限制，各种叙事风格、自我呈现以及观点思想都可以在虚拟空间中自由流通。手机的拍照功能使得新生代农民工将自己的身体作为观展/表演（Spectacle/Performance）的对象，这些有意识的塑造自我的方式也形塑了自我的"身体资本"。[2] 吉登斯指出，身体成为现代性反思的一部分，在日常生活的互动中身体的实际嵌入是维持连贯的自我认同感的基本途径，在高度现代性的后传统的环境中，身体直接参与到建构自我的原则之中。[3] 新生代农民工在其间能够获得自我的社会身份认同，或是扮演全新的社会角色，现实身份与虚拟身份的交织并存形成一个全新的"自我"，塑造这种全新的"自我"形象。

五　符号性消费认同

新生代农民工的手机购买与使用彰显着他们的城市生活方式与消费主义理念，对于消费社会营造出来的现代文化特征和城市生活特征较为推崇。移动通信技术的应用与既存的社会需求相匹配，它的社会角色被使用主体所建构。作为全球现代性的一部分，手机同样根植于中国消费社会的发展。手机本身的消费就可以作为一种地位象征，他们购买和使用手机的动机可以用符号资本的形式加以解释，但又不仅仅局限于所谓的"凡勃

---

[1] Gergen, K. J., "Self and Community in the new floating worlds," in *Mobile Democracy: Essays on Society, Self and Politics*, edited by Kristof Nyiri (Vinenna, Passgen-Verlag, 2003), p. 111.

[2] 朱虹：《身体资本与打工妹的城市适应》，《社会》2008 年第 6 期。

[3] 安东尼·吉登斯：《现代性与自我认同》，赵旭东、方文译，生活·读书·新知三联书店，1998，第 111～115 页。

仑"效应，同样，包含着特定社会关系与现代主体性的日常塑造。购买手机是他们日常生活中的一项重要投资，手机消费满足了他们的社会需求，也是他们特定生活方式和特定关系系统的呈现。手机的各种外在装饰体现出迈克·费瑟斯通（Mike Featherstone）提出的晚期现代性中的"日常生活中的审美化"。① 在中国消费社会的崛起过程中，手机和移动电商的发展帮助他们投身消费主义实践，购买各式化妆品和时尚服装，享受各种娱乐服务，树立都市形象与形成自我时尚模式。这些消费行为和自我时尚不仅体现出自我满足与自我转型，也是获得特定社会地位和阶层定位的途径。

第二节　"数字边际人"的数字赋权与社会认同

一　社会认同中的技术赋权与动力机制

"赋权"理论从心理学的个体动机角度分析是种"自我效能"。个体出于自主性的内在需求，充分增强自身的个体效能意识，在此过程中，个体感受到自身能够控制住局面，实现个体目标的达成。② 也有学者从集体层面将"赋权"视作一个动态的、跨层次的、关系性的概念体系，是一个社会互动的过程。③ 另有学者提出"赋权"的三个向度：赋权的对象主要是社会中无权或少权的边缘性群体；赋权建立在信息传递与人际交流的基础上，和人类的传播行为紧密相连，是个互动化的社会过程；赋权理论绝非抽象的理论层面，其具有深刻的实践性特征，广泛地应用于社会实践及其进程中。④

如今手机媒体的普及为新生代农民工的赋权提供了实践工具，在宏观社会变迁的压力性背景下通过传播过程实现赋权。新生代农民工浸染在城市丰富多元的信息传播环境中，激发了自我的赋权意识，他们希望在城市立足，获得更高的社会认可与社会地位。他们在通过手机媒体获取工作职

① Hjorth, Larissa, *Mobile Media in the Asia-Pacific: Gender and The Art of Being Mobile* (London: Routledge, 2009).
② 丁未：《新媒体与赋权：一种实践性的社会研究》，《国际新闻界》2009 年第 10 期。
③ 陈树强：《增权：社会工作理论与实践的新视角》，《社会学研究》2003 年第 5 期。
④ 丁未：《新媒体与赋权：一种实践性的社会研究》，《国际新闻界》2009 年第 10 期。

位的过程中重新形成自我认知，在媒体展现的信息参照下意识到自己的职场劣势，进而激发了提升自我、获得更多资源的动力。老一代农民工由于自身信息素养与技术条件的限制，缺乏主动利用手机这种特定信息技术自我赋权的意识。而与老一代农民工相比，新生代农民工的日常生活与某些特定职业要求他们掌握更多的信息技术，并且有一些人自觉将手机应用到自己的生产与工作服务中。新生代农民工对于手机的熟练使用本身就需要具备相应的技能和素养，体现出使用者的知识水准和个人发展程度。

信息是新生代农民工初入城市并逐步实现城市适应的重要资源，手机媒体和移动互联网提供了寻求这种资源的前提。他们在职场之外，同样对城市新闻信息给予关注，从某种程度上讲，这也是对对城市居民生活方式的自觉性模仿。公司内部的培训和信息流通提供了各类学习提升的信息资源，也触发了他们潜在的学习意识，提醒他们逐渐弥补学历和工作能力的不足。他们积极开拓手机媒体的各项功能，主动参与，自我赋权，利用手机的信息资源满足自己城市中的各项需求，拓展自己的社会关系网络，逐渐发展与提升自我。

研究发现，具有自我提升和培训需求的新生代农民工，他们会积极利用手机媒体获得行业相关的资讯，利用手机登录各类网站、论坛、手机应用学习专业技能知识，从而提升自己在职场中的竞争力，为更好的工作转换以及职业向上流动奠定了基础。手机以及依托其上的各类应用软件成为新生代农民工在城市化与工业化进程中抵抗边缘化的重要途径。他们进入城市后，面临信息资源缺失、社会交流匮乏的生存情境，主动积极地利用手机为自己创造个人发展的机会，这些行动背后同样也体现出他们现代意识的逐渐转型。手机技术进步催生了各类即时通信软件的广泛普及，而如今又增添了许多完全基于陌生人交往的通信应用，从而使交往双方可以基于共同的兴趣展开交流，参与者能够在隐匿真实身份的情况下，在个体性与集体性之间自由流动。

无论新生代农民工是将手机单纯视作娱乐工具，还是将其视为交往联系的重要手段，手机都充分发挥着情感依托和社会支持的正面功能。"媒介技术的渗透具有深刻的社会意义，中低端信息传播技术不单纯是带来便利的科技装置，它们更是一系列在流动群体中发挥巨大作用的谋生工具、社会网络和文化资源。"①在新生代农民工的职业、生活、社交中发挥着重要作用，为他们提供了技术赋权实现的可能性。数字鸿沟的研究者得出结论，目前的数字技术使用不应继续考虑"有""无"的问题，更多应该考虑"能"或"不能"的问题，落实到本研究中，还体现出是否积极充分使用技术改善工作、生活的自主意识。无论是在日常生活中，还是在劳动场域中，科学合理的技术运用意识与行为会推动新生代农民工现代化的步伐，有助于这个群体的现代性的提升，而农民工现代性程度越高，其积极有效采纳技术的意识与行为也就越成熟。

这是一个媒介与人双向联结、互动和沟通的过程。以往的社会支持系统，多强调政府部门、基层社区等正式要素，不仅对于主体的媒介性、中介性挖掘不多，而且对于企业组织传播渠道、人际传播网络、大众传媒及新媒体也较少提及，这不得不说是一个遗憾。鉴于媒介在当代社会中所发挥的影响和作用越来越广，设计出完善的、科学且符合时代特色的媒介支持系统，对于当前解决新生代农民工的城市适应问题意义重大。② 赋权并不是赋予主体权力，而是挖掘或激发主体的潜能。也就是说，媒介赋权并不是媒介直接赋予新生代农民工权力，而是通过提供信息资源和重组社会资源激发他们的潜能，使他们通过自身的努力，在很大程度上掌握社会资源和自身命运。

二　数字化的社会资本

社会学家詹姆斯·科尔曼（James Coleman）仔细考察了社会资本对非精英和边缘化群体的价值，他认为社会资本可以补充经济资本的缺失。惠尔曼和斯科特·沃特利（Scot Wortley）从社会关系和社会支持角度考察社会资本，认为在人际间的恩惠、支持和信息等方面，强联系远远不够。美国学者托马斯·福特·布朗将社会资本分为微观、中观、宏观三个层次，也即关系型、非正式制度型和契约型社会资本。普特南使得这样一个理念

---

① 邱林川：《信息时代的世界工厂：新工人阶级的网络社会》，广西师范大学出版社，2013，第124页。

② 郑欣：《新生代农民工的城市适应——基于传播社会学的视角》，《南京社会科学》2011年第3期。

深入人心：社会资本可以用来衡量社会凝聚力。但是根据其畅销书《独自打保龄：美国社区的崩溃与重生》中的数据，在美国这个衡量标准正在消亡。皮尤网络和美国生活项目 2011 年主持的一项美国的普查表明，普特南所担忧的社会资本下行趋势可能会被互联网扭转。①

目前在中国，契约型社会资本不完善，而且基本上不对流动人群开放。所以，农民工群体所具有的社会资本主要是前两者，尤其以关系资本为重。这种关系资本虽然对农民工就业（地位）、就业保障的获得、城市生活与发展及其社会关系网络的建构有积极的影响，但是要真正实现农民工对于所处城市完全意义上的认同，从心理上融入当地城市的社会生活体系，单纯依靠血缘和乡缘关系是远远不够的。正像有的学者所说的，他们需要在流入城市培养和发展更多的本地化的资本。这种本地化的资本不应仅仅指与城市居民的交往，更应该指在城市中可利用的易得资本。新资本理论认为资本是随机分布在社会中的独立的原子化要素或者灌输到个体中已被接受的主流价值，成为个体行动者的投资或生产，强调个体行动者的行动或选择。社会资本理论集大成者林南指出：社会资本应该完成的一个任务就是显示个体行动者如何通过互动和社会网络，使对这些结构的嵌入性资源——机会结构——的获取变得有差异。

而如今中国社会主体——社会中下阶层，已经成为新型传播工具的制造者、管理者、拥有者。中低端通信技术具有更低的门槛和相对的易得性，手机和互联网的普及使没有资本进行自我投资的新生代农民工可以便捷、便宜地获取关于城市生活、就业、自我提升的信息，从而获得在城市生存发展的支持。宏观布局下的弱势效应渗透在他们生活的方方面面，他们迫切需要一种更加开放、更易得的资本，手机媒体无疑在这里扮演了这一角色。

具体而言，在新生代农民工群体内部，有更多媒介资源的人可能会被赋予或者拥有更高的社会地位，他们的改变机会因此而增多，在结构性约束下他们自由活动的空间更广。更会利用媒介获取信息、更会使用多种媒介进行多层次选择的新生代农民工，在求职方面的选择更加多元，垂直流

---

① 霍华德·莱茵戈德：《网络素养》，张子凌等译，电子工业出版社，2013，第 243 页。

动的概率也相应加大，在与他人进行交往以及内心的归属感方面，比不使用媒介或媒介信息素养较弱的人具有更多优势。从这个意义上讲，媒介也是一种资本，一种嵌入在城市社会中的潜在资本。与结构性的制度资本不同，这种资本可以通过自己的努力后天获得，尤其在新媒介的普及下，信息中下层趋势将更加明显。而获得媒介资本的基础，与自身的媒介素养、受教育程度、家庭环境、经济状况等都有关。尤其是农民工媒介素养——知道如何寻找需要的资源、如何批判地使用不同媒介平台、如何创造性地利用媒介进行生存发展——的不同会造成媒介资本存量的差异。因此，从某种程度上说，媒介素养、个人受教育程度等甚至可以成为排斥那些没有经济、时间、技术条件利用媒介的农民工的门槛，继而加剧信息中下阶层内部的分化。

所以说，媒介资本发生作用的核心机制在于新生代农民工自身具有主观能动性的传播实践，即他们能够主动利用媒介的工具属性——信息资源和传播平台，获得自己所需的信息资源，进而产生经济、社会、文化层面的效用。这是一个以新生代农民工为主体的资本自致的过程。在复杂多变的城市社会中，缺乏先赋性资本的新生代农民工可以凭借自身较高的文化自觉与媒介素养，利用媒介提供的信息和资源为自我立足与发展奠定基础。首先，在城市环境中各种媒介交错形成的信息网的刺激下，新生代农民工开始有意识地运用多重媒介进行资讯的获取，进而拓展就业渠道，分散工作中的风险。同时，他们利用不同的媒介学习新知识，降低交易成本，提升专业技能，从而获得更好的就业机会、选择空间，甚至获得垂直流动的可能，逐渐形成其城市生存的经济资本。其次，通过参与媒介平台的信息生产，他们与他人、城市社会发生积极的互动。从答疑解惑到互相安慰，从基本行业规则到城市生活法则，新生代农民工或主动、或无意识地接受来自不同群体的城市体验和经验。这既在一定程度上延伸了他们既有的社会网络，又加深了他们和城市的勾连，在一定程度上提升了他们的社会认同程度。

因此，新生代农民工通过手机媒体的传播实践所建构的生活空间是个动态变化的过程。新生代农民工复杂的流动体验、生命历程、情感状态都注定了他们在城市社会中独特的身份。他们能动性地借由手机媒体参与传播实践，重新建构自己的城市生活方式，逐步调适自己的社会认同过程。农村到城市的流动经历彻底革新了新生代农民工的生活方式，他们通过自身的摸索与实践来学习模仿城市中的文化形态，逐渐在城市生活中确定自身的定位，这是在城市社会中获取认同的需要，也是彻底改变身份的需要。

三 "数字边际人"的双重认同

和农村社会相比，城市社会展现出更多丰富新奇的生活方式，新生代农民工渴望融入城市，和城市居民一样享受现代的都市生活。"隐含在新生代农民工主流化、前卫化的生活方式之后的，不是基于历史、指向过去的'农民工'共同体想象的强化，而是基于现时、面向未来的'新市民'想象的充满主体意识的流动性续写。"[①]

新生代农民工的城市适应所面临的最大困难是自我身份的认同，新生代农民工努力地想融入城市并试图把自己变成一个新市民，在这一过程中人群的参照、人际的交往以及媒介的广泛涉猎使他们获得了融入城市的资本，乡土性同时在这样的过程中被磨平。矛盾的是，在村民眼里，他们是在城里生活过的人，变得脱节于农村，不再朴素、不再遵从传统；而在城里人眼里，他们只是到城里的打工仔，并没有什么社会地位。两难的困境是当今大多数新生代农民工会遇到的一种状态。他们有先天的条件，即一些如美容、美发、化妆类的时尚行业让他们与城里人零距离接触，在外在的面容、服饰方面也与城市青年较为接近，一些价值观念也几乎和城市居民相同，但服务性质的行业又让他们认为自己是一个服务者，而不是被服务者，认为自己作为服务人员地位比较低，因而在自我认同方面，新生代农民工做不到将自己与城里人等同看待。

新生代农民工是否融入城市在很大程度上要取决于他们是否能够对城市文化和自我身份产生认同，而对于自我的身份认同往往取决于他们所处的环境以及城市的实践。当城市的实践在某种程度上产生无形压力的时候，一种城乡的平衡就被打破了。记忆场的相互排斥实际上影响了新生代农民工的城市认同，努力寻找共同的记忆场是新生代农民工融入城市的重

---

① 郑欣等：《进城：传播学视野下的新生代农民工》，社会科学文献出版社，2018，第356页。

要途径。事实上，新生代农民工的社会认同是一个不断调整的动态过程，他们永远都是在身份认知的困境中寻找平衡，而追求平衡的过程中又会产生新的矛盾。和老一代农民工不同，新生代农民工受到生存理性和发展理性观念的双重驱动。从作为乡村农民身份到初进入城市中的陌生人，再到城市新市民身份的确立，他们需要完成经济适应、身份转变和城市认同等转型过程。从乡土记忆保留到乡土记忆断裂，再到乡土记忆的再现，这一过程并非线性传递的过程，而是多重因素相互交叉影响的过程。新生代农民工个体的认同空间经历着迷茫、困惑、摇摆、重塑、融合的过程。在这些过程中，手机等新媒体既是信息资源本身，又是信息传播的重要渠道，一方面化解认同危机，另一方面重塑身份认同。

新生代农民工的社会认同存在乡土社会与城市生活间的双重印记，在两者的相互碰撞中形成边缘性认同。从经济层面来看，新生代农民工拥有独立的经济来源，主动迎合城市中的消费主义理念；从社会层面来看，他们在城市生活中已经逐渐拥有公民意识和自主意识，对于身份认同有了全新的理解与期待。在城市社区中，认同的形塑过程实际上也是城市场域内媒体传播的运作过程。双重认同的理性认知塑造了这样的生态平衡，基于平衡形成的文化空间也是一种共同体。

新生代农民工的社会认同建构，不是简单地从农民身份到市民身份转变的线性过程，而是经历了从传统到现代，从现代到传统的不断消解与重构的过程，最终在复杂的循环过程中建构起新的认同价值观。新生代农民工渴望城市身份，并不断朝此方向努力。此外，他们无法完全摆脱固有的身份印记，很难彻底认同城市社会。与此同时，他们也无法得到城市社会完全意义上的认同。他们的社会认同建构是多方力量相互博弈、角力、制衡后形成的一种平衡，形成一种具有多重可能性的新型社会认同。手机媒体作为重要的信息获取源，深刻地渗透进这个过程，重塑和再造着新生代农民工社会认同的生成。

因此，新生代农民工在他们的城市生活中，形成了独特的"数字边际人"的特征。在新生代农民工的手机使用实践中，我们可以看到乡土认同和城市认同持续性互动、协商和调整的过程，手机媒体的使用深刻影响他们城市融入的进程，直接或间接地塑造了差异共同体。这也是一个"求同存异"的过程，"求同"是积极寻求城市社会认同框架的建立，而"存异"则是对既有乡土文化特征的部分延续。本研究提出的"数字边际人"并非传统意义上乡土文化和城市文化共同排斥的边缘人角色，也非以往学者提出的"内卷化"的社会认同。边际人在这里更多呈现为桥梁性、连接性的"传导者"角色。新生代农民工的技术应用和技术先导者的定位，将有助于他们完成城市新市民身份的转型。同时，作为城乡流动中的桥头堡，他们也将会将先进的信息技术传递给乡村社会，促进乡村社会的发展进步，对于"乡村振兴战略"同样意义重大。

第三节　政策思考与对策建议

一　树立先进典型，传播新时代正能量

田野调查中发现不少新生代农民工有通过手机阅读新闻的习惯。因此，可通过新闻报道采写与树立新生代农民工典型，挖掘新生代农民工中的道德模范、职业楷模或创业先锋，再以融媒体渠道，特别是其中的新媒体平台广为传播。基于微信、QQ、抖音等社交媒体平台中的大数据深描用户画像，定点定向地向新生代农民工传播内群体中的先进典型和新市民转型的成功案例，向新生代农民工传达"自己才是书写命运、重塑自我和创造价值的主导者"的正能量思想，帮助他们以积极乐观的心态应对城市生活。激发他们的主体意识，向优秀同龄人看齐，挖掘自我潜在能量，进而激发健康成长的主体意识。最主要的是帮助他们树立主动融入城市生活的信心，引领他们用正确的价值观认知社会、自觉构建社会认同、融入城市社会。帮助新生代农民工把握新时代发展的脉搏，正确解读社会发展的进程与规律，认识到个人进步与社会发展、民族复兴是有机结合的命运共同体，看清并摆正自身在时代中的位置，积极投身社会建设，发挥出更大的社会价值。

二　增强政务自媒体信息发布与沟通交互功能

如今政务官方微博、微信公众号等自媒体平台已经成为普通老百姓获取资讯和表达观点的重要途径。在传统媒体渠道中，新生代农民工通常是

一个沉默失语的群体，存在着无渠道表达、无途径诉说或者压根不想说等话语权缺失的状态。而基于手机媒体的参与式媒介和传播实践活动能够为新生代农民工实现话语"赋权"。政府职能部门在构建数字政务和自媒体平台的过程中，应将农民工特别是新生代农民工的话语表达诉求纳入考量范畴，实现政务部门与新生代农民工之间的信息沟通与对话交互，为新生代农民工提供献言献策的数字化渠道，增强其在个人发展与城市生活中的发言权和决策权。

党的十九大报告指出，就业是最大的民生。要坚持就业优先战略和积极就业政策。政府相关职能部门除了制定相关政策积极引导农民工高质量和更充分就业以外，也可尝试发挥既有的自媒体平台功能，积极宣传最新的就业政策，开辟"就业信息"专栏，发布核查过的就业信息链接，筛选一批真实可信的招聘类 App 名单，为新生代农民工职业进入提供官方权威的就业信息来源。同时，对于虚假不实的就业信息予以曝光，对于在招聘就业过程中存在欺诈并对农民工切身利益造成损害的行为坚决打击。

三 社区、企业、社会协作发力，提供丰富多彩的精神文化活动

和老一代农民工相比，新生代农民工更为渴求受到他人尊重、获得社会认可，渴望融入城市，他们希望能和城市居民享受同等的城市资源，对城市的精神文化生活提出了更高需求。社区中心可充分依托自媒体公众号等功能，发布社区的文化娱乐信息，引导新生代农民工积极关注社区文化动态，增强主动参与社区活动的意识。他们也能和普通城市居民一样能够享受社区中心、社区文化馆、社区图书馆的服务。企业内部可以以业余爱好为单位组建微信群、QQ 群等，引导新生代农民工定期组织、积极开展各类文体活动，丰富精神文化生活。有条件的企业还可以设立文化活动场所、健身场所、心理咨询和医疗救助场所。全社会需要共同努力培育和激发新生代农民工持续发展的动力支撑，帮助其更加自信地参与城市生活，应对城市挑战，这也是社会公平性的有力体现。

四 打造"移动学习"的职业技能培训平台

在现实社会中，政府已成功实施过一系列的农民工培训工程，如"雨

露计划""农村劳动力技能就业计划""阳光工程"等，但是覆盖面有限，培训时间较短，培训内容固定，尤其是实施主体的多元化导致资源平台没有得到很好的统筹规划，不能完全满足新生代农民工的实际需求。2018年政府工作报告将"大规模开展职业技能培训"确定为重点任务，国务院印发的《关于推行终身职业技能培训制度的意见》更是提出要建立覆盖面广、贯穿劳动者终身的职业技能培训制度。而基于手机的移动学习可以摆脱时空束缚，提供碎片化、阶段化、简短化的学习内容，实现教育即时即地即学、即学即用的功能。

因此，政府相关职能部门可联合相关职业院校及信息产业机构，专门制作以职业技能培训为主要内容的学习类App和慕课课程，或是对既有移动学习平台中的职业教育资源进行整合、规划。从服务器的基础建设入手，到相关App的构架，合理设计课件，划分教学单元，精心安排教学组织、测评、互动等教学环节，将多媒体资源库、教学资源库、展示资源库整合为大型的职业技能学习平台。再通过政府各级部门或是社工组织将其传达给新生代农民工群体。移动学习能为新生代农民工提供自主化、个性化、定制化的学习空间和资源平台，新生代农民工能灵活选择学习方式，合理安排学习进度，在日常闲暇时间内潜移默化地提升工作能力和专业技能。此外，新生代农民工在城市社会中，仍需掌握法律服务知识、理财管理知识，以及子女教育知识，了解医疗保健常识等。他们可以下载和安装专业的App，关注针对性的平台服务，而简洁明了、重点突出的移动推送方式能适应新生代农民工的日常需要。

新生代农民工通过移动终端接受与自身从事职业相关的行业技能知识、行业发展的前沿信息，提升自己在工作岗位中的核心竞争力，为实现工作晋升与阶层流动提供可能的路径。基于手机媒体的移动学习能满足新生代农民工自主学习探索的需求，实现他们终身学习和可持续发展的期待，帮助新生代农民工更好地实现城市社会认同，进而推动市民化进程。

第四节　未来研究方向

本书重点研讨了新生代农民工的手机使用与社会认同的关系问题，但在以下方面还存在一定的不足之处和进一步研究的空间。本书主要采用的是定性研究的方式，并非大规模的定量研究，访谈对象的数量特征较为有限，一些研究结论有赖于未来大规模研究予以验证。同时，未能将长三角与珠三角地区的农民工的手机使用进行比较研究，得出的研究结论是否有政策回应的可能，还需验证。

当然，我们需要摒弃"媒介决定论"将传播技术视为"一种自主性的变化动因"和"简单化地视为某种内在的技术逻辑的产物"[①] 的主张，但我们不能否认不断进步的媒介技术在人类不同文明时期对人类社会进程所造成的影响，无论它是推动性质的还是阻碍性质的。诚如尼克·史蒂文森所言："大众媒介的技术手段对当代社会关系的形成，（应该）被认为是要素性的，而不仅仅是附带性的。"[②] 尽管被视为"媒介决定论者"，我们同样可以看出无论是英尼斯还是梅罗维茨，他们在论述中尽量避免强烈的科技决定论，而是试图探索科技是如何融入和应用于不同的社会和文化中的。影响社会进程的还有其他许多因素，媒介的作用仅限于"加速"、"推动"或"促进"复杂的社会进程；媒介的偏向性和强大影响，不等于媒介具有决定性。因此，本书对新生代农民工身份与认同的建构性研究，虽然深受媒介技术理论的启发，但并非强调媒介技术对于社会发展和变迁具有决定性作用，只是将其视为社会进程中重要和不可忽视的因素来研究。

手机是个不断发展完善的动态技术系统，随着移动通信技术与信息通信技术的逐步革新，手机中可以应用到生活、工作以及娱乐中的软件也是不断推陈出新，要考察新生代农民工的社会认同问题，需要对这个群体的各类技术使用情况予以持续性地动态考察。就笔者的研究而言，在2013年底调查伊始，微商基本上还闻所未闻，但到了2014年下半年其已经成为新生代农民工中广泛熟稔的现象。2016年以降，网络直播风靡一时。2017年后，网络小视频类似抖音、快手等手机App成为新生代农民工闲暇时光的新宠。手机技术革新推动媒体内容不断更新，均需要学者给予持续性关注。

不少新生代农民工虽然已经从学校毕业，但依旧有继续接受教育的愿望，不少已经明显表示出对于终身教育与职业技能提升的渴求，希望能够

---

① 居姆斯·卡伦：《媒体与权力》，史安斌、董关鹏译，清华大学出版社，2006，第67页。
② 尼克·史蒂文森：《认识媒介文化》，王文斌译，商务印书馆，2013，第18页。

获得更高的文凭，或者是职能技术认定的相关证书。而智能手机的技术进步为发展新生代农民工进入成人教育系统和其他非正规教育系统提供了可能的途径。但在他们的城市生活工作中，又面临居住分散、工作时间长、工作强度高等现实问题，如何合理应用信息传播技术对这个群体进行指导与培训，也是政府、行业、学界等值得思索的问题。手机使用的性别差异虽然在本研究中并没有作为重点议题加以探讨，但在此之前已经形成不少相关研究成果。移动通信技术发展在发展中国家的讨论使人们对于将移动电话放入贫困女性的手里，就能帮助她们和家庭摆脱贫困的观点深以为然。由乡村银行资助的在孟加拉女性中实行的"乡村移动电话"计划大获成功也支持了这一观点。① 此外，随着各种可穿戴技术的研发，未来手机的物理形态会产生较大改变，技术对于人身体的"嵌入"程度将会更高，同样也是研究学者值得探讨的未来社会现实。

---

① 曼纽尔·卡斯特尔等：《移动通信与社会变迁：全球视角下的传播变革》，傅玉辉等译，清华大学出版社，2014，第47页。

参考文献

阿尔君·阿帕杜莱：《消散的现代性》，刘冉译，上海三联书店，2012。

阿历克斯·英格尔斯等：《人的现代化》，殷陆君译，四川人民出版社，1985。

阿历克斯·英克尔斯：《人的现代化素质探索》，曹中德译，天津社会科学院出版社，1995。

阿列克斯·英克尔斯、戴维·H. 史密斯：《从传统人到现代人——六个发展中国家中的个人变化》，顾昕译，中国人民大学出版社，1992。

埃里克·H. 埃里克森：《同一性：青少年与危机》，孙名之译，浙江教育出版社，1998。

安德鲁·芬伯格：《技术批判理论》，韩连庆、曹观法译，北京大学出版社，2005。

安德鲁·芬伯格：《可选择的现代性》，陆俊等译，中国社会科学出版社，2003。

安德鲁·芬伯格：《在理性与经验之间：论技术与现代性》，高海青译，金城出版社，2015。

安东尼·吉登斯：《民族–国家和暴力》，胡宗泽、赵力涛译，三联书店，2002。

安东尼·吉登斯：《亲密关系的变革：现代社会的性、爱和爱欲》，陈永国、汪民安译，社会科学文献出版社，2001。

安东尼·吉登斯：《现代性的后果》，田禾译，黄平校，译林出版社，2000。

安东尼·吉登斯：《现代性与自我认同》，夏璐译，中国人民大学出版社，2016。

安东尼·吉登斯：《现代性与自我认同》，赵旭东、方文译，生活·读书·

新知三联书店，1998。

白小瑜：《新生代农民工的社会资本》，《湖北民族学院学报》（哲学社会科学版）2006 年第 24 期。

包亚明主编《后现代性与地理学的政治》，上海教育出版社，2001。

保罗·莱文森：《手机》，何道宽译，中国人民大学出版社，2004。

鲍德里亚：《符号政治经济学批判》，南京大学出版社，2014。

彼得·科斯洛夫斯基：《后现代文化：技术发展的社会文化后果》，毛怡红译，中央编译出版社，2011，第 98 页。

波斯特：《第二媒介时代》，范静晔译，南京大学出版社，2000。

卜卫：《大众媒介对儿童的影响》，新华出版社，2002。

布尔迪厄：《关于电视》，许均译，辽宁教育出版社，2000。

布鲁诺·拉图尔：《我们从未现代过》，刘鹏、安涅恩译，苏州大学出版社，2010。

蔡志海：《流动民工现代性的探讨》，《华中师范大学学报》（人文社会科学版）2004 年第 5 期。

曹辉萍、杨姮：《中国通信产业发展历程分析》，《信息通信》2012 年第 4 期。

曹家荣、黄厚铭：《流动的手机：液态现代性脉络下的速度、时空与公私领域》，E 世代重要议题——人文社会面向研讨会论文，台北新竹，2011 年 9 月 15 日。

曹晋：《传播技术与社会性别：以流移上海的家政钟点女工的手机使用分析为例》，《新闻与传播研究》2009 年第 1 期。

查尔斯·霍顿·库利：《人类本性与社会秩序》，包凡一、王源译，华夏出版社，1999。

查尔斯·泰勒：《现代性之隐忧》，程炼译，中央编译出版社，2001。

陈东国等编《传播媒介与生活》，台北：台湾空中大学，2005。

陈明珠：《媒体再现与认同政治》，载《中国传媒报告》，2003。

陈向明：《质的研究方法与社会科学研究》，教育科学出版社，2002。

陈星博：《区隔与阻断：青年农民工的"问题化"倾向——对我国城市流动人口社会转型过程问题的思考》，《当代青年研究》2003 年第 8 期。

陈赵阳：《当代青年农民工政治参与问题研究》，硕士学位论文，福建师范大学，2008。

成伯清：《走出现代性——当代西方社会学理论的重新定向》，社会科学文献出版社，2006。

成伯清、格奥尔格·齐美尔：《现代性的诊断》，杭州大学出版社，1999。

程名望、史清华、徐剑侠：《中国农村劳动力转移动因与障碍的一种解释》，《经济研究》2006年第4期。

大卫·理斯曼：《孤独的人群》，王昆、朱虹译，南京大学出版社，2002。

戴安娜·克兰：《文化生产：媒体与都市艺术》，赵国新译，译林出版社，2001。

戴维·莫利：《传媒、现代性和科技》，郭大为等译，中国传媒大学出版社，2010。

戴维·莫利、凯文·罗宾斯：《认同的空间：全球媒介、电子世界景观与文化边界》，司艳译，南京大学出版社，2003。

丹尼尔·米勒、希瑟·霍斯特：《数码人类学》王心远译，人民出版社，2014。

丹尼斯·麦奎尔：《麦奎尔大众传播理论》，崔保国、栗坤译，清华大学出版社，2006。

单菁菁：《进城农民工的社会网络变迁》，《城市问题》2007年第4期。

道格拉斯·凯尔纳：《媒体文化——介于现代与后现代之间的文化研究、认同性与政治》，丁宁译，商务印书馆，2004。

道格·桑德斯：《落脚城市：最后的人类大迁移与我们的未来》，陈信宏译，上海译文出版社，2012。

德波：《景观社会》，王昭风译，南京大学出版社，2006。

邓大才：《农民打工：动机与行为逻辑——劳动力社会化的动机 - 行为分析框架》，《社会科学战线》2008年第9期。

邓秀华：《"新生代"农民工的政治参与问题研究》，《华南师范大学学报》（社会科学版）2010年第1期。

邓治文：《认同的社会学观》，《长沙理工大学学报》（社会科学版）2007年第3期。

《第 36 次中国互联网络发展状况统计报告》，http：∥www. cnnic. net. cn/hlw-fzyj/hlwxzbg/hlwtjbg/，最后访问日期：2015 年 7 月 20 日。

《第 42 次中国互联网络发展状况统计报告》，http：∥www. cnnic. net. cn/hlw-fzyj/hlwxzbg/hlwtjbg/201808/P020180820630889299840. pdf，最后访问日期：2018 年 8 月 25 日。

丁福兴：《中国农民现代性的自觉与培育》，《农村经济》2011 年第 3 期。

丁未：《流动的家园——"攸县的哥村"社区传播与身份共同体研究》，社会科学文献出版社，2014。

丁未、宋晨：《在路上：手机与农民工自主性的获得——以西部双峰村农民工求职经历为个案》，《现代传播》2010 年第 9 期。

丁未、田阡：《流动的家园：新媒介技术与农民工社会关系个案研究》，《新闻与传播研究》2009 年第 1 期。

董明伟：《城市农民工的自我社会认同分析》，《云南财贸学院学报》（社会科学版）2008 年第 4 期。

樊葵：《当代信息传播中的传媒歧视》，《当代传播》2003 年第 9 期。

樊佩佩：《从传播技术到生产工具的演变——一项有关中低收入群体手机使用的社会学研究》，《新闻与传播研究》2010 年第 1 期。

费孝通：《乡土中国·生育制度》，北京大学出版社，1998。

风笑天：《社会变迁中的青年问题》，北京大学出版社，2014。

风笑天：《社会研究方法》，中国人民大学出版社，2001。

《2014 年通信运营业统计公报》，http：∥www. miit. gov. cn/n1146312/n1146904/n1648372/c3337169/content. html，最后访问日期：2019 年 2 月 19 日。

龚文海：《国内农民工群体异质性问题研究述评》，《人口与发展》2012 年第 5 期。

郭立场：《转型期新生代农民工社会认同问题的分析与思考》，《农村经济》2013 年第 6 期。

郭庆光：《传播学教程》，中国人民大学出版社，2011。

郭星华、储卉娟：《从乡村到都市：融入与隔离》，《江海学刊》2004 年第 3 期。

郭于华等：《当代农民工的抗争与中国劳资关系转型》，《二十一世纪》

（香港）2011 年第 124 期。

郭正林、周大鸣：《外出务工与农民现代性的获得》，《中山大学学报》（社会科学版）1996 年第 5 期。

《2017 年全国农民工监测调查报告》，http：∥www. stats. gov. cn/tjsj/zxfb/201804/t20180427_1596389. html，最后访问日期：2018 年 5 月 20 日。

《2014 年全国农民工监测调查报告》，http：∥www. stats. gov. cn/tjsj/zxfb/201504/t20150429_797821. html，最后访问日期：2018 年 5 月 20 日。

《国家新型城镇化规划（2014－2020 年）》，http：∥www. gov. cn/gongbao/content/2014/content_2644805. htm。

哈贝马斯：《公共领域的结构转型》，曹卫东等译，学林出版社，1999。

何瑞鑫：《新生代农民工的价值观变迁》，《中国青年研究》2006 年第 4 期。

赫伊津哈：《游戏的人：文化中游戏成分的研究》，何道宽译，花城出版社，2007。

侯亚飞、张展新：《流动人口的城市融入》，中国经济出版社，2010。

胡杰容：《大众传媒与城市青年的闲暇文化生活——对 592 名城市青年的问卷调查》，《青年研究》2001 年第 1 期。

胡晓红：《社会记忆中的新生代农民工自我身份认同困境》，《中国青年研究》2008 年第 9 期。

黄厚铭、林意仁：《流动的群聚：网络起哄的社会心理基础》，《新闻学研究》2013 年第 4 期。

黄卓越：《博客写作与公共空间的私人化问题》，《文学评论》2008 年第 3 期。

黄宗智：《中国的现代家庭：来自经济史和法律史的视角》，《开放时代》2011 年第 5 期。

霍华德·莱茵戈德：《网络素养》，张子凌等译，电子工业出版社，2013，第 243 页。

霍克海默、阿多诺：《启蒙辩证法》，渠敬东、曹卫东译，重庆出版社，1990。

江立华、王春光、陆益龙、吕红平：《农民工在城市的生存与适应（笔谈）》，《郑州大学学报》（哲学社会科学版）2004 年第 1 期。

姜振华、胡鸿保：《社区概念发展的历程》，《中国青年政治学院学报》

2002 年第 4 期。

杰弗瑞·戈比：《你生命中的休闲》，康筝译，田松校译，云南人民出版社，2000。

杰华：《都市里的农家女》，江苏人民出版社，2006。

凯尔纳：《媒体文化：介于现代与后现代之间的文化研究、认同性与政治的新描述》，商务印书馆，2004。

蓝佩嘉：《跨国灰姑娘》，吉林出版集团有限责任公司，2011。

蓝宇蕴：《都市里的村庄》，生活·读书·新知三联书店，2005。

乐宁、乔楠、孙慧：《解密中国移动通信》，《通信世界》2006 年第 13 期，第 32～39 页。

雷蒙德·威廉斯：《现代主义的政治》，阎嘉译，商务印书馆，2001。

雷蔚真：《信息传播技术采纳在北京外来农民工城市融合过程中的作用探析》，《新闻与传播研究》2010 年第 2 期。

李超海：《农民工参加集体行动及集体行动参加次数的影响因素分析》，《中国农村观察》2009 年 11 期。

李广贤：《人的全面发展与农民工现代性的提高》，《经济与社会发展》2005 年第 1 期。

李建民：《中国劳动力市场多重分隔及其对劳动力供求的影响》，《中国人口科学》2002 年第 2 期。

李培林：《村落的终结：羊城村的故事》，商务印书馆，2004。

李培林：《巨变：村落的终结——都市里的村庄研究》，《中国社会科学》2002 年第 1 期。

李培林：《流动民工的社会网络和社会地位》，《社会学研究》1996 年第 4 期。

李培林、李炜：《农民工在中国转型中的经济地位和社会态度》，《社会学研究》2007 年第 3 期。

李沛良：《论中国式社会学研究的关联概念与命题》，载北京大学社会学人类学研究所编《东亚社会研究》，北京大学出版社，1993。

李强：《为什么农民工"有技术无地位"》，《江苏社会科学》2010 年第 6 期。

李琼英：《农民工集体行动参与的代际差异性实证分析》，《学术界》2013
　　年第 7 期。

梁辉：《信息社会进程中农民工的人际传播网络与城市融入》，《中国人
　　口·资源与环境》2013 年第 1 期。

林东泰：《大众传播理论》，台北：台湾师大书苑有限公司，2004。

林岩、姜鲁平：《论社会主义新农村建设中农民的主体性地位及其培育》，
　　《黑河学刊》2007 年第 5 期。

刘传江、程建林、董延芳：《中国第二代农民工研究》，山东人民出版社，
　　2009。

刘传江、徐建玲：《"民工潮"与"民工荒"——农民工劳动供给行为视
　　角的经济学分析》，《财经问题研究》2016 年第 5 期。

刘建洲：《打工文化的兴起与农民工的阶级形成——基于卡茨尼尔森框架
　　的分析》，《人文杂志》2011 年第 1 期。

刘俊彦：《新生代——当代中国青年农民工研究报告》，中国青年出版社，
　　2007。

刘晓丽、郑晶：《新生代农民工身份认同及其影响因素研究》，《华南农业
　　大学学报》（社会科学版）2013 年第 1 期。

刘燕：《媒介认同论：传播科技与社会影响互动研究》，中国传媒大学出版
　　社，2010。

刘中起、风笑天：《虚拟镜像中的真实——网路人际互动者的自我呈现》，
　　《安徽科技》2002 年第 7 期。

卢岚兰：《媒体消费：阅听人与日常生活》，台北：韦伯文化国际出版有限
　　公司，2005。

鲁尔·瓦纳格姆：《日常生活的革命》，张新木、戴秋霞、王也频译，南京
　　大学出版社，2008。

罗杰·西尔弗斯通：《电视与日常生活》，陶庆梅译，江苏人民出版社，2004。

罗俊：《3G 时代，山寨机能否再现辉煌?》，《中国电信业》2010 年第 4 期，
　　第 54 ~ 56 页。

罗沛霖、彭铟旎：《关于中国南部农民工的社会生活与手机的研究》，载杨善
　　华主编《城乡日常生活：一种社会学分析》，社会科学文献出版社，2008。

罗霞、王春光：《新生代农村流动人口的外出动因与行动选择》，《浙江社会科学》2003 年第 1 期。

马尔科姆·诺尔斯：《现代成人教育实践》，蔺延梓译，人民出版社，1989，第 60 页。

马杰伟：《酒吧工厂：南中国城市文化研究》，江苏人民出版社，2006。

马克·波斯特：《第二媒介时代》，南京大学出版社，2001。

马克·波斯特：《信息方式》，商务印书馆，2001。

马克·戈特迪纳：《城市空间的社会生产》，江苏凤凰出版社，2014。

马克斯·韦伯：《新教伦理与资本主义精神》，陕西师范大学出版社，2002，第 50 页。

马一波、钟华：《叙事心理学》，上海教育出版社，2006。

迈克尔·A. 豪格、多米尼克·阿布拉姆斯：《社会认同过程》，高明华译，中国人民大学出版社，2011。

迈克·费瑟斯通：《消费文化与后现代主义》，刘精明译，译林出版社，2000。

曼纽尔·卡斯特：《认同的力量》，曹荣湘译，社会科学文献出版社，2006。

曼纽尔·卡斯特：《网络社会的崛起》，夏铸九等译，社会科学文献出版社，2006。

曼纽尔·卡斯特尔等：《移动通信与社会变迁：全球视角下的传播变革》，傅传辉等译，清华大学出版社，2014。

孟建、赵元珂：《媒介融合：粘聚并造就新型的媒介化社会》，《国际新闻界》2006 年第 7 期。

米歇尔·福柯：《规训与惩罚》，刘北成、杨远婴译，三联书店，1999。

尼格尔·多德：《社会理论与现代性》，社会科学文献出版社，2003。

欧文·戈夫曼：《日常生活中的自我呈现》，黄爱华、冯钢译，浙江人民出版社，1989。

潘毅：《中国女工：新兴打工者主体的形成》，九州出版社，2011。

潘泽泉：《社会排斥与发展困境：基于流动农民工的经验研究》，《浙江社会科学》2007 年第 2 期。

彭远春：《论农民工身份认同及其影响因素——对武汉市杨园社区餐饮服务员的调查分析》，《人口研究》2007 年第 2 期。

齐格蒙·鲍曼：《来自液态现代世界的 44 封信》，鲍磊译、杨渝东校，漓
　　江出版社，2013。

齐格蒙特·鲍曼：《流动的现代性》，欧阳景根译，上海三联书店，2002。

钱超英：《身份概念与身份意识》，《深圳大学学报》（人文社会科学版）
　　2000 年第 2 期。

清华大学社会学系课题组：《困境与行动——新生代农民工与“农民工生
　　产体制”的碰撞》，载沈原主编《社会转型与新生代农民工》，社会科
　　学文献出版社，2013。

邱林川：《信息时代的世界工厂：新工人阶级的网络社会》，广西师范大学
　　出版社，2013。

全国总工会新生代农民工问题课题组：《关于新生代农民工问题的研究报
　　告》，《工人日报》，2010 年 6 月 21 日。

任远、邬民乐：《城市流动人口的社会融合：文献述评》，《人口研究》
　　2006 年第 3 期。

《深圳新生代农民工生存状况调查报告》，http：//acftu. people. com. cn/GB/
　　67582/12154737. html，最后访问日期：2019 年 10 月 20 日。

沈原：《社会转型与工人阶级的再形成》，《社会学研究》2006 年第 2 期。

沈原主编《社会转型与新生代农民工》，社会科学文献出版社，2013。

史斌：《新生代农民工与城市居民的社会距离分析》，《南方人口》2010 年
　　第 1 期。

孙立平：《过程－事件分析与当代中国国家－农民关系的实践形态》，《清
　　华社会学评论》（特刊），鹭江出版社，2000。

谭剑、杨霞：《新生代农民工政治权利悬空，应拓宽“参政”渠道》，《半
　　月谈》2009 年第 8 期。

唐灿、冯小双：《“河南村”流动农民的分化》，《社会学研究》2000 年第 4
　　期。

唐兴军、王可园：《新生代农民工的身份认同困境探析——基于信任的视
　　角》，《华中农业大学学报》（社会科学版）2014 年第 7 期。

陶建杰：《新生代农民工个人现代性与人际传播——基于上海市调查数据
　　的实证研究》，《新闻大学》2012 年第 2 期。

陶建杰、徐宏涛：《新生代农民工个人现代性与人际传播——基于上海市调查数据的实证研究》，《新闻大学》2012 年第 1 期。

田阡：《新媒体的使用与农民工的现代化构建——以湖南攸县籍出租车司机在深圳为例》，《现代传播》2012 年第 12 期。

童宗斌：《职业生涯与工作适应：新生代农民工的城市实践》，《中国青年研究》2011 年第 1 期。

托马斯、F. 兹纳涅茨基：《身处欧美的波兰农民》，张友云译，译林出版社，2000，引言第 2 页。

宛恬伊：《新生代农民工的居住水平与住房消费——基于代际视角的比较分析》，《中国青年研究》2010 年第 5 期。

万向东：《非正式自雇就业农民工的社会网络特征与差异》，《学术研究》2012 年第 12 期。

汪建华：《互联网动员与代工厂工人集体抗争》，《开放时代》2011 年第 11 期。

汪民安：《身体、空间与后现代性》，江苏人民出版社，2006。

汪永涛：《城市化进程中农村代际关系的变迁》，《南方人口》2013 年第 1 期。

王春光：《社会流动和社会重构京城"浙江村"研究》，浙江人民出版社，1995。

王春光：《新生代农村流动人口的社会认同与城乡融合的关系》，《社会学研究》2001 年第 5 期。

王春光：《新生代农民工城市融入进程及问题的社会学分析》，《青年探索》2010 年，第 5~15 页。

王春光：《中国社会政策调整与农民工城市融入》，《探索与争鸣》2011 年第 5 期。

王冠：《集体行动的动力机制研究——基于 T 市出租车罢运事件的考察》，硕士学位论文，吉林大学，2013。

王国勤：《"集体行动"研究中的概念谱系》，《华中师范大学学报》2007 年第 5 期。

王佳煌：《手机社会学》，台北：学富文化事业有限公司，2005。

王宁：《消费社会学：一个分析的视角》，社会科学文献出版社，2001。

王宁、严霞：《两栖消费与两栖认同——对广州市 J 工业区服务业打工妹身体消费的质性研究》，《江苏社会科学》2011 年第 4 期。

王蕊蕊：《新生代农民工社会资本的研究综述》，《法制与社会》2011 年第 14 期。

王毅杰、倪云鸽：《流动农民社会认同现状探析》，《苏州大学学报》（哲学社会科学版）2005 年第 3 期。

王毅杰、童星：《流动农民社会支持网探析》，《社会学研究》2004 年第 2 期。

王正中：《城乡二元结构对当代中国农民现代性的制约》，《理论学刊》2007 年第 1 期。

卫凤瑾：《大众传媒与农民话语权——从民工"跳楼秀"谈起》，《新闻与传播研究》2004 年第 2 期。

魏雁滨：《信息时代新青年议题：理论、政策与实务》，社会科学文献出版社，2010。

文军：《论我国城市劳动力新移民的系统构成及其行为选择》，《南京社会科学》2005 年第 1 期。

吴红宇、谢国强：《新生代农民工的特征、利益诉求及角色变迁——基于东莞塘厦镇的调查分析》，《南方人口》2006 年第 2 期。

西德尼·塔罗：《运动中的力量：社会运动与斗争政治》，吴庆宏译，译林出版社，2005。

西莉亚·卢瑞：《消费文化》，张萍译，南京大学出版社，2003。

项飙：《全球"猎身"——世界信息产业和印度的技术劳工》，北京大学出版社，2012。

项飙：《社区何为——对北京流动人口聚居区的研究》，《社会学研究》1998 年第 6 期。

项飙：《跨越边界的社区：北京"浙江村"的生活史》，三联书店，2000。

谢立中：《日常生活的现象学社会学分析》，社会科学文献出版社，2010。

许传新：《农民工的进城方式与职业流动——两代农民工的比较分析》，《青年研究》2010 年第 3 期。

许传新：《新生代农民工城市生活中的社会心态》，《社会心理科学》2007年第1期。

许若兰、许传新：《新生代农民工现代性人格发展状况及影响因素》，《南京人口管理干部学院学报》2007年第7期。

雪莉·特克：《虚拟化身——网络世代的身份认同》，谭天等译，台北：台湾远流出版公司，1998。

严翅君：《长三角城市农民工消费方式的转型——对长三角江苏八城市农民工消费的调查研究》，《江苏社会科学》2007年第3期。

阎云翔：《礼物的流动——一个中国村庄中的互惠原则与社会网络》，李放春、刘瑜译，上海人民出版社，1999。

杨春华：《关于新生代农民工问题的思考》，《农业经济问题》2010年第4期。

杨国枢主编《中国人的价值观——社会科学的观点》，台北：桂冠图书公司，1994。

杨可、罗沛霖：《手机与互联网：数字时代农民工的消费》，《中国社会科学报》，2009年8月6日，第7版。

杨善华、朱伟志：《手机：全球化背景下的主动选择——珠三角地区农民工手机消费的文化和心态解读》，《广东社会科学》2006年第2期。

杨善华主编《城乡日常生活：一种社会学分析》，社会科学文献出版社，2008。

杨桃莲：《大学生自我认同的建构》，博士学位论文，复旦大学，2009。

姚建平：《消费认同》，社会科学文献出版社，2006。

姚上海：《新生代农民工现代性培育与全面发展问题探讨》，《理论月刊》2008年第4期。

叶继红、王元元：《城市融入进程中的农民工传媒话语缺失与重构》，《重庆社会科学》2009年第10期。

叶南客：《中国人的现代化》，南京出版社，1998。

伊尼斯：《传播的偏向》，河道宽译，中国人民大学出版社，2003。

伊锡尔·德·索拉·普尔主编《电话的社会影响》，邓天颖译，中国人民大学出版社，2005。

衣俊卿：《现代化与日常生活批判》，人民出版社，2005。

余晓敏、潘毅：《消费社会与"新生代打工妹"主体性再造》，《社会学研究》2008 年第 3 期。

袁靖华：《大众传媒的符号救济与新生代农民工的城市融入——基于符号资本的视角》，《新闻与传播研究》2011 年第 1 期。

约翰·费斯克：《解读大众文化》，杨全强译，南京大学出版社，2001。

约翰·费斯克：《理解大众文化》，王晓珏、宋伟杰译，中央编译出版社，2001。

约翰·斯道雷：《文化消费与日常生活》，张君玫译，台北：台湾巨流图书公司，2002。

约书亚·梅罗维茨：《消失的地域：电子媒介对社会行为的影响》，肖志军译，清华大学出版社，2002。

翟学伟：《传统性与现代性：中国人社会行为模式及其变迁》，《中国研究》2005 年创刊号。

翟学伟：《社会流动与关系信任——也论关系强度与农民工的求职策略》，《社会学研究》2003 年第 1 期。

张成岗：《技术与现代性研究》，中国社会科学出版社，2013。

张红霞：《转型期新生代农民工传统性断裂与现代性重塑》，《中国青年社会科学》2015 年第 7 期。

张鸿雁：《论现代化进程中的城镇化与城市功能转型》，《探索与争鸣》2013 年第 4 期。

张骊：《城市的陌生人——中国流动人口的空间、权力与社会网络的重构》，江苏人民出版社，2014。

张青兰：《社会结构变迁与人格的现代转型》，《人文杂志》2004 年第 2 期。

张彤禾：《打工女孩：从乡村到城市的变动中国》，张坤、吴怡瑶译，上海译文出版社，2013。

张莹瑞、佐斌：《社会认同理论及其发展》，《心理科学进展》2006 年第 3 期。

张志晏：《共同体的界定、内涵及其生成——共同体研究综述》，《科学学与科学技术管理》2010 年第 10 期。

赵建华、李克东：《协作学习及协作学习模式》，《中国电化教育》2000 第
　　10 期。

赵延东、王奋宇：《城乡流动人口的经济地位获得及决定因素》，《中国人
　　口科学》2002 年第 4 期。

赵月枝：《传播政治经济学》，复旦大学出版社，2007。

郑广怀：《社会转型与个体痛楚——评〈中国制造：全球化工厂下的女
　　工〉》，《社会学研究》2007 年第 2 期。

郑素侠：《媒介化社会中的农民工：利益表达与媒介素养教育》，中国社会
　　科学出版社，2013。

郑欣等：《进城：传播学视野下的新生代农民工》，社会科学文献出版社，
　　2018。

郑英隆：《中国农民工弱信息能力初探》，《经济学家》2005 年第 10 期。

郑永年：《技术赋权：中国的互联网、国家与社会》，东方出版社，2014。

郑永廷等：《人的现代化理论与实践》，人民出版社，2006。

周葆华、吕舒宁：《上海市新生代农民工新媒体使用与评价的实证研究》，
　　《新闻大学》2011 年第 2 期。

周华娇：《从信息公平看弱势群体》，《河南图书馆学刊》2007 年第 8 期。

周明宝：《城市滞留型青年农民工的文化适应与身份认同》，《社会》2004
　　年第 5 期。

周晓虹：《流动与城市体验对中国农民现代性的影响——北京“浙江村”
　　与温州一个农村社区的考察》，《社会学研究》1998 年第 5 期。

周晓虹：《现代化进程中的中国农民》，南京大学出版社，1998。

朱虹：《身体资本与打工妹的城市适应》，《社会》2008 年 6 月。

朱虹：《生活方式的变迁与手机社会功能的演变——基于中低收入群体的
　　调查分析》，《南京大学学报》2011 年第 3 期。

朱力：《论农民工的城市适应》，《江海学刊》2002 年第 6 期。

朱力：《中外移民的城市适应》，江苏人民出版社，2009。

朱永安：《新生代农民工研究》，硕士学位论文，南京师范大学，2005。

德雷克·格里高里、约翰·厄里：《社会关系与空间结构》，谢礼圣、吕增
　　奎等译，北京师范大学出版社，2011。

Crispin Thurlow，Laura Lengel，Alice Tomic：《电脑中介传播：人际互动与网际网路》，谢光萍、吴怡萱译，台北：韦伯文化国际出版有限公司，2006。

Kathryn Woodward：《身体认同：同一与差异》，台北：韦伯文化国际出版有限公司，2004。

Klaus Bruhn Jensen 等：《媒介与传播研究方法指南：质化与量化方法论》，陈玉箴译，台北：韦伯文化国际出版有限公司，2005。

Abraham，Reuben，"Mobile Phones and Economic Development：Evidence from the Fishing Industry in India，" *Information Technologies and International Development* 4 (1)，2007，pp. 5 – 17.

Aker，Jenny C.，and Isaac M. Mbiti.，"Mobile Phones and Economic Development in Africa，" *Journal of Economic Perspectives* 24 (3)，2010.

Aker，Jenny C.，"Information from Markets Near and Far：Mobile Phones and Agricultural Markets in Niger，" *American Economic Journal：Applied Economics* (2)，2010，pp. 46 – 59.

Andrew Feenberg，*Critical Theory of Technology* (Oxford University Press，1991).

Andrew Feenberg，*Questioning Technology* (Routledge，1999).

Barry Wellman，Caroline Haythornthwaite，*The Internet in Everyday* (Malden：Blackwell Publishers Ltd，2002).

Beck，U. *Risk Society：towards a New Modernity*，Sage Publications Ltd. 1992.

Benítez，Jose Luis，"Transnational Dimensions of the Digital Divide Among Salvadoran Immigrants in the Washington DC Metropolitan Area，" *Global Networks* 6 (2)，2006，pp. 181 – 199.

Bert，U. "Breakdown Theories of Collective Action，" *Annual Review of Sociology*，1998，p. 24.

Cara Wallis，*Technomobility in China：Young Migrant Women and Mobile Phones* (NYU Press，2013).

Cartier，C.，Castells，M.，and Qiu，J. L.，"The Information Have-less：Inequality，Mobility，and Translocal Networks in Chinese Cities，" *Studies in Comparative International Development* 40 (2)，2005，pp. 9 – 34.

Cartier，Carolyn，Castell，Manuel，and Qiu，Jack L.，"The Information Have-less: Inequality, Mobility and Translocal Networks in Chinese Cities," *Studies in Comparative International Development* 40 (2), 2005, p. 9.

Chan, Anita, "Strikes in China's Export Industries in Comparative Perspective," *The China Journal*, 2011.

Chandler, D. "Personal Homepage and the Construction of Identity on the Web." *Journal of Sociolinguistics* 10 (4), 1998, pp. 419 – 438.

Cheng, Chung-tai, "Floating Workers: The Socio-cultural Meaning of Contact Numbers to Migrant Workers in South China," *Paper Presented at the International Conference on Migrations*, Diasporas, and ICTs in Udine (11), 2008.

Christopher lasch, *The True and Only Heaven: Progress and its Critics* (New York: W. W. Norton, 1991).

DanielLernen, *The Passing of Traditional Society, Modernizing the Middle East* (NewYork: The Free Press, 1958).

Davis, R. A., "A Cognitive-behavioral model of pathological internet use," *Computer in Human Behavior* 17 (2), 2001.

Driskell, Robyn B. & Larry Lyon, "Are Virtual Communities True Communities Examining the Environments and Elements of Community," *City and Community*, 2002.

E. Mcginn R E., "What is Technology," *Research in Philosophy & Technology* (1), 1978.

Evans, Leighton. *Authenticity Online: Using Webnography to Address Phenomenological Concerns.*, in Aris Mousoutzanis & Daniel Riha (eds.), New Media and the Politics of Online Communities (Oxford: Inter-Disciplinary Press, 2010, p. 31).

Francis Bacon, Novum Organum (1620), aphorism 129, cited in Eisenstein, Elizabeth L. The Printing Revolution in Early Modern Europe (Cambridge: Cambridge University Press, 1983), p. 12.

Frost & Sullivan, "The 'PAS' Phenomenon: Revolutionizing Local Wireless Telephony," *Frost & Sullivan White Papers*, February, 2003, p. 2.

Gergen, Kenneth J. The Challenge of Absent Presence, in Katz, James E. Aakhus Mark A. , eds. , *Perpetual Contact. Mobile Communication*, *Private Talk*, *Public Performance* (Cambridge University Press, Cambridge, 2002), pp. 227 – 241.

Gergen, K. J. , "Self and Community in the New Floating Worlds," in *Mobile Democracy: Essays on Society, Self and Politics*, Edited by Kristof Nyiri, Vinenna, Passgen-Verlag, 2003.

Goggin Gerard, *Cell phone Culture: Mobile Technology in Everyday Life* (New York: Routledge, 2006).

Green, N. "On the Move: Technology, Mobility, and the Mediation of Social Time and Space," *The Information Society* 18 (4), 2002, p. 287.

Hine, Christine, *Virtual Ethnography* (London /Thousand Oaks /New Delhi: Sage, 2000).

Hjorth, Larissa. *Mobile Media in the Asia-Pacific: Gender and The Art of Being Mobile* (London: Routledge, 2009).

Ito, M. and D. Okabe, "Technosocial Situations: Emergent Structuring of Mobile E-Mail Use'," in M. Ito, M. Matsuda and D. Okabe, eds. , *Personal, Portable, Pedestrian: Mobile Phones in Japanese Life* (Cambridge, MA: MIT Press, 2005), pp. 257 – 273.

Jack Linchuan Qiu and Joseph Man Chan, "China Internet Studies: A review of the field," in Helen Nissenbaum and Monroe Price, eds. , *The Academy and the Internet* (New York: Peter Lang Publishing, 2004), pp. 275 – 307.

Jay Weinstein, *New Brunswick: Sociology/Technology: Foundation of Post academic Social Science* (N. J: Transaction Books, 1982).

Jenkins, Richard, *Social Identity* (London: Routledge, 1996), pp. 3 – 4.

John Schot, "The contested Rise of a Modernist Technology Politics," in Thomas J. Misa. Philip Brey and Andrew Feenberg Ed. , *Modernity and Technology* (MIT Press, 2003).

Jose van Dijck. "Digital Photography: Communication, Identity, Memory," *Visual Communication* 57 (7), 2008, pp. 63 – 68.

Kaltz, J. , & Sugiyama, "Mobile Phones as Fashion Statements: The Co-creation of Mobile Communication's Public Meaning," *Mobile Communications*: *Re-negotiation of the Social Sphere*, 2005, p. 4.

Katz, J. , & Sugiyama, S. "Mobile Phones as Fashion Statements: Evidence from Student Surveys in the US and Japan. " *New Media & Society* (8), 2006, p. 321.

Law, Patrick, "The Use of Mobile Phones Among Migrant Workers in Southern China", *in P.* Law, L. Fortunati and S. Yang (eds.), *New Technologies in Global Societies* (Singapore: World Scientific Publishing, 2006), pp. 245 –258.

Law, Pui-lam and Yinni Peng, "The Use of Mobile Phones among Migrant Workers in Southern China," in Pui-lam Law, *New Technology in Global Societies* (Singapore: World Scientific, 2006).

L. D. Wacquant, "Towards a Reflexive Sociology: A Workshop with Pierre Bourdieu," *Sociological Theory*, 1989 (07).

Leander, K. M. & McKim, K. K. , "Tracing the Everyday 'Sitings' of Adolescents on the Internet: A Strategic Adaptation of Ethnography Across Online and Off-line Spaces," *Education*, *Communication*, *& Information* 3 (2), 2003.

Leopoldina Fortunati, James E. Katz, and Raimonda Riccini (editors), *Mediating the human body*: *Technology*, *Communication*, *and Fashion* (Mahwah, N. J. : Lawrence Erlbaum Associates, 2002).

Licklider, J. C. R. & Robert W. Taylor, "The Computer as a Communication Device", *Science and Technology* (4), 1968.

Licoppe, C. and Smorda, Z. , "Rhythms and ties: towards a pragmatics of technologically-mediated sociability," in R. Kraut, M. Brynin and S. Kiesler, eds. , *Computers*, *Phones*, *and the Internet*: *Domesticating Information Technology* (Oxford, New York: Oxford University Press, 2006), p. 311.

Lin, Angel & Avin Tong, "Mobile Cultures of Migrant Workers in Southern China: Informal Literacies in the Negotiation of (New) Social Relations of the New Working Women," *Knowledge*, *Technology*, *and Policy* (21), 2008.

Ling, R. & B. Yttri, "Hyper-coordination via Mobile Phones in Norway," in Katz, J. E. & M. Aackhus, *Perpetual Contact*: *Mobile Communication*, *Private Talk*,

Public Performance (New York: Cambridge University Press, 2002).

Ling, R., *The Mobile Connection: The Cell Phone's Impact on Society* (San Francisco, CA: Morgan Kaufman Publishers, 2004).

Lorenzo C. Simpson, *Technology, Time and the Conservation of Modernity* (New York: Rouledge, 1995).

Martin, Michele, *Hello Central Gender, Technology and Culture in the Formation of Telephone System* (Montreal: McGill-Queen's University Press, 1991).

Matsuba, M. Kyle, "Searching for Self and Relationships Online," *CyberPsychology & Behavior* 9 (3), 2006, pp. 275 – 284.

McAdam, Doug, John D. McCarthy, and Mayer N. Zald, "Social Movements: Building Macro-Micro Bridges," in Neil J. Smelser, Newbury, Park, eds. , *Hand-book of Sociology* (Calif: Sage, 1988).

McEwen, W. , Fang, X. , Zhang, C. , & Burkholder, R. "Inside the mind of the Chinese consumer," *Harvard Business Review*, 2006, 84 (3), p. 68.

McVeigh, B. J. , "Individualization, Individuality, Interiority, and the Internet: Japanese University Students and E-mail," in N. Gottlieb and M. McLelland, eds. , *Japanese Cybercultures* (New York: Routledge, 2003).

Mehra B. , Merkel C. & Bishop A. P. , "The Internet for Empowerment of Minority and Marginalized Users", *New Media & Society* 6 (6), 2004, pp. 781 – 802.

Mesch, Gustavo. S. "Social Relationships and Internet Use among Adolescents in Israel. " *Social Science Quarterly* 82 (2), 2001, p. 2.

Miura, A. , & Yamashita, K. , "Psychological and Social Influences on Blog Writing: An Online Survey of Blog Authors in Japan," *Journal of Computer-Mediated Communication* 12 (4), 2007.

Motoharu Takao, et al. , "Addictive Personality and Problematic Mobile Phone Use," *Cyber Psychology & Behavior* 12 (5), 2009.

Myhr, Jonas & Lars Nordstrom, *Livelihood Changes Enabled by Mobile Phone: the Case of Tanzanian Fishermen*, Bachelor Thesis from Department of Business Studies, Uppsala University, 2006.

Ngan, Raymond, and Ma, Stephen, "The Relationship of Mobile Telephony to Job Mobility," in China's Pearl River Delta, *Knowledge, Technology & Policy* 21 (2), 2008.

Nicholas Abercrombie & Brian Longhurst. *Audiences: A Sociological Theory of Performance and Imagination* (London: Sage Publications, 1998), p. 178.

Okabe, Daisuke, and Mizuko Ito, "Everyday Context of Camera Phone Use: Step toward Techono-Social Ethnographic Frameworks," in *Mobile Communication in Everydaylife: Ethnographic Views, Observations and Reflections*, edited by Joachim R. Hoflich and Maren Hartmann (Berlin: Frank and Timme, 2006), pp. 79 – 102.

Okabe, Daisuke, and Mizuko Ito. "Everyday Context of Camera Phone Use: Step toward Techono-Social Ethnographic Frameworks," in *Mobile Communication in Everydaylife: Ethnographic Views, Observations and Reflections*, edited by Joachim R. Hoflich and Maren Hartmann (Berlin: Frank and Timme, 2006), pp. 79 – 102.

Panagakos, Anastasia N. and Heather A. Horst, "Return to Cyberia: Technology and the Social Worlds of Transnational Migrants," *Global Networks* 6 (2), 2006.

Park, R. E., Burgess, E. W., & McKenzie, R. D., *The City: Suggestions for the Investigation of Human Behavior in the Urban Environment* (Chicago: University of Chicago Press, 1925).

Peng, Yinni, "Internet Use of Migrant Workers in the Pearl River Delta," *Knowledge, Technology and Policy* (21), 2008.

Pertierra, R., et al., TXT-ING Selves: Cellphones and Philippine Modernity (Manila: De La Salle University Press, 2002).

Petersen, William. "*A General Typology of Migration*," American Sociological Review 23 (3), 1958, pp. 256 – 266.

Pun, N., "Subsumption or Consumption? The Phantom of Consumer Revolution in Globalizing China," *Cultural Anthropology* 18 (4), 2003, pp. 486 – 487.

Qiu, Jack L., "The Wireless Leash: Mobile Messaging as Means of Control,"

International Journal of Communication 1 (1), 2007, pp. 74 – 91.

Qiu, J. L. , Mobile Phones, "The Bottom of The Pyramid and Working-Class Information Society in China," *The Electronic Journal on Information Systems in Developing Countries*, 2010.

Rakow, L. and Navarro, V. , "Remote Mothering and the Parallel Shift: Women Meet the Cellular Telephone," *Critical Studies in Mass Communication* (10), 1993.

Rhacel S. Parrenas, *Children of Global Migration: Transnational Families and Gendered Woes* (Standford, California: Stanford University Press, 2005).

Rheingold, H. , *The Virtual Community: Homesteading on the Electronic Frontier* (New York: Addison-Wesley Publishing Company, 1993).

Rich Ling, the Mobile Connection. *The Cell Phone's Impact on Society*. San Francisco (CA and Oxford: Elsevier/Morgan Kaufmann, 2004), p. 111.

Rofel, Lisa, *Other Modernities* (Berkeley: University of California Press, 1999).

Ruth Oldenziel, *Making Technology Masculine: Men, Women and Modern Machines in America*, 1870 – 1945 (Amsterdam University Press, 1999).

Siibak, A. *"Constructing the Self through the Photo selection-Visual Impression Management on Social Networking Websites,"* Cyber psychology: *Journal of Psychosocial Research on Cyberspace* 3 (1), 2009, p. 1.

Slater, Don, *Consumer Culture and Modernity* (Cambridge: Policy press, 1997).

Souter, David, Christopher Garforth, Rekha Jain, Ophelia Mascarenhas, Kevin McKemey & NigelScott, 2005, The Economic Impact of Telecommunications on Rural Livelihoods and Poverty Reduction: a Study of Rural Communities in India (Gujarat), Mozambique and Tanzania, http://www. telafrica. Org.

Teo, T. , & Pok. S, "Adoption of WAP-enabled mobile Phones among Internet users," *Omega* 31 (6), 2003, pp. 483 – 498.

Thomas J. Misa, Philip Brey and Andrew Feenberg Ed, *Modernity and Technology* (MIT Press, 2003).

Turkle, S. "Always-on/Always-on-you: The Tethered self," in J. E. Katz, eds., *Handbook of Communication Studies* (Cambridge, MA: The MIT Press, 2008).

Turkle. *Life on the Screen: Identity in the Age of Internet*, Simon and Schuster. 1995, pp. 201 - 208.

Ureta S., "Mobilizing Poverty? Mobile Phone Use and Everyday Spatial Mobility Among Low-income Families in Santiago," *The Information Society* 24, 2008, pp. 83 - 92.

USAID (the United States Agency for International Development), Mobile Voice: The Use of Mobile Phones in Citizen Media: An Exploration of Mobile Citizen Media Tools and Projects [EB/OL], 2008, http://www.pactworld.org.

Uy-Tioco, Cecilia, "Overseas Filipino Workers and Text Messaging: Reinventing Transnational Mothering," *Continuum* 21 (2), 2007, pp. 253 - 265.

Vertovec, Steven, "Cheap Calls: the Social Glue of Migrant Transnationalism," *Global Networks* 4 (2), 2004.

Yang, Ke, "A Preliminary Study on the Use of Mobile Phones Amongst Migrant Workers in Beijing," *Knowledge, Technology and Policy* (21), 2008, pp. 65 - 72.

Yurchisin, "An Exploration of Identity Re-creation in the Context of Internet Dating," *Social Behavior and Personality* 33 (8), 2004, pp. 735 - 750.

Zygmunt bauman, *Postmodern Ethics* (Blackwell, 1998).

后　记

　　本书是国家社科基金青年项目（项目编号：13CSH026）的最终成果。书稿即将付梓，意识思绪万千，脑海中浮现起的却是自己从事田野调查的点点滴滴，以及和部分访谈对象结下的深厚情谊。

　　小慧是我的第一个访谈对象。2013年和小慧进行第一次访谈的时候，我俩惊讶地得知我们竟然是同一天生日，所以一见如故，聊得投机而深入。小慧最初在南京栖霞区的一家餐饮店做服务员，后来到南京江北的一家工厂做工人，目前辗转到我的家乡江苏南通做销售。最早结识小慧时，她当时用的是JAVA手机，手机中只有自带的移动QQ等简单应用，不能自主安装手机程序等。当时我俩互留了电话号码，第二年我再次和小慧联系，我拨通她的电话，和她约定第二次访谈的时间，小慧有点儿意外但又爽快地答应了。我挂断电话没过两分钟，我的微信就收到了小慧发来的"微信添加好友"的请求。她不仅已经安装了最为热门的社交应用，而且非常具有主动意识地来添加好友。时至今日，我俩在生日当天还会互道"生日快乐"。

　　2013年11月，进入南京城中村曹后村开展调研，曹后村位于江苏省南京市玄武区红山路与红山南路的交叉口，是个典型的外来人口聚居地。曹后村当时正在拆迁，2014年已经基本拆迁完毕。当时，主要采用半结构访谈和街头拦访的方式，了解受访者的手机使用的基本行为和基本认知、如何使用和看待手机、使用目的是什么、面临哪些问题等。在曹后村访谈的这些人成为我后来多次接触的对象，后期都有过2~3次的补充访谈，也试图做一定程度的追踪调查。随着他们的职业变动与地域搬迁，我密切关注这些外在的结构因素对他们手机使用的影响，这些人也成为我后期采用

"滚雪球抽样"的重要参照人群。2015年2月，进入另一个城中村云西村开展实地观察，因为我早先的访谈对象阿杰搬家至此，所以他带我多次进入，并且介绍他的邻居工友给我做访谈。2015年，号称"南京市玄武区最大城中村"的云西村也已经被拆迁，这位我已建立联系近两年的访谈对象又再次搬家，搬到了丁家庄附近的兴卫村。

第二产业工人选取了江苏省南京市建邺区的两家国企的人员，以及栖霞区新港经济开发区的若干企业。对建邺区的国企工人的调研是通过工友介绍进入工人宿舍进行的。进入南京栖霞区新港经济开发区的厂区调研颇费周折，因为新港开发区的工厂多数以外资企业为主，对于工人的管理较为严格，进入厂区和宿舍区都要刷卡。后来，也是我第一次在曹后村访谈的对象，她正好得知某天某厂有一场招聘会在食堂召开，我因此在那个特定时间进入特定地点，成功完成了访谈并建立联系，为我访谈这个区域的产业工人打开了渠道。建筑工的选取是进入一块正在建设中的建筑工地，通过看工地的老师傅认识了工程管理部的管理人员，再由管理者带领我去建筑工人们的工棚宿舍约定访谈时间。因为建筑工的每日工作时间非常长，所以约了几次未能成行。某天下大雪，建筑工程被迫停工，这才找到机会和他们做了访谈。这也是本次研究唯一采用的焦点小组方法。春运前夕我在南京火车站前方的广场访谈了若干正在等待候车的新生代农民工。第三产业的从业人员访谈利用2013年11月至2018年3月这段时间零散地进行。

2015年1月初，南京大街上的出租车少了很多，有很多出租车停运，这是一次特定行业受到信息技术冲击后的应激反应。为了了解其中年轻司机们使用手机参与的情况，我从停运第一天开始便访谈了若干80后、90后外地司机。并且，在两天半时间内，我始终和这些出租车司机们待在一起。甚至在进入这个特定群体的时候，我还尝试采用了"虚拟进入"的方式，因为当时南京的街头已经很难看到出租车的身影，我便查看了自己在微信中的滴滴打车应用菜单，努力搜索自己的记忆，印象中前几日打车时司机是位操着外地口音的年轻的哥，在我的微信"滴滴打车"菜单栏中，查找到某年某月某日某时的叫车记录，这位的哥的名字、车牌号码、手机号码全部都记录在案。我便按图索骥，拨通了他的电话号码。当时这位外地来的年轻的哥并没有正在开车,所以他非常详细地向我介绍了他所了解的信息,并且还向笔者推荐了的哥的姐们日常定点交流的场所——位于南京南站附近的××餐厅,待笔者赶到餐厅时,发现停运的很多出租车司机们正集聚于此,便一下子打开了田野调查的渠道。当日晚上赶去出租车司机们的集聚地——南京××小区附近,实地观察了他们的集聚行为。需要特别说明的是,出租车司机群体较为复杂多元,但据介绍,目前南京出租车市场有大半司机来自外地。我在进行田野调查时,访谈的也是其中的青年群体,主要考察其中 1980 年后出生的司机在此次行动中的手机使用情况。

在调研中,在和新生代农民工进行深度访谈后,我会选择性地要求添加对方的即时通信账号,由此得以进入对方的 QQ 空间或是微信朋友圈,查看他们的社交媒体发布动态。我也参与了若干聊天群组,得以查看这个群体的网上交流信息情况。一家知名餐饮业的从业人员也有过主动要求添加微信的经历。在添加访谈对象的社交媒体账户的过程中,我开诚布公并获得了对方的同意。事实上在技术操作层面,无论是添加 QQ 好友还是微信好友,基本都要获得对方的授权才能添加。在完成工厂女工小雨首次访谈后,我提出可否加她微信,小雨勉强同意了,但是后来我发现,她在朋友圈设置中将我屏蔽了,也即她对于我的朋友圈权限设置为"不让她看我的朋友圈"。但后来我在微信上再和小雨聊天,约她第二次出来吃饭访谈时,打完电话当日,我发现我居然可以进入她的朋友圈,看到她在微信社交媒体平台发布的个人状态了,这也表明她对我初步信任的建立与田野调查的逐步深入。后来小雨还常向我咨询自己学业晋升方面的事宜。建筑工小李还将我拉进一个以他的初中同学为主体的微信"闲聊群",在告知我的实际身份的情况下,他们会经常在这个微信群中聊天,我有时也会参与他们的聊天。

此外,南京邮电大学 2011 级王丰铃、张旭扬、王笑、赵贺,2012 级赵璇、吴晓菁,2013 级孟晓晴、王雪静、张晓、鞠煜,2016 级胡红利、陆海燕、卑雯钰、周红、季凯和沈紫晴等同学也参与了本次课题的调研与文献梳理等相关工作。

最终,还是想对我所有的访谈对象表示感谢,请允许我向你们致以最诚挚、最深刻的感谢。感谢你们对我的充分信任,把日常生活展现给一个原本意义上的陌生人。小雨和小飞热情地拉我去寝室座谈，我们一起吃晚餐、一起逛街；阿杰带我进入城中村，事无巨细地向我介绍个中情况；建筑工小李和小朱也邀我参观建筑工地和他们居住的工棚，小静和吕姐更是邀我去南京江北的出租屋中做客；出租车司机小许向我详细介绍打车软件中的各种门道，还专门开车接我送至出租车司机的集聚地；小宋现在还经常在微信里邀请我"开黑"；小王每次见到我都问"你的书写得怎么样了"；等等。这都成为我不断催促自己的动力之一。你们丰富的生活日常成为本书的重要支撑材料。

书稿行将付梓之际，特别感谢在本书的出版过程中，南京大学风笑天教授、南京邮电大学沙勇教授、中国人民大学赵延东教授、社会科学文献出版社谢蕊芬女士、中国社科院邹宇春博士给予的帮助与支持。感谢社会科学文献出版社胡庆英编辑耐心细致的编校工作，正是因为她与笔者不厌其烦地多次沟通交流，才使得本书如期顺利出版。最后感谢我的家人，你们对我无私的爱永远是我人生道路中的动力来源，是我保持心灵平静的避风港。匆匆写就，感恩之情绝非流于笔端，更多的感激深藏心间，毕生铭记。

袁　潇

2019 年 8 月 28 日

于南京仙林鼎山侧

图书在版编目（CIP）数据

数字边际人：新生代农民工的手机使用和社会认同 /
袁潇著. -- 北京：社会科学文献出版社，2019.12
　ISBN 978 - 7 - 5201 - 5820 - 6

　Ⅰ.①数…　Ⅱ.①袁…　Ⅲ.①民工 - 社会认知 - 研究
- 中国　Ⅳ.①D669.2

　中国版本图书馆 CIP 数据核字（2019）第 267198 号

数字边际人：新生代农民工的手机使用和社会认同

著　　者／袁　潇

出 版 人／谢寿光
责任编辑／胡庆英

出　　版／社会科学文献出版社·群学出版分社（010）59366453
　　　　　　地址：北京市北三环中路甲 29 号院华龙大厦　邮编：100029
　　　　　　网址：www. ssap. com. cn
发　　行／市场营销中心（010）59367081　59367083
印　　装／三河市东方印刷有限公司

规　　格／开　本：787mm×1092mm　1/16
　　　　　　印　张：16.75　字　数：266 千字
版　　次／2019 年 12 月第 1 版　2019 年 12 月第 1 次印刷
书　　号／ISBN 978 - 7 - 5201 - 5820 - 6
定　　价／128.00 元